*A TUTELA DA LIBERDADE*
*NO PROCESSO PENAL*

*GEÓRGIA BAJER FERNANDES DE FREITAS PORFÍRIO*

# *A TUTELA DA LIBERDADE NO PROCESSO PENAL*

*A TUTELA DA LIBERDADE NO PROCESSO PENAL*

© Geórgia Bajer Fernandes de Freitas Porfírio

ISBN 85.7420.618.0

*Direitos reservados desta edição por*
**MALHEIROS EDITORES LTDA.**
*Rua Paes de Araújo, 29 - conjunto 171*
*CEP 04531-940 - São Paulo - SP*
*Tel.: (0xx11) 3078-7205*
*Fax: (0xx11) 3168-5495*
*URL www.malheiroseditores.com.br*
*e-mail: malheiroseditores@zaz.com.br*

*Editoração Eletrônica*
Letra por Letra Studio

*Capa*
*Criação*: Vânia Lucia Amato
*Arte final*: PC Editorial Ltda.

Impresso no Brasil
*Printed in Brazil*
01-2005

*PREFÁCIO*

A dissertação de mestrado, com freqüência, tangencia um ritual de passagem, como algo relativo ao iniciático; representa, metaforicamente, o ingresso nos mistérios da ciência.

O noviciado de GEÓRGIA BAJER FERNANDES DE FREITAS PORFIRIO, porém, emerge também com a maturidade de quem pensa o Direito com a sedimentação da pesquisa e do estudo, tudo sazonado pela consciência do caminho percorrido e a percorrer.

Assim, teve a nítida percepção de que o objeto analisado não apenas molda o método, mas surge atrelado ao seu pressuposto, este entendido, segundo MIGUEL REALE, conto ponto de partida. De certas afirmações que se aceitam como condição de validade de um determinado sistema ou ordem de conhecimentos (*Filosofia do Direito*, São Paulo, Saraiva, 1963, p. 11).

Da liberdade filosófica, como suposto prévio, evoluiu para a liberdade jurídica, não olvidando a inexistência da liberdade de indiferença, expressão destituída de senso, inventado por pessoas que não o possuem (VOLTAIRE, *Dicionário Filosófico*, Edições de Ouro, trad. de Líbero Rangel de Castro, s/d, verbete "Liberdade", p. 157).

Sua consciência aguça a compreensão de que se alteraram, hoje, os processos de dominação e de que a liberdade não consiste apenas naquela com que o homem nasce, mas também decorre daquela que o mundo social e político enseja. Daí porque a sua tutela jurídica no processo penal deve ser revisitada e revista, como demonstra em sua obra, minuciosamente, no encalço de um sistema efetivo de garantias dos direitos do homem em face do Estado.

Trata-se de um sólido projeto de pensar, para além da repressão ilógica e desarrazoada que, hoje, se lamenta, reinicia seu despontar nem sempre apenas aqui e acolá.

A necessidade do tema conduz a obra à imersão no todo do sistema dogmático, descurando propositadamente das mônadas processuais isoladas, que, de tão dissecadas pelo tecnicismo, restaram em atalhos estéreis.

GEÓRGIA BAJER FERNANDES DE FREITAS PORFÍRIO, da raiz dos LEITE FERNANDES – ANA MARIA e PAULO SÉRGIO –, retoma as cogitações de seus ascendentes juristas, liberdade e direito, com critérios científicos e conclusões atuais, cada vez mais relevantes em face das imposições do presente.

Concluindo, o mero exercício do formalismo não se albergou neste trabalho, que optou pela solidez do possível jurídico em vez de uma alquimia do vazio.

RICARDO ANTUNES ANDREUCCI

# SUMÁRIO

PREFÁCIO – PROF. RICARDO ANTUNES ANDREUCCI ........................................... 5

INTRODUÇÃO ........................................................................................... 11

**1. LIBERDADE JURÍDICA**
*1.1 Liberdade* ...................................................................... 17
*1.2 Liberdade positiva e liberdade negativa* .................................... 20
*1.3 Liberdade jurídica*
    *1.3.1 Problema entre liberdade negativa e liberdade positiva* ..... 24
    *1.3.2 Liberdade nas declarações de direitos francesa*
    *e americana* .................................................................... 26
    *1.3.3 O sistema da "common law" e o sistema positivo: duas*
    *formas de proteção da liberdade* ....................................... 32
    *1.3.4 Liberdade jurídica na concepção de Joaquim Canuto*
    *Mendes de Almeida* .......................................................... 36
    *1.3.5 A técnica da liberdade conforme Pontes de Miranda* ...... 38
*1.4 A sentença como elemento de integração do ordenamento*
*jurídico perante a Constituição: uma concepção processual*
*de liberdade* ...................................................................... 39
*1.5 Liberdade individual e liberdade social: necessária delimitação*
    *1.5.1 Liberdade e Constituição* ....................................... 49
    *1.5.2 Liberdades públicas e liberdade jurídica* .................. 53
    *1.5.3 Liberdade jurídica e direitos subjetivos* ................... 57

# 8 A TUTELA DA LIBERDADE NO PROCESSO PENAL

**2. PRESUNÇÃO DE INOCÊNCIA COMO GARANTIA DO ESTADO DE LIBERDADE**

**2.1 Presunção de inocência**

2.1.1 Noção jurídica ..................... 69
2.1.2 Evolução histórica ..................... 71
2.1.3 A presunção como garantia da inocência ..................... 74
2.1.4 Concepção atual da presunção de inocência ..................... 79
2.1.5 Presunção de inocência no direito estrangeiro ..................... 80
    2.1.5.1 Direito norte-americano ..................... 81
    2.1.5.2 Direito italiano ..................... 84
    2.1.5.3 Direito francês ..................... 88
    2.1.5.4 Direito alemão ..................... 90
    2.1.5.5 Direito português ..................... 92
    2.1.5.6 Direito espanhol ..................... 96
2.1.6 Estado de inocência no direito brasileiro ..................... 99

**3. PROCESSO PENAL: SISTEMA DE PROTEÇÃO E DE GARANTIAS DA LIBERDADE**

**3.1 Sistema Processual Penal**

3.1.1 Noção de sistema ..................... 106
3.1.2 Sistema do processo penal
    3.1.2.1 Sistema acusatório e sistema inquisitório ..................... 108
    3.1.2.2 Composição entre os dois sistemas processuais penais ..................... 112
3.1.3 Oficialidade no processo penal brasileiro
    3.1.3.1 Exteriorização da vontade estatal ..................... 113
    3.1.3.2 Vontade estatal e procedimento ..................... 115
    3.1.3.3 Estrita legalidade e presunção de legalidade ..................... 116
    3.1.3.4 Oficialidade no processo penal ..................... 120
    3.1.3.5 Presunção de legalidade e persecução penal ..................... 124

**3.2 Sistema processual penal de proteção e de garantia da liberdade**

3.2.1 Proteção e garantia ..................... 127
3.2.2 Garantia jurisdicional e tutela jurisdicional ..................... 131
3.2.3 Jurisdição penal ..................... 136
3.2.4 Universalização da jurisdição e proteção da liberdade individual na jurisdição penal ..................... 142
3.2.5 Verdade material: garantia de racionalidade ..................... 162
3.2.6 Tipicidade dos atos processuais penais: garantia de legalidade ..................... 164
3.2.7 Tipicidade formal e material no processo penal ..................... 168
3.2.8 Pressupostos e supostos dos atos processuais ..................... 170

## SUMÁRIO

*3.2.9*   *Tipicidade e complexo de atos processuais: encadeados e não-encadeados* ........................ 172

*3.2.10*  *Tipicidade e coação processual* ........................ 174

*3.2.11*  *Nulidades processuais: garantia de efetividade dos mecanismos de tutela da liberdade* ........................ 179

*3.2.12*  *Ampla defesa*

    3.2.12.1  Origem ........................ 180

    3.2.12.2  Defesa: algumas concepções ........................ 183

    3.2.12.3  Indisponibilidade da defesa ........................ 186

    3.2.12.4  A impugnação como garantia de tutela efetiva da liberdade ........................ 188

    3.2.12.5  Indisponibilidade da impugnação "pro libertate" ........................ 195

**3.3 Presunção de legalidade e lesão ou ameaça a direitos: um problema de liberdade**

    *3.3.1*  *Controle de constitucionalidade da lei e presunção de constitucionalidade* ........................ 201

    *3.3.2*  *Presunção de legalidade e dever de tutela jurisdicional da liberdade* ........................ 205

    *3.3.3*  *Compatibilidade entre estado de inocência e presunção de legalidade dos atos praticados por servidores públicos no processo penal brasileiro* ........................ 213

CONCLUSÕES ........................ 219

BIBLIOGRAFIA ........................ 224

# *INTRODUÇÃO*

A reflexão sobre a liberdade jurídica no processo penal partirá de dois ângulos distintos, embora de concretude simultânea: o processo enquanto persecução penal, impulsionado de ofício por órgãos do Estado, e o processo direcionado à tutela da liberdade, visualizado a partir da norma constitucional e conformado mediante tutela e garantia da liberdade.

Ainda que se tenha como premissa que no processo penal está a todo momento presente o antagonismo entre dois interesses públicos indisponíveis – o de punir e o de liberdade –, é possível distinguir entre atuação judiciária direcionada à tutela do direito de punir – e da eficácia do processo, como seu desdobramento –, e ação judiciária direcionada à tutela e à garantia do direito de liberdade.

Enquanto a tutela do direito de punir se faz, procedimentalmente, por etapas rígidas, formalmente regulamentadas, previamente estabelecidas por lei e temporalmente delimitadas, a tutela da liberdade é rígida somente quando inserida no contexto do procedimento persecutório, como direito de defesa indisponível e essencial à formação e desenvolvimento do processo.

Tratar-se-á do processo penal como dever do Estado a partir da norma de procedimento, indicadora do exercício de atividade funcional. O direito de liberdade será desenvolvido por critério diverso, deduzindo-o da Constituição da República, tudo isso com extrema atenção à sistematicidade peculiar do processo penal.

A TUTELA DA LIBERDADE NO PROCESSO PENAL

Na verdade, o processo penal como dever do Estado se apresenta como sistema jurídico rígido e fechado. Caracterizam-no a necessidade, a imutabilidade e a previsibilidade. É dogmático[1] porque tem como objeto situação em que se antagonizam, na mais plena forma, a liberdade e o direito de punir. A rigidez e a previsibilidade dos caminhos a serem seguidos pelo aplicador da lei garantem a tutela de ambos os direitos simultaneamente.

Tanto a tutela do direito de liberdade como a do direito de punir poderiam ser desenvolvidas por único critério de inferência,[2] dedutivo ou indutivo. Em conotação abstrata, ideal, a regra de procedimento integra o sistema jurídico processual. Deduzido da Constituição da República, em sua formulação, o procedimento tem aptidão para materializar o processo penal tanto no que diz respeito à tutela do direito de punir, como no que se refere à tutela do direito de liberdade. No entanto, numa visão linear, tanto a solução pelo direito de punir como pela prevalência do direito de liberdade legitimariam o processo penal como instrumento decisório. A utilização de único método leva, forçosamente, à neutralização dos interesses ou preponderância de um sobre o outro, o que contraria, terminantemente, a natureza dialética do processo penal.

A tutela do direito de punir desenvolve-se a partir de fatos que se enquadram na tipicidade penal e nas normas de procedimento, num processo de indução e dedução necessário e suficiente para o cumprimento do dever funcional dos agentes públicos encarregados da persecução. O cumprimento da lei, no entanto, não basta para o resguardo da liberdade. É preciso que a atividade persecutória se

---

1. Afirma Tércio Sampaio Ferraz Júnior que a dogmática ligada à aplicação do direito é herança do século XIX. Desenvolveu-se para garantir, no direito privado, a imparcialidade do juiz perante as partes. Advogados, administradores e legisladores aparecem como auxiliares do juiz e devem entender o direito sob o ponto de vista deste. A dogmática é marcada por uma concepção do direito vinculada à atividade jurisdicional. "Ela compõe, delineia e circunscreve procedimentos que conduzem a autoridade à tomada de decisão. Foi esta delimitação que conduziu a Dogmática Jurídica à idéia de subsunção e à de classificação como critérios máximos da sua elaboração teórica, como se todos os partícipes da função jurisdicional vissem o direito da mesma forma" (*Função Social da Dogmática Jurídica*, p. 83).

2. Cf. José R. Novaes Chiappin, "os sistemas de inferências são regras e métodos por meio dos quais extraímos, a partir da base e condições de contorno, outras informações. Exemplos possíveis de sistemas de inferência são as analogias, metáforas, deduções e induções. O modelo ideal de sistema de inferência é o modelo axiomático com seu procedimento dedutivo e seus métodos de prova" ("Racionalidade, decisão, solução de problemas e o programa racionalista". *Revista Ciência e Filosofia* 5/186-187).

INTRODUÇÃO                                                              13

realize em conformidade com os direitos e garantias individuais. Enquanto o vínculo com a Constituição é presumido no processo legislativo e no ato de aplicação da lei, na tutela da liberdade os atos processuais devem, por necessário, corresponder ao conteúdo da lei, demonstrado este último a partir da norma constitucional.

É possível dizer que, no processo penal de conhecimento de natureza condenatória, desenvolvido oficialmente por servidores públicos, prepondera a visão executória da lei, com presunção de legitimidade, quanto à regularidade do procedimento de formação da lei em face da Constituição, seja quanto à forma, seja quanto ao conteúdo. Tocante à tutela da liberdade, o mesmo não acontece. Transparece o conteúdo material das normas processuais, questionado a todo instante sob o enfoque constitucional.

A transformação, aos poucos, da persecução penal de atividade administrativa em atividade jurisdicional por necessidade de tutela da liberdade provoca mudança de enfoque na aplicação da lei. Esta não será apenas executada, mas interpretada a partir do processo de produção hierárquica das normas jurídicas. Tanto a atividade administrativa como a atividade jurisdicional partem da presunção de constitucionalidade da regra de procedimento.[3] Em uma, no entanto, prepondera o cumprimento de uma ordem; na outra, a presunção de constitucionalidade da lei e a presunção de legalidade do ato processual são questionadas frente ao direito de liberdade. Significa dizer que não se presume a necessidade de restrição da liberdade na sistemática processual penal, embora se possa abstratamente considerar a necessidade de tutela do direito de punir.

Utiliza-se a dogmática, nesta dissertação, para o exame do processo penal como dever do Estado. A tutela da liberdade, no entanto, merecerá tratamento diverso porque, no processo penal, tem origem na sistemática processual penal e não na regra de procedimento. O

---

3. Cf. Niklas Luhmann: "Cronologicamente a eleição política precede o legislativo, este precede a decisão administrativa e o legislativo ou a decisão administrativa precedem o processo judicial (...). Nesta organização cronológica, os diversos processos são coordenados, não com respeito a um objetivo comum como meio complementar, mas apenas na medida em que se considera o *output* dum como o *input* do outro. A diferenciação do sistema global exprime-se nesta seqüência cronológica através do fato de que a decisão de um processo para o próximo é tratada apenas como mais um fato, pois é aceita em bloco e não é aprofundada ou controlada mais uma vez; e a integração realiza-se pelo fato de que esta aceitação do resultado se efetua e porque os processos não decorrem, lado a lado, como que desligados" (*Legitimação pelo Procedimento*, p. 197 – grafia original).

# A TUTELA DA LIBERDADE NO PROCESSO PENAL

sistema processual permite a retomada, pela jurisdição, mediante a garantia do processo e do devido processo legal, de questões dogmaticamente implícitas no mecanismo de formulação e de aplicação da lei.[4]

No plano abstrato, em termos genéricos, ideais, o processo penal não conta com a imperfeição.[5-6] A prevalência do direito processual sobre a relação de direito substancial impediria questionar sobre a justiça ou injustiça das decisões. O direito substancial estaria vinculado à última declaração jurisdicional, à coisa julgada formal. A sentença injusta seria exceção. Fruto de um estado patológico da função jurisdicional, a decisão injusta não seria considerada, sob pena de subversão da ordem natural das coisas.[7]

O Estado Constitucional de Direito, conforme Luigi Ferrajoli, é, por natureza, ordenamento jurídico imperfeito. No modelo constitucional-garantista, a validez das normas não decorre apenas da observância de formalidades preestabelecidas na produção das normas jurídicas, pois está associada à dimensão substancial das normas constitucionais e aos direitos fundamentais.

---

4. Assenta Robert Alexy que, por ser extremamente amplo, o direito de liberdade compreende todas as situações e posições jurídicas do titular de direito fundamental. A proibição de restrição da liberdade fora do âmbito permitido pela Constituição, formal e materialmente considerada, faz aparecer um direito fundamental à constitucionalidade de toda atividade estatal e à subjetivização dos princípios jurídico-objetivos. É preciso delimitar, pois isso conduziria, no âmbito do direito processual, a uma inaceitável ampliação do cabimento dos recursos de inconstitucionalidade (*Teoría de los Derechos Fundamentales*, pp. 369-370).

5. Tércio Sampaio Ferraz Júnior afirma que "a Dogmática mitifica a realidade, obtendo politicamente a dissolução das contradições sociais, ao projetá-las numa dimensão harmoniosa onde, em tese, os conflitos se tornam decidíveis. Ao fazê-lo, ela contribui para um conformismo social. Não que ela elimine os conflitos criando harmonia onde havia desarmonia, mas ela os neutraliza, tornando-os suportáveis. Em outras palavras, ela não os oculta, mas os disfarça, trazendo-os para o plano das conceptualizações. Isto se entende na medida em que o mito não tem por função deformar a realidade, mas sim fornecer dados da dinâmica social num plano de abstração conceitual cristalizada. O mito não é uma ocultação da realidade, porém uma explicação da realidade – explicação no sentido do estabelecimento de uma unidade de sentimentos que canaliza as emoções coletivas, permanecendo neste sentido como uma função indispensável da vida social" (*Função Social...*, cit., p. 159).

6. Cf. Kelsen: "Numa fórmula inteiramente geral, entre uma norma superior e uma norma inferior de uma ordem jurídica, não é possível qualquer conflito que destrua a unidade deste sistema normativo" (*Teoria Pura do Direito*, p. 373). As imperfeições localizar-se-iam fora do âmbito normativo.

7. Consulte-se, sobre os vários posicionamentos a respeito da coisa julgada e conseqüências no direito material, Celso Neves, *Contribuição ao Estudo da Coisa Julgada Civil*.

INTRODUÇÃO                                                    15

Ferrajoli afirma que, para a tutela dos direitos fundamentais, estão previstas duas formas de garantias: as garantias liberais direcionadas a assegurar a tutela dos direitos de liberdade (essencialmente mediante técnicas de invalidação ou de anulação de atos que as violem) e as garantias sociais, relacionadas à tutela dos direitos sociais (por meio de técnicas de coerção ou de sanção contra a omissão de medidas obrigatórias para satisfazê-las).[8]

A tutela da liberdade no processo penal, em termos abstratos, é instrumentalizada pelo dever de proteção jurisdicional do indivíduo contra atos de ameaça ou de violação dos direitos fundamentais, cometidos sob o pretexto de persecução penal, e garantida pela técnica de invalidação ou anulação de atos executados por servidores públicos violadores desses direitos.

---

8. *Derechos y Garantías. La Ley del más Débil*, pp. 24-25.

*1*

# LIBERDADE JURÍDICA

*1.1 Liberdade. 1.2 Liberdade positiva e liberdade negativa. 1.3 Liberdade jurídica: 1.3.1 Problema entre liberdade negativa e liberdade positiva; 1.3.2 Liberdade nas declarações de direitos francesa e americana; 1.3.3 O sistema da "common law" e o sistema positivo: duas formas de proteção da liberdade; 1.3.4 Liberdade jurídica na concepção de Joaquim Canuto Mendes de Almeida; 1.3.5 A técnica da liberdade conforme Pontes de Miranda. 1.4 A sentença como elemento de integração do ordenamento jurídico perante a Constituição: uma concepção processual de liberdade. 1.5 Liberdade individual e liberdade social: necessária delimitação: 1.5.1 Liberdade e Constituição; 1.5.2 Liberdades públicas e liberdade jurídica; 1.5.3 Liberdade jurídica e direitos subjetivos.*

## 1.1 Liberdade

Interessa a este tópico genérico apenas breve relato sobre a evolução da noção de liberdade ao longo do tempo, na medida em que para o processo penal importa, sobretudo, a liberdade jurídica, que é um dentre os diversos aspectos da liberdade em sentido amplo. Para tanto, utilizar-se-á trecho desenvolvido por Niccola Abbagno, em seu dicionário de filosofia.[1]

---

1. *Dicionário de Filosofia*, pp. 605-613.

18 A TUTELA DA LIBERDADE NO PROCESSO PENAL

Conforme Abbagno, três concepções da liberdade sucederam-se ao longo da história:

*a*) a liberdade como ausência de limites (liberdade como autodeterminação ou causalidade);

*b*) a liberdade como necessidade;

*c*) a liberdade como possibilidade de escolha condicionada a delimitações (liberdade finita).

A primeira concepção, liberdade como ausência de limites, tem como pressuposto que o homem é "o princípio de seus atos". Tal concepção corresponde à noção aristotélica de liberdade: "Só para quem tem em si mesmo seu próprio princípio, o agir ou o não agir depende de si mesmo". Tal entendimento preponderou durante toda a Idade Média.

Duns Scot acrescentou outro elemento ao conceito: "A liberdade da nossa vontade consiste em poder decidir-se por atos opostos, seja depois, seja no mesmo instante". Com o acréscimo, a vontade era independente de qualquer motivação, mesmo quando se consideravam impossíveis atos opostos simultâneos (como entendeu Guilherme de Ockham).

A filosofia moderna e contemporânea adotou essa concepção de liberdade. Leibniz a considerou "substância livre" que se determina por si mesma em direção ao bem. Kant, de seu lado, compreendeu a liberdade como a "faculdade de iniciar por si um evento", no sentido de "espontaneidade absoluta", de autodeterminação.

Essa forma de ver a liberdade está presente em todas as teorias do *indeterminismo*, tendo condicionado o espiritualismo francês. A autodeterminação é considerada experiência interior fundamental. Também é esse, em termos bem amplos, o sentido de liberdade acolhido por Sartre. A liberdade é a escolha que o homem faz de seu próprio ser e do mundo. Por ser escolha diante de várias possibilidades, o homem pode aniquilá-la ou relegá-la ao passado.

É, também, no mesmo sentido, a liberdade negada pelo *determinismo*. Em geral, esse modo de ver a liberdade nega a liberdade autônoma ao incorporar um princípio de causalidade empírico e universal. No plano político, a liberdade como autodeterminação é tida como anarquia, recusa de regras e obrigações. A liberdade em estado natural de Hobbes, o poder ilimitado sobre todas as coisas, tem esse significado.

A segunda concepção de liberdade identifica liberdade com necessidade. A liberdade não é inerente ao indivíduo, mas ao Estado,

LIBERDADE JURÍDICA 19

ao Absoluto, à ordem cósmica ou divina. Origina-se na concepção estóica de que só o sábio é livre porque é capaz de se autodeterminar. Esse entendimento é claro na noção de liberdade de Spinoza: "Diz-se que é livre o que existe só pela necessidade de sua natureza e que é determinado a agir por si só quando for necessário ou coagido àquilo para o qual é induzido a existir e a agir por uma outra coisa, segundo a razão exata e determinada".

Nessa visão, só Deus é livre porque o homem é determinado pelas necessidades da natureza divina, podendo ser livre só quando ignora as causas de seus desejos ou vontades. A liberdade do homem só é possível nesse contexto se o homem se guiar pela razão, se agir como parte de uma *Substância Infinita*. Tal pensamento é adotado na filosofia de Schelling e de Hegel, que apontam o Estado como o "Deus real", detentor da liberdade concreta.

O mesmo enfoque, apresentado, contudo, sobre outra aparência, aparece na filosofia contemporânea, a exemplo do realismo de Nicolai Hartmann e do existencialismo de Jaspers.

A terceira e última concepção de liberdade não tem a ver com autodeterminação. A liberdade é questão em aberto, de medida, de condição ou de modalidade de escolha. Mostra-se como garantia. Platão foi o primeiro a usar o conceito de que a liberdade consiste na "justa medida". Em liberdade, o homem faz a própria escolha, limitado pelas possibilidades objetivas, pelos modelos de vida disponíveis e pela motivação. A liberdade, aqui, é *finita*. Trata-se de uma forma de *determinismo*, ainda que não de necessidade.

Assinala Nicola Abbagno que esse terceiro modo de compreender a liberdade foi completamente esquecido na Idade Média, tendo sido revigorado na Idade Moderna em oposição à noção de livre-arbítrio.

Hobbes expressou essa liberdade, ao afirmar que apesar de não se poder não querer o que se quer, simultaneamente, pode-se fazer ou não se fazer o que se quer. Também Locke, substancialmente, adotou essa concepção de liberdade. Politicamente, a liberdade é um problema de medida, que supõe a existência de normas delimitadoras de possibilidades de escolha e de mecanismos de fiscalização das leis. Montesquieu repropôs a doutrina de Locke. Hume e o iluminismo retomaram a concepção filosófica, segundo a qual a liberdade só pode ser entendida por um poder de agir ou não agir, conforme a determinação da vontade.

A liberdade surge, nessa última concepção, como consideração prévia das conseqüências de agir no futuro, diante das possibilidades de escolha. Nesses termos, a liberdade é projetada para o futuro.

20 A TUTELA DA LIBERDADE NO PROCESSO PENAL

Verificar-se-á, ao longo do estudo, que as três dimensões da liberdade aparecem no processo penal, seja por meio do direito material, considerando-se não só o direito penal, mas também o direito constitucional, seja mediante o processo, interagindo com as atividades estatais.

## 1.2 Liberdade positiva e liberdade negativa

Benjamin Constant, em texto clássico e imprescindível para o estudo da liberdade, estabeleceu diferenças entre dois conceitos de liberdade: o de liberdade moderna e o de liberdade dos antigos.[2] Transcreve-se:

"A liberdade dos antigos consistia em exercer coletiva, mas diretamente, várias partes da soberania, em deliberar na praça pública sobre a guerra e a paz, em concluir com estrangeiros tratados de aliança, em votar as leis, em pronunciar sentenças, em examinar as contas, os atos e a gestão dos magistrados, em fazê-los comparecer perante o povo, em submetê-los a acusações, em condená-los ou em absolvê-los; mas, ao mesmo tempo que se dava isso que os antigos chamavam liberdade, eles admitiam como compatível com tal liberdade coletiva a sujeição completa do indivíduo à autoridade do conjunto. Todas as ações privadas estavam sob vigilância severa. Nada era concedido à independência individual, nem no tocante à religião. A faculdade de escolher o seu culto, faculdade que nós olhamos como direito dos mais preciosos, teria parecido aos antigos crime e sacrilégio. Nas coisas que nos parecem mais úteis, interpõe-se a autoridade do corpo social e afeta a vontade dos indivíduos. Nas relações mais domésticas, intervém ainda a autoridade.

"Assim, entre os antigos, o indivíduo, soberano quase habitualmente nos assuntos públicos, é escravo nos assuntos privados. Como cidadão, decide da paz e da guerra; como particular, aparece circunscrito, observado, reprimido em todos os seus movimentos; enquanto porção do corpo coletivo, ele interroga, destitui, condena, despoja, exila, fere de morte os seus magistrados ou seus superiores; enquanto submetido ao corpo coletivo, pode, por sua vez, ser privado do

---

2. Utiliza-se a tradução de Jorge Miranda do discurso de Benjamin Constant, "De la liberté des anciens comparées a celle des modernes: discours prononcé à l'Athenée Royal de Paris en 1819" (*Cours de Politique Constitucionelles*, Paris, Librairie de Guilhaumin, 1872, *apud* Jorge Miranda, *Manual de Direito Constitucional*).

LIBERDADE JURÍDICA

seu estado, despojado das suas dignidades, banido, condenado à morte pela vontade discricionária do conjunto de que faz parte. Entre os modernos, pelo contrário, o indivíduo, independente na sua vida privada, não é soberano, mesmo nos Estados mais livres, senão na aparência (...)."

A diferença entre as duas liberdades, moderna e antiga, corresponde à distinção entre duas concepções de liberdade que se sucederam no tempo.

A liberdade antiga coincide com o dever. A autonomia individual é considerada em dois momentos: na participação da formulação da lei e no dever auto-imposto de se conduzir conforme o preestabelecido. Pode significar ausência de liberdade individual (enquanto autonomia da vontade).

O conceito de liberdade moderna, de seu lado, considera o ser humano na sua individualidade. A liberdade existe plena onde não existir previsão quanto a um dever ou a uma proibição. Celso Lafer assinala que a liberdade moderna é formulada levando-se em consideração que aquilo que não for obrigatório nem proibido delimita o que é lícito e, portanto, permitido.[3] A liberdade moderna significa ausência de obstáculos para se fazer o que se quer.

Os dois conceitos de liberdade entrelaçam-se de tal forma que a liberdade como autonomia pressupõe a inexistência de impedimento. Uma situação genérica de licitude é condição para a formação de uma vontade individual.[4]

A dificuldade de se estabelecer limite entre a liberdade entendida como não impedimento e a liberdade como expressão de vontade geral, comum, de todos, não foi problema nas modernas Constituições.[5] O reconhecimento de liberdades negativas predominava nas

3. Cf. Celso Lafer, *Ensaios sobre a Liberdade*, p. 14.

4. Cf. Norberto Bobbio, "Della libertà dei moderni comparata a quella dei posteri", *La Libertà Política*, pp. 82-84.

5. Novos direitos fundamentais foram incorporados às modernas Constituições. O conceito de direitos fundamentais, absolutos e naturalmente pertencentes ao ser humano, foi relativizado para incorporar os direitos sociais, contingentes e variáveis no tempo. Novas espécies de conflitos e novos interesses surgidos da industrialização e da transformação da vida social e econômica provocaram a evolução dos direitos fundamentais no sentido de se exigir do Estado condições materiais para o exercício da liberdade. De um lado os cidadãos passaram a ter direitos a prestações positivas por parte do Estado. De outro lado, com o dever do Estado de regular as condições econômicas e sociais, vieram impostas obrigações dos cidadãos perante o Estado. Na França, os direitos sociais surgiram pela primeira vez no preâmbulo da Constituição de 1848 como princípios genéricos,

# 22 A TUTELA DA LIBERDADE NO PROCESSO PENAL

declarações de direitos do século XVIII. A Constituição era limitação de poder e garantia de liberdade individual. Ao mesmo tempo em que se exigia abstenção do Estado, garantindo-se a liberdade individual em reação a regimes autoritários, não se exigiam do Estado prestações positivas impostas a garantir os direitos reconhecidos em favor de todos os cidadãos em conjunto. Esses direitos, tal como a assistência pública, eram mencionados nas Constituições mais como favor ou condescendência estatal.[6]

A tutela simultânea, pelo Estado, de direitos individuais e sociais fez surgir a discussão entre as duas liberdades, nas Constituições contemporâneas, em outra dimensão mais complexa: em termos de liberdades positiva e negativa. Exigem-se do Estado, veja-se bem, prestações positivas não só para a garantia da liberdade individual, como para a garantia de direitos sociais.

A dupla exigibilidade provoca em termos concretos problemas de delimitação. No agir, agora, é impossível distinguir entre os dois conceitos de liberdade. A liberdade positiva, de um lado, exige participação individual na formação da vontade comum, na criação da lei. O exercício da liberdade positiva, no entanto, conduz à auto-imposição de um dever. Tem como conseqüência a perda da liberdade negativa, pois implica poder-se fazer o que se deve fazer. A vontade do Estado substitui a vontade individual. O exercício da liberdade individual, de autodeterminação, no contexto da liberdade positiva, só é possível quando forem reservados espaços jurídicos à autonomia da vontade, garantindo-a, ou na ausência de previsão legal quanto à conduta devida.

Norberto Bobbio não vê diferença entre a liberdade positiva e a dos antigos. Também não vê diferença entre liberdade negativa e liberdade moderna. Entende que a liberdade dos antigos traduz, transposta no tempo, a positiva. Tal entendimento leva a crer que não existe um agir direcionado por vontade autônoma. A compreensão *a priori* da licitude é condição para a formação de uma vontade individual. Bobbio faz a distinção entre poderes e liberdades, afirmando que "liberdades" são direitos garantidos, quando o Estado não inter-

---

não obrigatórios na ordem jurídica. Tais direitos foram incorporados aos preâmbulos das Constituições francesas de 1946 e 1958 e nas Constituições posteriores à primeira guerra (tcheca, de 1920, polonesa, de 1921, e alemã, a de Weimar, de 1919). Cf. Jacques Robert, *Libertés Publiques*, pp. 52-66.

6. Cf., entre outros, Jacques Robert, ob. cit., p. 48, e Manoel Gonçalves Ferreira Filho, *Estado de Direito e Constituição*, p. 86.

# LIBERDADE JURÍDICA

vém, e "poderes" são os direitos só efetivados por intervenção do Estado.[7] Nessa concepção, a exigência de prestações positivas por parte do Estado não integraria o rol das garantias de liberdade individual.[8]

Tércio Sampaio Ferraz Júnior, de seu lado, aponta dificuldade maior na delimitação entre o que vem a ser liberdade positiva e liberdade negativa. A distinção comporta análise de situações mais complexas. Transcreve-se:

"A propósito seria conveniente assinalar, no Estado de Direito, para identificá-lo, a postura individualista abstrata, o primado da liberdade no sentido negativo de não impedimento, a presença da segurança formal e da propriedade privada. Portanto, um Estado concebido, como dizia Carl Schmitt, como servo estritamente controlado da sociedade. Já no Estado Social, dever-se-ia perceber uma espécie de extensão do catálogo dos direitos individuais na direção dos chamados direitos de segunda geração, direitos econômicos e sociais, portanto a consideração do homem concretamente situado, o reconhecimento de um conteúdo positivo de liberdade como participação a que corresponde uma complexidade de processos e técnicas de atuação do poder público, o problema da intervenção do Estado no domínio econômico, daí uma transformação conseqüente nos próprios sistemas de controle da constitucionalidade e da legalidade."[9]

Não se pretende entrar com profundidade na questão. O importante é ter consciência de que as duas liberdades podem ser apreciadas em duas dimensões, individual e social, e que, conforme o enfoque que se pretenda dar, o exercício da liberdade positiva pode neutralizar a liberdade negativa, e vice-versa. Enquanto a liberdade negativa é falseada quando atribuída a todas as pessoas de forma igual,

---

7. *A Era dos Direitos*, p. 43.

8. Renato Janine Ribeiro afirma que o ponto alto da obra de Bobbio é a análise das duas idéias de liberdade, antiga e moderna. Contudo, embora Bobbio procure juntar o que existe de melhor nas duas posições de liberdade, nem sequer "cogita minimizar os direitos sociais ou os ideais sociais" e parece desprezar todo o mal que as ditaduras causam. A análise da tipologia apresentada por Bobbio, conforme o autor, ignora o teor passional da discussão. Bobbio não separa o aspecto político do social e, não o fazendo, deixa de trazer à discussão a problemática dos desejos e da felicidade, responsáveis pela luta das pessoas por "ter" e "ser mais" ou itálico nas democracias. A reflexão de Bobbio parece ser, então, mais republicana do que democrática, pois na República, controla-se o desejo a fim de preservar o bem comum (resenha do livro de Norberto Bobbio, "Teoria geral da política", por Renato Janine Ribeiro, *Folha de S.Paulo*, 28.1.2001, p. 21).

9. "Constituição brasileira e modelo de Estado: hibridismo ideológico e condicionantes históricas", *Revista da Procuradoria-Geral do Estado de São Paulo*, Edição Especial em Comemoração dos 10 anos da Constituição Federal, 1998, pp. 127-147.

# 24 A TUTELA DA LIBERDADE NO PROCESSO PENAL

sem que seja levado em consideração o acesso às hipóteses de fruição, a liberdade positiva, padronizando a necessidade e os desejos reais das pessoas, provoca questionamento quanto à legitimidade da interferência pública na vida privada.[10]

## 1.3 Liberdade jurídica

### 1.3.1 Problema entre liberdade negativa e liberdade positiva

No aspecto jurídico, a incorporação de direitos sociais ao rol dos direitos fundamentais mudou o enfoque da liberdade.

O conceito de liberdade refletia o embate entre Estado e indivíduo. Como conseqüência da nova função assumida pelo Estado, de garantir direitos sociais, ampliaram-se as hipóteses de conflito entre indivíduo e Estado, entre coletividade e indivíduo, entre coletividade e o Estado e entre os próprios órgãos do Estado, de tal forma que a colisão de direitos ou de liberdades veio como elemento a mais a se considerar na tutela da liberdade.

Assinala Tércio Sampaio Ferraz Júnior que a crescente proteção de direitos sociais chegou mesmo a reverter alguns postulados básicos do direito. Como resultado, verifica-se a reformulação do papel do Judiciário frente aos outros Poderes e a mudança do enfoque dado à prestação jurisdicional. Leia-se: "A proteção da liberdade era sempre da liberdade individual enquanto liberdade negativa, de não-impedimento, do que a neutralização do Judiciário era uma exigência conseqüente. O estado social trouxe o problema da liberdade positiva, que não é um princípio a ser defendido, mas a ser realizado. Com a liberdade positiva, o direito à igualdade se transforma num direito a tornar-se igual nas condições de acesso à plena cidadania. Correspondentemente, os poderes Executivo e Legislativo so-

---

10. Cf. Isaiah Berlin, a liberdade negativa levanta a questão do espaço reservado às pessoas para fazerem o quiserem e serem o que pretenderem, e é falseada "quando se diz que deve ser a mesma para os tigres e os carneiros, e que não se pode evitá-la mesmo que ela permita aos primeiros comer os segundos; se é forçada pelo Estado não deve ser utilizada". A liberdade positiva, de seu lado, pode ser manipulada quando subverte o sentido da necessidade e dos desejos reais das pessoas, provocando questões relacionadas à legitimidade da intervenção, tais como: "O que ou quem é a fonte de controle ou de interferência que pode determinar que alguém faça o seja tal coisa e não outra?" (cf. Ramin Jahanbegloo, *Isaiah Berlin: com Toda Liberdade*, p. 69, e Isaiah Berlin, "Due concetti di libertà", *La Libertà Politica*).

LIBERDADE JURÍDICA 25

frem uma enorme expansão, pois deles se cobra a realização da cidadania social e não apenas a sustentação do seu contorno jurídico-formal". Ainda: "Altera-se, do mesmo modo, a posição do juiz, cuja neutralidade é afetada, ao ver-se ele posto diante de uma co-responsabilidade no sentido de uma exigência de ação corretiva de desvios na consecução das finalidades a serem atingidas por uma política legislativa". Por fim: A responsabilidade do juiz alcança agora a responsabilidade pelo sucesso político das finalidades impostas aos demais poderes pelas exigências do estado social. Ou seja, como o Legislativo e o Executivo, o Judiciário torna-se responsável pela coerência de suas atitudes em conformidade com os projetos de mudança social, postulando-se que eventuais insucessos de suas decisões devem ser corrigidos pelo próprio processo judicial".[11]

Concluindo: "Ora, com a politização da Justiça tudo passa a ser regido por relações de meio e fins. O direito não perde sua condição de bem público, mas perde o seu sentido na prudência, pois sua legitimidade deixa de repousar na concórdia *potencial* dos homens, para fundar-se numa espécie de coerção: a coerção da eficácia funcional. Ou seja, politizada, a experiência jurisdicional torna-se presa de um jogo de estímulos e respostas que exige mais cálculo do que sabedoria. Segue-se daí uma relação tornada meramente pragmática do juiz com o mundo".[12]

No processo penal, essa transformação da função jurisdicional abala, dia após dia, os próprios alicerces da proteção da liberdade. Historicamente, as garantias de liberdade foram estruturadas sob a égide da liberdade negativa, de forma a limitar a conduta estatal para garantir que não ocorressem abusos de poder e violações de direitos individuais. A ampliação das prestações positivas por parte do Estado, levado a garantir a realização de direitos fundamentais sociais, entre eles a segurança jurídica, alargou o rol de condutas criminalizadas e, conseqüentemente, as hipóteses de persecução penal. E isso ocorreu e ocorre de tal forma que é muitas vezes difícil delimitar a área reservada à licitude no plano penal e processual penal.

Em resposta a esse estado de coisas, desenvolveram-se doutrinas que procuram fazer reforçar, no processo penal, a necessidade de se fazer respeitar os direitos fundamentais individuais, por meio

11. "O Judiciário frente à divisão dos Poderes: um princípio em decadência?", *Revista USP* 21/18.
12. Idem, p. 19.

26 A TUTELA DA LIBERDADE NO PROCESSO PENAL

de fórmulas de garantia. Exige-se, constitucionalmente, a tutela efetiva dos direitos fundamentais individuais, por via de prestações positivas por parte do Estado, frente às hipóteses processuais de restrição desses direitos (medidas cautelares no interesse da persecução penal, tanto na fase investigatória como no processo de conhecimento), bem como no que se refere à delimitação da pena (nos momentos de sua aplicação e de sua execução).

Constata-se hoje, no processo penal e no direito material, garantias de liberdade individual, tanto no âmbito da liberdade negativa, como no espaço da liberdade positiva. A jurisdição penal é impulsionada a articular proteção, restrição e garantia da liberdade a todo momento e não apenas naquele instante processual reservado à definição do direito material tutelado. Ao mesmo tempo em que aparecem novos direitos individuais no plano abstrato surgem novas possibilidades de restrição de direitos no plano concreto. Reclama-se do judiciário, cada vez mais, participação na formulação do direito em concreto e agilidade na tutela de direitos. A jurisdição penal aparece não apenas como garantia da liberdade, mas também no papel de conformadora da liberdade jurídica no plano concreto.

### 1.3.2 Liberdade nas declarações de direitos francesa e americana

Pontes de Miranda assegura que quase tudo o que se sabe da "liberdade moderna" (entendida a expressão como sendo aquela vigente no Estado liberal) tem origem no período compreendido entre os séculos XVII e o XIX.[13] Em um primeiro momento, a liberdade se desenvolveu como liberdade-autonomia, sob o ponto de vista do indivíduo, de dentro para fora, expandindo os limites do agir individual. Depois, deu-se maior enfoque ao espaço reservado às ações estatais. Indagou-se, nesse segundo momento, levando-se em consideração, sempre, o ser humano em sua individualidade, sobre as possibilidades de ação estatal sem interferência no mecanismo de formação da vontade individual. Posteriormente, questionaram-se, simultaneamente, sob os dois enfoques, os limites do agir individual e da ação estatal (até onde a liberdade e o Estado podem ir?).

---

13. Pontes de Miranda, *Democracia, Liberdade, Igualdade (Os Três Caminhos)*, p. 287.

LIBERDADE JURÍDICA

Primeiramente reconhecida e exposta na Constituição dos Estados Unidos da América do Norte, em 1787, depois na Declaração dos Direitos dos Homens, adotada pela Assembléia Nacional Constituinte da França, em 1789, a liberdade individual passou a fazer parte de todas as Constituições européias posteriores. Garantiam-se a liberdade individual, a liberdade política e o direito de revolução.

O conceito de *liberdade individual* surgiu na segunda metade do século XVIII em oposição ao Estado Absoluto e ao abuso de poder. A garantia dos direitos individuais ergueu-se como anteparo à atividade estatal. Embora os direitos, liberdades e garantias tivessem como titulares pessoas, consideradas em sua individualidade, a inquietação com os atos arbitrários cometidos contra os indivíduos transformou tais direitos, liberdades e garantias em direito público, protegido pelo Estado e oponível contra o próprio Estado.[14]

A resistência à opressão foi consagrada pelos revolucionários americanos e franceses do século XVIII (no período entre 1776 e 1789) como direito originário, inalterável e imprescritível do ser humano.[15]

Afirma Celso Lafer que, em momento antecedente à Revolução Americana e à Revolução Francesa, os direitos dos homens, oponíveis contra o poder soberano, correspondiam aos direitos individuais.[16]

---

14. Consultem-se Jorge Miranda, *Manual de Direito Constitucional*, t. I, pp. 82 e 83 e A. Machado Paupério, *Teoria Geral do Estado*, 6ª ed., p. 100.

15. Cf. Goffredo da Silva Telles Júnior, "Resistência violenta aos governos injustos", *Revista Forense*, jul./ago. 1955, p. 17. Conforme, ainda, o texto mencionado, a faculdade de resistir à opressão veio consignada na Declaração de Independência dos Estados Unidos da América de 1776 com a seguinte redação: "Os governos são instituídos entre os homens para garantir esses direitos (direito à vida, liberdade e procura da felicidade), e seu justo poder emana do consentimento dos governados (...). Quando uma longa série de abusos e de usurpações, tendendo invariavelmente para o mesmo fim, marca o desígnio de submeter os homens ao despotismo absoluto, é de seu direito, é de seu dever rejeitar um tal governo, e prover, com novas garantias, sua segurança futura".

Esses princípios foram incorporados à Constituição de Massachusetts (1780), à Declaração de Maryland (1776) e à Declaração de Virgínia (1776), sendo que está na Declaração de Maryland a seguinte afirmativa: "A doutrina da não-resistência ao poder arbitrário e à opressão é absurda, servil e destruidora do bem e da felicidade da humanidade". Contudo, ainda conforme o prof. Goffredo, o documento mais célebre do direito de resistência é a Declaração dos Direitos do Homem e do Cidadão, promulgada em três de novembro de 1789. Segue o art. 2º: "O fim de toda associação política é a conservação dos direitos naturais e imprescritíveis do homem. Esses direitos são a liberdade, a propriedade, a segurança e a resistência à opressão".

16. *A Reconstrução dos Direitos Humanos: um Diálogo com o Pensamento de Hannah Arendt*, p. 126.

28 A TUTELA DA LIBERDADE NO PROCESSO PENAL

No entanto, a tutela dos direitos individuais apresentou-se nos ordenamentos jurídicos, americano e francês, de forma diferenciada: apesar de os conteúdos da Declaração de Virgínia (1776) e da Declaração Francesa (1789) convergirem, as distintas concepções da função do Estado, para norte-americanos e franceses, resultaram em formas diferentes de tutela de direitos individuais em seus respectivos ordenamentos jurídicos.

A Constituição norte-americana reconheceu direitos naturais do indivíduo e sujeitou as ações estatais ao mesmo nível de controle reservado às ações individuais. Deu-se a tutela de direitos individuais de forma negativa, mediante proibições ao Estado de violar de forma concreta a liberdade individual.

De outro lado, partiu da Revolução Francesa a idéia de que os direitos não eram naturalmente reconhecidos, mas, sim, fruto de processo político de positivação da vontade comum, que visava à transformação de uma sociedade corrompida em uma sociedade construída conforme um ideal de virtude.[17] Nessa perspectiva, a liberdade individual era garantida pelo mecanismo de imposição de deveres ao Estado, delimitando-se a atividade estatal pelo dever de cumprir estritamente a lei.

Na verdade, as Declarações de Direitos francesa e norte-americana diferem basicamente no que diz respeito à forma de proteção da liberdade. A americana tem sido experimental,[18] enquanto a francesa, racional, porque planejada de forma a que todos tenham acesso à mesma liberdade, deduzida da lei enquanto expressão da vontade geral.

A liberdade americana desenvolveu-se a partir da liberdade individual, ou seja, da liberdade de autonomia do homem considerado senhor de seu destino frente ao poder estatal.

A liberdade francesa, de seu lado, foi construída positivando-se prerrogativas abstratas do cidadão perante o Estado.[19]

Uma liberdade é aferida materialmente, tendo-se como parâmetros os direitos fundamentais, entre eles segurança e felicidade; ou-

17. Idem, p. 130.
18. James V. Calvi e Susan Coleman citam frase do juiz Oliver Wendell Holmes Jr. para definir o sistema anglo-americano da *common law*. Em 1881, o juiz afirmou: "The life of the law has not been logic: it has been experience" ("A vida do direito não tem sido lógica: tem sido experiência") (*American Law and Legal Systems*, p. 14).
19. Cf. Jacques Robert, ob. cit., pp. 41 e 42.

## LIBERDADE JURÍDICA

tra é garantida pela legalidade como possibilidade ou faculdade de exercício.

Impossível negar que no sistema da *common law* deixa-se ao indivíduo uma parcela da liberdade natural não tocada pelos interesses estatais. Note-se, nas idéias desenvolvidas por Hobbes e Locke, teóricos do direito inglês, um espaço reservado à liberdade de contratar e à resistência individual, como direito natural oponível contra o Estado opressor, não afetado pelo contrato social.[20] Para esses filóso-

---

20. Leia-se Hobbes, no *Leviatã*, Capítulo XXI, pp. 128-134: "Liberdade significa, em sentido próprio, a ausência de oposição (entendendo por oposição os impedimentos externos do movimento) (...). Conformemente a este significado próprio e geralmente aceite da palavra, um homem livre é aquele que, naquelas coisas que graças a sua força e engenho é capaz de fazer, não é impedido de fazer o que tem vontade de fazer" Ainda: "medo e liberdade são compatíveis (...). Assim também às vezes só se pagam as dívidas com medo de ser preso, o que, como ninguém impede a abstenção do ato, constitui o ato de uma pessoa em liberdade. E de maneira geral todos os atos praticados pelos homens no Estado, por medo da lei, são ações que seus autores têm a liberdade de não praticar". Quanto à resistência: "Se o soberano ordenar a alguém (mesmo que justamente condenado) que se mate, se fira ou se mutile a si mesmo, ou que não resista aos que o atacarem, ou que se abstenha de usar os alimentos, o ar, os medicamentos, ou qualquer outra coisa sem a qual não poderá viver, esse alguém tem a liberdade de desobedecer". Continuando: "Se alguém for interrogado pelo soberano ou por sua autoridade, relativamente a um crime que cometeu, não é obrigado (a não ser que receba garantia de perdão) a confessá-lo, porque ninguém (conforme mostrei no mesmo capítulo) pode ser obrigado por um pacto a recusar-se a si próprio". Leia-se no *De Cive*: "Como os movimentos e ações dos cidadãos nunca são em sua totalidade regulados por lei, e nem podem ser por causa de sua variedade, por isso há necessariamente uma quase infinidade de atos que não são comandados nem proibidos, e que cada qual pode fazer ou não fazer livremente. É neles que cada qual goza de liberdade, e é nesse sentido que aqui se toma liberdade, a saber, a parte do direito natural que é concedida e deixada aos cidadãos pelas lei civis (...). Quanto maior número de matérias as leis deixarem indeterminadas, tanto maior é a liberdade que eles desfrutam (...)". Ainda: "é antes de tudo contrário ao dever dos que têm o poder de fazer leis permitirem a existência de um número delas maior do que o necessário para o bem dos cidadãos e da Cidade (...)". Segue: "Quando as leis são mais numerosas do que fáceis de serem lembradas e proíbem coisas que a razão de per si não proíbe, eles necessariamente caem, mais por ignorância e sem qualquer má intenção, nas armadilhas das leis, e ofendem essa inocente liberdade que os governantes por lei natural são obrigados a preservar para os cidadãos. Grande parte dessa liberdade, inofensiva para uma Cidade e necessária para a vida feliz dos cidadãos, depende de que não haja nenhuma ameaça de penalidades afora as que eles possam prever ou esperar" (*De Cive: Elementos Filosóficos a Respeito do Cidadão*, Capítulo Treze, pp. 175-176, parágrafos 15 e 16). Leia-se, também, em Locke: "A razão pela qual os homens entram em sociedade é a preservação de suas propriedades; e a finalidade pela qual eles elegem e dão poderes a um legislativo é a de que sejam feitas leis e fixadas regras como proteções e limites às propriedades de toda a sociedade, para limitar o poder e moderar a dominação de todas as partes e membros da sociedade. Pois como nunca se pode supor ser a vontade da sociedade que o legislativo tenha o poder de destruir aquilo que cada um deseja assegurar através da sua entrada na sociedade e pelo que as pessoas se submeteram aos seus próprios legisladores:

# 30 A TUTELA DA LIBERDADE NO PROCESSO PENAL

fos, a necessidade de um pacto social tem como fundamento a garantia de sobrevivência. A lei, embora autoritária e imposta, limitava-se, para Hobbes, a disciplinar o mínimo necessário para garantir a vida de uns contra ataques de outros e contra ataques imprevisíveis por parte do Estado. Por coerência, o pacto fundado, basicamente, no direito à vida e à segurança individual, era desfeito quando seu cumprimento significasse a perda da própria vida ou da própria liberdade. Dessa forma, a resistência individual, oponível ao Estado, não significa o descumprimento daquilo que foi pactuado.[21]

A concepção de liberdade de Rousseau, de outro lado, representando o pensamento francês no iluminismo e a sistemática de proteção das liberdades originárias do sistema romano-germânico, parte do pressuposto de que os homens, aderindo ao contrato social, abandonam a totalidade de suas liberdades para as recuperar posteriormente, nos limites instituídos por lei, que é expressão da vontade geral.

Rousseau define a liberdade como dever de obediência às próprias leis. A liberdade como autonomia e autodeterminação é entendida politicamente. À medida que o indivíduo participa da criação da lei, a vontade geral substitui a vontade individual. Percebe-se bem, no pensamento deste filósofo, a não existência de direito de oposição do indivíduo ao corpo social ou de liberdade fora do Estado.[22]

---

sempre que os legisladores pretendam tirar e destruir a propriedade das pessoas, ou reduzi-las à escravidão sob um poder arbitrário, eles se colocam em um estado de guerra com as pessoas, que ficam assim dispensadas de qualquer obediência ulterior, sendo deixadas ao refúgio comum que Deus proveu para todos os homens contra a força e a violência. Toda vez, portanto, que o legislativo transgredir essa regra fundamental da sociedade, e por ambição, medo, loucura ou corrupção, tentar tomar para si – ou colocar nas mãos de qualquer outro – um poder absoluto sobre as vidas, liberdades e propriedades das pessoas, através dessa quebra de confiança eles perdem o poder que as pessoas tinham colocado em suas mãos para fins exatamente contrários e ele [o poder] volta para as pessoas, que têm o direito a reaver sua liberdade original, e através do estabelecimento de um novo legislativo (da forma que entenderem apropriado), prover sua própria segurança e incolumidade, que é a finalidade pela qual elas estão em sociedade" (traduzido de *Second Treatise on Government*, Capítulo XIX, p. 111, parágrafo 222).

21. Interessa ao tópico a seguinte explicação oferecida por Tércio Sampaio Ferraz Júnior: "Apesar da posição de Hobbes conduzir a uma espécie de dogmatismo sistemático, o direito positivo em Hobbes assegura a efetividade da lei natural quando promove a justiça como manutenção de acordos. Por outro lado, admitindo erro do juiz na interpretação das leis escritas, Hobbes desenvolve uma dogmática material construída, no caso concreto, pela sentença errada, mesmo assim constitutiva de direito para as partes" ("Hobbes e a teoria normativa do direito", *Revista Brasileira de Filosofia* 137/29-30, jan./mar. 1985).

22. Veja-se Rousseau, em *Do Contrato Social*: "Aquele que recusar obedecer à vontade geral a tanto será constrangido por todo um corpo, o que não significa senão que

# LIBERDADE JURÍDICA

Tal sistemática não admite garantia de direitos e liberdades contra o legislador.[23] Jacques Verhaegen, ao estudar mecanismos de proteção contra abusos de poder, mostrou que para Rousseau a vontade geral é infalível e que cabe ao soberano eleger o que pensa ser o bem comum. Chegou a afirmar que o pensamento de Rousseau foi usado de forma autoritária pelos mais diversos pensadores, desde Robespierre, Saint-Just, passando por Kant, Hegel, até Marx. Foi com base neste entendimento que Duguit acusou a doutrina de Rousseau de inspirar todos os sistemas que previam poderes ilimitados fundados na garantia da autonomia individual. Nestes sistemas, o descompasso entre a autonomia individual e a desigualdade de condições individuais é resolvido pela subordinação. A única opção contra a opressão é legitimada pelo direito natural, com a ruptura do pacto social quando o soberano usurpa do poder e desobedece às leis.[24]

Rousseau criou liberdade de ação individual dentro do Estado, mas não contra este. Entendeu a liberdade como faculdade de agir, mas sem responsabilidade alguma do Estado nos casos de impossibili-

---

o forçarão a ser livre, pois é essa a condição que, entregando cada cidadão à pátria, o garante contra qualquer dependência pessoal. Essa condição constitui o artifício e o jogo de toda a máquina política, e é a única a legitimar os compromissos civis, os quais, sem isso, se tornariam absurdos, tirânicos e sujeitos aos maiores abusos". Ainda: "Poder-se-ia, a propósito do que ficou acima, acrescentar à aquisição do estado civil a liberdade moral, única a tornar o homem verdadeiramente senhor de si mesmo, porque o impulso do puro apetite é escravidão, e a obediência à lei que estatuiu a si mesma é a liberdade" (Livro I, Capítulos VII e VIII, pp. 36-37). Há mais: "O tratado tem como fim a conservação dos contratantes. Quem deseja os fins, também deseja os meios, e tais meios são inseparáveis de alguns riscos e, até, de algumas perdas. Quem deseja conservar sua vida à custa dos outros, também deve dá-la por eles quando necessário. Ora, o cidadão não é mais juiz do perigo ao qual a lei quer que se imponha e, quando o príncipe lhe diz: 'É útil ao Estado que morras', deve morrer, pois foi exatamente por essa condição que até então viveu em segurança e que sua vida não é mais mera dádiva da natureza, porém um dom condicional do Estado (...) qualquer malfeitor, atacando o direito social, pelos seus crimes torna-se rebelde e traidor da pátria, deixa de ser um seu membro ao violar suas leis e até lhe move guerra. A conservação do Estado é então incompatível com a sua, sendo preciso que um dos dois pereça e, quando se faz que um culpado morra, é menos como cidadão do que como inimigo" (*Do Contrato Social*, Livro II, Capítulo V, p. 52).

23. Cf. Tércio Sampaio Ferraz Júnior: "Conquanto na vontade geral se observe uma distribuição racional dos interesses comuns, que serve à igualdade civil e, portanto, se vale do modelo horizontal, a relação dela com as retribuições privadas é hierárquica e não admite resistência (Rousseau não aceita o direito de rebelião, pois a vontade geral nunca erra)" ("Justiça como retribuição da razão e da emoção na construção do conceito de justiça", *Revista Brasileira de Filosofia*, vol. XLIV, Fascículo 192, p. 383).

24. Jacques Verhaegen, *La Protection Pénale Contre les Excès de Pouvoir et la Résistance Légitime à l'Autorité*, p. 258.

32 A TUTELA DA LIBERDADE NO PROCESSO PENAL

dade material de seu exercício.[25] O direito de resistir ao Estado e à opressão, apesar de presente nas primeiras Declarações de Direitos francesas,[26] era concebido como direito natural, não jurídico, atribuído à coletividade apenas, e não ao indivíduo nem mesmo contra o Estado violador da vontade geral.[27]

Pontes de Miranda elucida de forma sucinta o pensamento francês ao afirmar que não é na Revolução Francesa ou nas obras de Rousseau que se encontram as delimitações entre a liberdade e a ordem pública, pois ao mesmo tempo em que a liberdade era ilimitada, a ordem pública também o era.[28]

Neste passo, são indispensáveis os ensinamentos de Goffredo da Silva Telles Júnior. O professor da Faculdade de Direito da Universidade de São Paulo fixou, há muito, que, embora a França seja considerada berço dos direitos do homem, as Constituições francesas, a partir de 1795, recuaram na garantia de direitos do povo contra a opressão. Foi assim que Robespierre, grande defensor dos direitos do homem e da dignidade humana, passou a defender o aforismo: "nenhuma liberdade para os inimigos da liberdade". E foi também com fundamento nesta fórmula que a Convenção de 1794 declarou Robespierre um "fora da lei". A Declaração de Direitos de 1795 previa, no artigo 5º: "Ninguém é bom cidadão se não for francamente e religiosamente observador das leis". E no artigo 6º: "Aquele que viola abertamente as leis se declara em estado de guerra com a sociedade".[29]

### 1.3.3 O sistema da "common law" e o sistema positivo: duas formas de proteção da liberdade

No sistema norte-americano, direitos individuais são aqueles encontrados no texto da Constituição ou dela deduzidos, conforme a

---

25. Cf. entendimento de Machado Paupério, Rousseau delimitou o conceito de direito público subjetivo, criando liberdade de ação individual dentro do Estado. Tais direitos, contudo, não eram efetivados contra o Estado. Também dele não se exigiam meios de efetivá-los (*Teoria Geral do Estado*, cit., p. 101).

26. Consta da Declaração de 1789: "La résistence à l'opression fait partie des droits naturels et imprescriptibles de l'hommes". Segue texto da Declaração de 1793: "Quand le Gouvernement viole les lois du peuple, pose-t-elle, l'insurrection est pour le peuple et chaque portion du peuple le plus sacrés des droits et les plus indispensable des devoirs" (cf. Jacques Robert, *Libertés Publiques*, cit., p. 128).

27. Cf. Jacques Robert, *Libertés Publiques*, cit., p. 129.

28. Transcreve-se síntese de Pontes de Miranda: "J. J. Rousseau deixou-se à vontade geral, como o passado a deixara aos reis" (*Democracia, Liberdade...*, cit., p. 294).

29. "Resistência violenta aos governos injustos", *Revista Forense*, cit.

LIBERDADE JURÍDICA 33

história e a tradição dos Estados Unidos. Tais direitos são protegidos, basicamente, pelas cláusulas do devido processo legal e da igual proteção. A Constituição dos Estados Unidos contém duas cláusulas de devido processo legal. A primeira, aplicável ao governo federal, dispõe que nenhuma pessoa será privada de sua vida, liberdade ou patrimônio sem o devido processo legal. A outra, contida na 14ª Emenda, serve para a aplicação do devido processo legal aos Estados da Federação.

Decorre do devido processo legal que a liberdade das pessoas não poderá ser restringida de forma arbitrária ou caprichosa. Isto não significa, contudo, que o Estado jamais privará as pessoas da vida, da liberdade ou da propriedade. A atuação do Estado deve ser previsível, limitada em concreto, não se podendo garantir, todavia, que violações não aconteçam.[30]

O conceito de devido processo legal, apesar de intuído de forma negativa, isto é, para proibir ação estatal violadora da liberdade individual, é extremamente elástico, permitindo a privação dos direitos fundamentais quando razoável.[31] Isto significa que inexiste *a priori*,

---

30. Por exemplo: a 13ª Emenda proibia a escravidão, o que não significava dizer que cabia aos Estados impedir a escravidão. Como os escravos eram considerados propriedade, direito natural constitucionalmente protegido, a escravidão individualmente praticada não podia ser coibida. A proibição da escravidão era interpretada como violação de direito fundamental. A luta contra a escravidão em alguns Estados só foi possível mediante legislação complementar que previa formas de discriminação racial (cf. Charles D. Cole, "A proteção das liberdades constitucional dos Estados Unidos, com ênfase na primeira emenda da Constituição dos Estados Unidos", *Revista Especial do Tribunal Regional Federal da 3ª Região*, pp. 115-120).

31. As cláusula do devido processo na Constituição americana se apresenta em duas dimensões: procedimental e substantiva. A dimensão procedimental garante procedimento que possibilite ciência sobre os direitos ameaçados (vida, liberdade ou patrimônio) em tempo suficiente para interposição de recurso e oitiva perante tribunal competente. Tal dimensão se aplica às ações estatais, policial ou governamental. Já a dimensão substantiva do devido processo impede o Estado de promulgar legislação ilegítima, diz com a justiça da lei e com a justiça de um procedimento judicial. Antes da guerra civil de 1868, não havia a cláusula do devido processo e da igual proteção limitando o poder dos Estados da Federação. Tais cláusulas só foram criadas a partir da ratificação pelos diversos Estados da 14ª Emenda. Os direitos fundamentais garantidos pelo *Bill of Rights*, conteúdo das oito primeiras emendas e primeiramente aplicáveis apenas ao governo federal, foram incorporados à garantia do devido processo legal nos diversos Estados. No processo penal, a cláusula do devido processo não tinha aplicação, pois pela *common law* considerava-se que a quarta emenda, aquela que garante a inviolabilidade das pessoas, casas, documentos e haveres contra buscas e apreensões arbitrárias, protegia a intimidade e não a propriedade. Assim, para o processo penal, a garantia era inócua, pois a privacidade já teria sido violada quando praticada uma busca ilegal, nada obstando, pois, a apreensão e a utilização da prova. Não importavam os meios de obtenção da prova, mas a

34 A TUTELA DA LIBERDADE NO PROCESSO PENAL

na sistemática da *common law*, a idéia de suficiência da medida restritiva de direitos, parâmetro para que se reflita sobre o excesso ou abuso de poder. A licitude ou ilicitude da conduta não tem como medida a lei. A restrição da liberdade admissível pelo devido processo é posta e verificada concretamente quando já praticada violação da liberdade e cometido abuso de direito por parte do Estado.[32]

Vê-se que no conceito de devido processo legal está implícita uma teoria de abuso de poder. Tanto as decisões dos tribunais fundadas no *statutory law*,[33] nos precedentes de interpretação da lei constitucional ou estatutária, como as decisões não fundadas em direito positivo podem ser questionadas em face da Constituição por meio da sistemática do devido processo legal, tanto nos aspectos de direito material aplicado como também naqueles de direito processual.[34]

A liberdade, no sistema da *common law*, encontra-se no espaço em que o Estado não deve interferir. Trata-se da liberdade natural juridicamente protegida, ainda que em oposição ao disposto na lei, à decisão judicial ou às atividades do Estado como um todo. Já os abusos cometidos por indivíduos contra indivíduos não são compreendidos na sistemática do devido processo legal e não são considerados violação à Constituição.[35] Cabe ao *statutory law* regular todo o espectro de atividades que não dizem com os direitos fundamentais. Matérias constitucional ou estatutária são julgadas segundo o siste-

---

evidência da prova. A aplicação do devido processo ao processo penal foi diretamente deduzida das garantias constitucionais com a regra da exclusão, ou regra Weeks, referida a precedente da Suprema Corte, estabelecido em 1914, que determina que provas obtidas por meio de procedimentos que violem os direitos fundamentais não sejam admitidas, mesmo que da inadmissibilidade das provas resulte a absolvição de um réu perceptivelmente culpado. Justifica-se tal regra no fato de que o Estado não está acima da lei. Encontrou-se na regra da exclusão a única solução viável para coibir o abuso de direito e o respeito dos direitos constitucionais pela polícia. A proibição da utilização da prova ilicitamente obtida e a responsabilização pessoal do policial pelos fatos cometidos com abuso de poder não eram suficientes para evitar o abuso no momento da persecução. Levou-se em consideração, também, que a possibilidade de alegação da ilicitude das provas em plenário não surtia qualquer conseqüência para a coibição dos abusos, pois a convicção do júri, convencido da culpa do acusado, ficava inalterada (James V. Calvi e Susan Coleman, *American Law and Legal Systems*, cit., pp. 145 e 176-178, e Charles D. Cole, "A proteção das liberdades individuais...", cit., pp. 115-120).

32. Cf. James V. Calvi e Susan Coleman, ob. cit., p. 126.

33. *Statutory law*, ou direito estatutário, refere-se geralmente, nos Estados Unidos, ao direito legislado em contraposição ao direito costumeiro.

34. No sistema norte-americano, toda lei tem aspectos substanciais e processuais (James V. Calvi e Susan Coleman, ob. cit., p. 9).

35. Com exceção da 13ª Emenda, sobre escravidão e trabalhos forçados.

LIBERDADE JURÍDICA 35

ma de precedentes (*case law*), enquanto matéria não regulamentada em direito positivo é examinada ou julgada pelo sistema da *common law*.[36]

Outra forma de proteção dos direitos individuais é adotada por países que reconhecem a lei como ponto de partida para a solução de qualquer problema jurídico (cânone ou princípio da legalidade). A sistemática jurídica fundada a partir da positivação de direitos, garantias e liberdades confere autoridade ao Estado para prover ou outorgar direitos instituídos por decisão política, como síntese da vontade de todos. Limita-se o Estado prescrevendo-se-lhe prestações positivas que se exercem por cumprimento de dever estabelecido em lei. Nessa sistemática, não se admite atuação estatal que não tenha fundamento na lei. A sistemática de outorga de direitos tem origem no direito romano[37] e é seguida pelas Constituições idealizadas nos moldes da Declaração de Direitos da França.[38] Decorre dessa sistemática a regulação plena pelo direito de todas as condutas humanas, sejam elas permitidas ou proibidas. A infalibilidade do Estado e dos órgãos que aplicam o direito garante a segurança do sistema e a validade das decisões. A liberdade, aqui, é delimitada pela licitude considerada em abstrato. Concretamente, ela é conseqüência de processo de subsunção da norma. Tanto a liberdade como a sua ausência são justificadas por um único critério, qual seja: a legalidade. A liberdade protegida é a liberdade jurídica.

Mais recentemente, admitindo-se sistematicamente a falibilidade do Estado e o controle de constitucionalidade das leis e dos atos estatais, tanto legislativos, como administrativos e jurisdicionais, a legalidade passa a ser entendida, formal e substancialmente, de tal

36. Cf. James V. Calvi e Susan Coleman, ob. cit., pp. 11-15.

37. Nota-se, entretanto, com a advertência de Miguel Reale, que embora o romano considerasse primordial uma idéia de soberania do povo, nunca estabeleceu uma ligação entre essa idéia e a de vida democrática como em Rousseau, pois, ainda que presente a supremacia do *imperium*, não havia a unidade de um sistema coordenado de normas como expressão da vontade geral. Havia, sim, uma violência organizada e uma supremacia do Estado limitadas por direitos objetivos invioláveis e indestrutíveis ou por garantias conferidas por uma *lex publica* aplicável a quem gozava do *status civitatis* ("Liberdade e responsabilidade penal", *Ciência Penal* 2/32-35). É relevante, ainda segundo Miguel Reale, que se constate a existência jurídica de um *status libertatis* complementado por uma noção jurídica de liberdade na ordem privada, tal como nas *Institutas*: "Faculdade natural de se fazer o que se quer, salvo quando proibido pelo Direito ou impedido pela violência" (§ 1º, I, De i. pers. I, 3)" (idem, p. 32).

38. Cf. Celso Lafer, *A Reconstrução dos Direitos Humanos*..., cit., p. 130, e Charles D. Cole, "A proteção das liberdades...", cit., p. 115.

36    A TUTELA DA LIBERDADE NO PROCESSO PENAL

modo que o ato estatal é ao mesmo tempo ato executório da lei e expressão do conteúdo constitucional.

### 1.3.4 Liberdade jurídica na concepção de Joaquim Canuto Mendes de Almeida

A liberdade jurídica foi considerada por Joaquim Canuto Mendes de Almeida[39] como "a prerrogativa de não vir a ser obrigado a fazer ou a deixar de fazer algo senão em virtude de lei, e de julgado (porque, também, nenhuma lesão de direito pode ser subtraída à apreciação judiciária, isto é à atividade jurisdicional de instrução e julgamento)". Com fundamento nas Constituições do Brasil, não considerada a Constituição de 1988, que é posterior a seu tempo, Canuto Mendes de Almeida entendeu que a expressão "em virtude de lei" se relaciona à força coativa estatal, só obtida mediante eventual condenação judicial passada em julgado.

A previsão legal das hipóteses de restrição da liberdade faz surgir uma liberdade residual que consiste na proteção da liberdade, quando não concretizada ou verificada a hipótese de restrição. Esse espaço deixado pela não incidência da lei – quando não verificada a hipótese dessa incidência –, é a liberdade natural ou residual, transformada em liberdade jurídica ("jurídica" porque juridicamente afastada a coação estatal).

Assim, na definição de Canuto Mendes de Almeida, a liberdade jurídica é "a prerrogativa do ser humano, enquanto racional e livre, não só poupada pela lei, se e enquanto esta não a restringe, mas também enquanto tutelada, especificamente, pelo processo judiciário (*jurisdição em ação*), isto é, pelo processo de *verificação, declaração e fixação dos termos de incidência concreta da lei, e seus efeitos*".

Interpretando Canuto Mendes de Almeida, José Ignácio Botelho de Mesquita afirma: "A colocação feita por Canuto mostra acertadamente que, em última análise, ter direito não significa outra coisa que ter uma razoável probabilidade de obter, a seu favor, o exercício da função jurisdicional. Isto decorre do fato de que, entre qualquer

---

39. A liberdade jurídica no direito e no processo, de Joaquim Canuto Mendes de Almeida, é texto indispensável ao estudo da liberdade, seja no âmbito do direito material, seja no âmbito do direito processual ("A liberdade jurídica no direito e no processo", *Estudos Jurídicos em Homenagem a Vicente Ráo*).

LIBERDADE JURÍDICA

pretensão do titular do direito e a sujeição do obrigado, interpõe-se a 'liberdade jurídica' deste".[40]

A definição de liberdade de Canuto Mendes de Almeida é desenvolvida dentro do quadro da plenitude do ordenamento jurídico.[41] O autor adota a posição de que o direito positivo, em sua formulação genérica, é restrição absoluta da liberdade. A liberdade individual surge na jurisdição, como conseqüência da verificação da hipótese de não incidência concreta da lei penal.[42]

Essa definição pode ser explicada usando-se o pensamento de Kelsen. Toda conduta humana é, juridicamente, regulada positiva ou negativamente. Toda vez em que um indivíduo for chamado juridicamente à responsabilidade, o direito será aplicado, até para que não se aplique a sanção.[43]

O direito de restrição à liberdade, *imperium*, já nasce gravado pela necessidade de apreciação jurisdicional da verdade jurídica (*notio iudicium*).[44] Assim, o direito justo é o direito afirmado em sentença. A liberdade jurídica, nestes termos, consolida-se no futuro, com a possibilidade de sentença absolutória.

No âmbito penal, sistema fechado que contém previsão de todas as condutas puníveis, não se garante a liberdade individual pela máxima de que "o que não está proibido está permitido", mas, sim, pelo controle jurisdicional da existência em concreto da hipótese de punição. Para Canuto Mendes de Almeida, encontra-se na jurisdição o cerne da liberdade jurídica. A sentença absolutória, transitada em julgado, impede a coação penal e põe fim à coação processual. Nestes termos, Canuto Mendes de Almeida defende que somente a

---

40. "Da jurisdição e da ação civil no pensamento de Canuto Mendes de Almeida", *Ciência Penal* 3/12-13.

41. "A liberdade jurídica...", cit., p. 297.

42. Consulte-se *Processo Penal, Ação e Jurisdição*, p. 8: "Liberdade jurídica, *notio* e *iudicium*. O § 2º do art. 153 da EC n. 1, de 1969 ('Ninguém será obrigado a fazer ou deixar de fazer alguma coisa senão em virtude de lei') consagra esse princípio fundamental como primeira regra básica do direito positivo a proclamar que o *direito é restrição de liberdade* (restrição absoluta, quando toca à liberdade geral, isto é, sem direção pessoal, e restrição *relativa*, quando toca à liberdade particular, isto é, como direção pessoal)".

43. *Teoria Geral das Normas*, pp. 168-169. Cf. Tércio Sampaio Ferraz Júnior: "(...) para Kelsen, no mundo jurídico a liberdade não é um pressuposto da obrigação nem uma condicionante da normatividade. Ao contrário, a liberdade resulta da imputação normativa do mesmo modo que resulta o dever jurídico e o ilícito" ("Hobbes e a teoria normativa do direito", cit., pp. 27-29).

44. Joaquim Canuto Mendes de Almeida, *Processo Penal, Ação e Jurisdição*, cit., p. 8.

# A TUTELA DA LIBERDADE NO PROCESSO PENAL

sentença faz prevalecer a liberdade jurídica do acusado sobre o direito de punir.

### 1.3.5 A técnica da liberdade conforme Pontes de Miranda

É advertência de Pontes de Miranda que a liberdade é sempre questão de fundo, não é processo ou forma, é problema material.[45] A liberdade é sentida quando se enfrenta a opressão. A liberdade é conquista perante outros quando conservada, adquirida ou readquirida quando perdida.

Não existiria, então, conforme Pontes de Miranda, liberdade formal, mas o desenvolvimento de técnica da liberdade ao longo do tempo, com meios de assegurá-la e garanti-la. Assegurar diz com a inserção na Constituição e com alguma sanção. Garantir diz com meios técnicos que protejam o exercício do direito.

Pontes de Miranda opõe a liberdade à opressão e não à proibição vinda da lei. Reconhece, contudo, a importância da legalidade como um dos meios técnicos de assegurar e garantir a liberdade. A assertiva é importante, pois permite, em matéria de liberdade, o questionamento da lei restritiva da liberdade com os princípios gerais de direito positivo, postos como limites às restrições reguladas em lei. Apesar de a liberdade ser vista como algo material, seus limites são problemas de forma, de meio para alcançá-la, problemas que têm solução fora da técnica da liberdade, na técnica da democracia e da igualdade.[46]

---

45. Utiliza-se o pensamento de Pontes de Miranda expresso em *Democracia, Liberdade...*, cit., mais especificamente nas pp. 284-322.

46. Leia-se: "Se observarmos através da história, o que se tem conseguido em matéria de liberdade, é inegável que o caminho foi no sentido de se revelar o conteúdo desse 'deve' e repelir-se a definição 'legalista'. Noutros termos: o enunciado '(...) é o poder de se fazer tudo o que (...)' e a linha de legalidade não bastam à definição, nem à segurança, da liberdade. Tal proposição é verdadeira, ainda quando a lei é feita pelo povo; isto é, quando a liberdade deixa de ser somente fato interior ao círculo da 'liberdade', para ser fato interior ao espaço em que os dois círculos se combinam ('liberdade', 'democracia').

"A formação democrática da lei explicita o conteúdo 'deve'; porém não todo ele, nem suficientemente. As democracias tiveram leis cruéis, se bem que nem tão freqüentes, nem tão duras, como as leis das monocracias e das oligarquias.

"Outra explicitação teve-se no princípio da igualdade perante a lei: e outras virão, à medida que se progrida no sentido democrático e no sentido da igualdade. Seja como for, a definição e a asseguração da liberdade deixaram, desde muito, de ser problema de técnica da liberdade pura, isto é, fato do círculo da 'liberdade', para ser das três técnicas em conjunto, isto é, do espaço compreendido pelos três círculos. Essa afirmação é extre-

LIBERDADE JURÍDICA

Juridicamente, definir liberdade simplesmente como "o poder de se fazer tudo o que a lei não proíbe" é deixar a ela, no dizer de Pontes de Miranda, "o miserável espaço que resta", podendo a lei proibir muito, até tudo. Pode-se, então, definir a liberdade "como o poder de fazer tudo o que deve ser permitido fazer-se". A formação democrática da lei e a igualdade perante ela determinam o conteúdo desse dever.

Os textos jurídicos, conforme Pontes de Miranda, não limitam a liberdade, mas estabelecem poderes para fazê-lo. A técnica da liberdade, então, desenvolve-se a partir das técnicas das limitações e das limitações às limitações. Ou se deixa o espaço aberto ao legislador para estabelecer as limitações ou se determina na Constituição limitação às limitações, circunscrevendo os poderes instituídos para a restrição da liberdade e diminuindo o espaço deixado ao legislador. Há, então, princípios de direito positivo que estabelecem certa liberdade e limitações ao poder do legislador de restringir a liberdade. As ações de inconstitucionalidade da lei seriam, no entender de Pontes de Miranda, a garantia dos limites às limitações. Assim, liberdade poderia ser definida como "poder fazer tudo o que deve ser permitido fazer-se".

As regras da liberdade, segundo Pontes de Miranda, são cinco: as que asseguram as liberdades; as que permitem as limitações legais; as que limitam o poder de limitação legal; as que garantem a liberdade; e as que permitem a suspensão da prometida proteção ou da garantia.

Infere-se da obra de Pontes de Miranda que a garantia ou a proteção da liberdade no ordenamento jurídico é sempre uma questão de delimitação do poder de restringir a liberdade em abstrato e da disponibilidade de meios técnicos com eficácia para conservá-la, restituí-la ou até mesmo adquiri-la em termos concretos.

### 1.4 A sentença como elemento de integração do ordenamento jurídico perante a Constituição: uma concepção processual de liberdade

Concebe-se a liberdade jurídica de duas formas distintas. Pode-se considerá-la como dado jurídico, essencialmente diferente da liber-

---

mamente grave. Porque significa que a realização da liberdade e a sua conservação exigem certa dose de igualdade e certo grau de democracia" (*Democracia, Liberdade...*, cit., p. 302).

40 A TUTELA DA LIBERDADE NO PROCESSO PENAL

dade de fato, ou como especificação da liberdade metafísica na ordem jurídica. Na primeira hipótese, a liberdade é criação jurídica, e o direito a antecede. Na segunda hipótese, a liberdade é um *prius* existencial do Direito.[47]

Seguindo a concepção existencialista da liberdade,[48] Carlos Cossio desenvolveu a teoria egológica da liberdade.[49] Nela não são as normas, regras de comportamento e conduta o objeto do direito, mas, sim, as próprias condutas humanas interpretadas a partir das normas jurídicas.[50] Mesmo que haja hipóteses em que o conteúdo do agir humano tenha sido predeterminado pela norma jurídica, sempre haverá liberdade de comportamento, ou seja, de agir ou não agir conforme a norma e de escolha quanto às alternativas ou formas de cumprimento da norma.[51]

---

47. Cf. José Caamaño Martínez, *La Libertad Jurídica*, p. 49.

48. Em termos básicos, tal como Sartre a idealizou, o homem é livre, a liberdade é intrínseca ao homem e tão inseparável do indivíduo que não existe procedimento algum que o faça escapar de uma decisão pessoal (cf. José Caamaño Martínez, ob. cit., p. 31).

49. A teoria egológica do direito é aqui utilizada porque oferece de alguma forma uma visão dinâmica do direito sem negar a sistemática do direito positivo. Os atos de aplicação do direito, regulados pela norma jurídica, interessam à sistemática jurídica porque integram o próprio sentido da ordem jurídica no momento em que concretizada. A teoria egológica apresenta subsídios para a compreensão do processo de aplicação do direito sem desconsiderar o seu conteúdo material. Embora Sebastian Soler advirta que a teoria egológica não se ocupou das normas processuais e da sentença como fato, expressão da validade dos atos no procedimento de aplicação da lei, admite que seus princípios lógicos não são incompatíveis com a concepção processual do direito, muito pelo contrário, ou seja,seus princípios lógicos conduzem a uma concepção processual do direito (cf. "Los valores jurídicos", p. 223). É verdade que mais adiante Soler acusa a teoria egológica de transformar os juízes em espécie de minúsculos *Führer*, capazes de só eles dizerem só a eles caber dizer o que é o direito (ob. cit., p. 241). Parece que Soler não tem razão. A teoria egológica é extremamente positivista, não prescinde da lei e da formação normativa desta a partir da norma fundamental. Também restringe o conceito de dever aos Poderes Públicos, identificando o dever jurídico com conduta cumprida, como prestação e não como liberdade. A liberdade dos órgãos públicos é reconhecida apenas para descaracterizar e invalidar a restrição de liberdade individual e limitar o exercício da atividade estatal. A teoria egológica, na realidade, serve para impor limites e controlar a conduta do magistrado, conforme o conteúdo constitucional.

50. Cf. Julio B. J. Maier, *Función Normativa de la Nulidad*, p. 85, nota 105.

51. Também Sebastian Soler afirma que o conceito de norma é inseparável do conceito de liberdade. Por isso a afirmação de que o direito é composto somente por mandados e proibições é contraditória. Só a idéia do proibido importa a do não proibido. Quando algo é proibido, implicitamente se cria um estado no qual há infinitos "algos" que não estão proibidos. Ainda conforme Soler, não existe distinção substancial entre a lei que proíbe e a que manda porque elas são conversíveis uma na outra (ob. cit., p. 30). Contudo, em outro texto, Soler afirma que, no que diz respeito ao magistrado, pouco importa a infinidade de *Sorgen* (preocupações) que o atinge para a compreensão de sua

LIBERDADE JURÍDICA                                    41

Somente a sentença, expressão concretizada do direito, pode qualificar a conduta como lícita ou ilícita.[52] Em princípio, no entender de Carlos Cossio, tanto a conduta do acusado como a dos agentes públicos são lícitas. Permanece a licitude até que se declare a ilicitude da primeira ou que se constate desconformidade da segunda com a conduta prescrita em lei. A liberdade jurídica não é conceito abstrato, pois só se concretiza com uma conduta realizada.

Ao afirmar que o juiz, ao interpretar os fatos mediante a lei, vivencia uma contradição entre a realidade humana e o sentido da mesma perante a lei, Carlos Cossio faz transparecer a ambivalência intrínseca a todo o momento decisório. A subsunção dos fatos à lei é dúbia na origem, pois comporta imputação positiva e negativa. Daí a necessidade de o pensamento judicial ser motivado e justificado reflexivamente em relação a todo o ordenamento jurídico.

A teoria egológica do direito reconhece, juridicamente, a possibilidade de contraste entre a lei abstratamente considerada e a norma individual declarada na decisão judicial.[53] Por essa teoria, o erro do

---

função como órgão do Poder Judiciário, pois estaria limitado funcional, temporal e espacialmente pelo cumprimento de certos ritos, formas devidas a ele impostas. Assim, para se saber se um ato é ou não uma sentença é necessário estudar a lei processual. Os atos dos juízes serão revestidos de juridicidade porque em conformidade à lei processual. Soler parece adotar a teoria egológica de Carlos Cossio, apesar de sustentar que referida teoria não explicou o mecanismo de aplicação das leis processuais e não se ocupou especificamente dos procedimentos. O autor aproxima-se da teoria egológica ao criticar a teoria processual de Sander. Para Sander, a validez da sentença deriva do cumprimento de certas formas, cabendo ao procedimento reger toda a dinâmica jurídica, de modo que a validez de um pronunciamento judicial se deduza apenas do processo formal de produção jurídica, com prejuízo do exame do conteúdo dos atos jurídicos. Nessa concepção, a coisa julgada constituiria o direito. A validez da sentença não dependeria de seu conteúdo interpretativo, mas do fato de que nela se manifesta a vontade pura do Estado. Soler conclui que a sentença para valer como tal não deve apenas se ajustar formalmente às normas funcionais dos órgãos do Estado, tal como na teoria de Sander, pois devem corresponder, necessariamente, ao conteúdo previamente fixado na Constituição (ob. cit., pp. 224-227).

52. No Brasil, Calmon de Passos também segue esse entendimento. Leia-se: "Há uma assertiva que se tornou fundamental, a partir da positivação do Direito, e de cuja exatidão ainda não se conscientizaram suficientemente todos os juristas, nem dela foram retiradas todas as conseqüências necessárias *nada é jurídico ou antijurídico com anterioridade ao sentido constitutivo que lhe confere o operar do sistema jurídico*" (*Direito, Poder, Justiça e Processo*, p. 73).

53. Julio Maier também afirma que a contradição entre o ato concreto e a regra abstrata é característica da observação normativa. Admite a possibilidade de contradição entre decisão e norma e a necessidade de se diferenciar dever de validez. Os tribunais não têm o poder de dar vigência e validade a todas as decisões. A necessidade de se pôr fim às discussões não se confunde com a infalibilidade dos juízes. Assumindo-se a falibilidade

42 A TUTELA DA LIBERDADE NO PROCESSO PENAL

magistrado ou a possibilidade de interpretação da lei em desconformidade com a sistemática jurídica são questões de direito, parte integrante da estrutura jurídica.[54] O erro, o delito e o antijurídico não são considerados a negação do direito porque integram a esfera do direito.[55]

Na teoria egológica, a decisão judicial é processo de subsunção do caso concreto à lei. Neste processo, o juiz vivencia a contradição da norma hipotética, ao ter que decidir pela sua incidência ou não incidência.[56] Tanto a decisão pela incidência como pela não incidência da norma são hipóteses consideradas no ordenamento jurídico. Por esta razão, deve transparecer na sentença algo a mais que a fundamente. O pensamento reflexivo do juiz, obrigado a deduzir a decisão a partir da norma jurídica (processual e substancial), de tal forma que o caso concreto corresponda à lei em sentido abstrato, é o elemento a mais de sustentação da sentença perante o ordenamento jurídico.

---

humana, pode-se instituir ao julgador dever pessoal de observar regras de atuação, verdadeiros pressupostos de validez da decisão (*Función Normativa de la Nulidad*, cit., pp. 78-81). É importante que se entenda, frise-se bem, que os condicionamentos impostos ao magistrado para que produza uma decisão válida não atinge e não pode atingir o postulado da livre convicção do juiz, garantia de independência e imparcialidade das decisões jurisdicionais.

54. Diz-se que existe uma complementação porque, apesar de a teoria de Kelsen considerar a existência de uma norma individual, não admite o erro judicial problematizado na órbita jurídica. Leia-se Tércio Sampaio Ferraz Júnior: "A questão da autenticidade levanta um problema importante também para Kelsen. Este, como Hobbes, reconhece uma certa incerteza na norma, o que requer interpretação: Kelsen fala da norma como um quadro que tem que ser delimitado no caso concreto. Já Hobbes, no caso das leis escritas, lembra a inconsistência semântica e no caso das leis naturais, a presença das paixões a obscurecê-las. Para ambos é a competência do intérprete, vinda do soberano (para Hobbes) e da norma fundamental (para Kelsen), que confere autenticidade à interpretação contida na sentença. Contudo, para Kelsen é claro o caráter constitutivo de qualquer sentença, o que ele afirma expressamente, mesmo porque a norma superior não contém, pelo seu conteúdo, a norma inferior numa relação de derivação lógica" ("Hobbes e a teoria normativa do direito", p. 29).

55. O adjetivo "jurídico", para Carlos Cossio, opõe-se a não-jurídico e não a "antijurídico". Carlos Cossio exemplifica: "Tanto el robo como el pago son cosas jurídicas en el sentido de que son trozos u objetos que integran la esfera del Derecho, aunque el robo sea algo anti-jurídico y sólo el pago sea jurídico, de acuerdo a una segunda acepción del adjetivo jurídico, sinónima de lícito" (*La Teoría Egologica del Derecho y el Concepto Jurídico de Libertad*, p. 659).

56. Cf. Carlos Cossio: "La vivencia de la contradicción no es, pues, la contradicción lógica entre dos conceptos, sino la contradicción entre una realidad humana y el sentido de la misma en cuanto que éste está en parte determinado por el concepto legal" (ob. cit., p. 171).

LIBERDADE JURÍDICA

Assim, são questões a se decidir não só a aplicação da lei como comando, mas a adequação da sua aplicação ao ordenamento jurídico. A sentença, em todos os sentidos, processual e substancial, deve ser expressão dos valores jurídicos positivos tutelados pelo ordenamento jurídico. Resulta ser essencial à formação da norma individual a averbação na sentença da posição do juiz quanto ao conteúdo dogmático da lei aplicada. O retorno reflexivo à norma fundamental de Kelsen é mais um componente para a justificação da sentença perante o ordenamento jurídico.[57] Assim, o ato de sentenciar é ato processual – que se conforma às leis do processo e que se contorna, materialmente, pelo conteúdo da Constituição. Só assim a sentença como expressão do direito no caso concreto será considerada válida perante a Constituição e integrada a todo o ordenamento jurídico.[58]

A sentença é entendida em dois aspectos: o material e o processual. De um lado, a sentença faz aparecer a dimensão jurídica do fato concretizado; de outro, ela é ato processual, expressão do comportamento do juiz, necessariamente vinculado ao sentido axiológico expressado pelas normas processuais.[59]

57. Para a teoria pura do direito a autenticidade da sentença perante o ordenamento jurídico é uma questão de competência. Todo ato interpretativo é um arbítrio válido porque emanado de autoridade competente. Para a teoria egológica, além da autenticidade formal da sentença, é imprescindível que a sentença seja deduzida axiologicamente das leis. Leia-se Carlos Cossio: "Ya hemos visto que cuando la valoración judicial de la ley declara que una determinada ley no se refiere al caso sometido a decisión, el Juez no queda en un campo libre, dueño y señor para crear imputaciones normativas, sino que, al eludir la estructura de la ley inaplicable, cae en otra estructura legal también dada de antemano, la que a su turno replantea su problema valorativo. El Juez, pues, pasa siempre de una estructura legal a otra, en mérito de que el ordenamiento jurídico es un todo pleno y hermético. Esta acomodación necesaria de la valoración jurídica a alguna de las estructuras legales del ordenamiento, que es quizás el más arduo problema dogmático, no es arbitraria porque cada estructura, en tanto que mención de una conducta, da un contorno conceptual al sentido que, integrando la realidad jurídica, aparecerá en su substrato; y la correlación entre el substrato y el sentido, por más que sea creada, no es ni artificial ni arbitraria pues se trata del sentido del substrato. Como problema dogmático vemos fácilmente, entonces, a esta acomodación, regida por la unidad lógica del ordenamiento jurídico; el decir, creando las parcelas de la realidad jurídica sin contradicción de partes, en forma tal que la admisión de la ley en unos casos y su exclusión en otros, armonice perfectamente con la totalidad de las figuras jurídicas efectivas con que se actualiza el ordenamiento entero. Está, pues, a la base de este arduo problema dogmático, la plenitud hermética del ordenamiento con el axioma ontológico en ella implicado de que todo lo que no está prohibido, está jurídicamente permitido" (ob. cit., p. 169).

58. Carlos Cossio, ob. cit., p. 188.

59. As normas processuais assinalam certos requisitos, com conteúdo dogmático, sem os quais a sentença não vale como sentença, obrigando, assim, o juiz a relatar o caso, nomear os litigantes ou processados, determinar a causa, dar fundamentos, cumprir pra-

44 A TUTELA DA LIBERDADE NO PROCESSO PENAL

Carlos Cossio aponta para a retomada da problemática substancial do direito pelo juiz no ato de sentenciar. Na sentença, a norma constitucional reaparece como estrutura conceitual da lei e esta, como estrutura conceitual da sentença, que além de conter decisão quanto à aplicação do direito material, contém o sentido axiológico da conduta do juiz em face das normas processuais.[60]

Na verdade, a teoria egológica serve a estender os limites da liberdade dentro do ordenamento jurídico, pois exige justificação axiológica, baseada na Constituição, para toda imputação. Esta, por sua vez, não se reduz à hipótese de aplicação, ou não, da lei material. A norma processual também integra substancialmente a sistemática da imputação, conferindo um critério a mais a ser levado em consideração quando da decisão judicial.

Na verdade, a teoria egológica serve a estender os limites da liberdade dentro do ordenamento jurídico, pois exige justificação axiológica, a partir da Constituição, para toda imputação. Esta não se reduz à hipótese de aplicação, ou não, da lei material. A aplicação da norma processual integra substancialmente a sistemática da imputação, conferindo um critério a mais a ser levado em consideração na decisão jurisdicional. Não basta que a conduta seja considerada

---

zos e formalidades diversas. A sentença, como fato, deve subsumir-se na lei processual. Ao mesmo tempo a lei processual, ao dispor sobre a aplicação da lei material ao caso concreto, determina a subsunção do caso concreto à lei material. Assim, a estrutura processual da sentença faz com que, em forma reflexiva, a norma individual contenha o sentido axiológico do ordenamento inteiro, tanto da conduta do transgressor, como das condutas desenvolvidas judicialmente (Carlos Cossio, ob. cit., pp. 191-192).

60. Leia-se Carlos Cossio: "Como las normas del Código de Procedimiento que se refieren al sentenciar, mientan toda la conducta del juez aunque no mienten todo lo que en ella se encuentre en cada caso, mientan también el sentido esencial de esa conducta; y como esas normas integran la conducta del juez al integrar el sentido del sentenciar, van a resultar integrando también el sentido de la sentencia como significación del caso, en razón de la reflexibilidad del pensamiento judicial a que más arriba nos hemos referido; por eso anticipábamos, al iniciar nuestra tarea, que la sentencia, como facto, es la conducta del juez con el sentido axiológico verbalmente expresado por las normas procesales. Pues, en efecto, la circunstancia de que el pensamiento de sí misma de la conducta judicial denunciado por la sentencia, contenga como parte al pensamiento expresado en aquellas normas procesales, permite comprender que la sentencia, como enunciación, se subsuma dentro de la ley procesal. Pero en esto también há de recordarse que la ley procesal dispone la aplicación de las leyes materiales que correspondan al caso; por donde resulta que el caso quedará subsumido en estas leyes. Y, con ello, que el sentido jurídico del caso sentenciado, se integre con el sentido axiológico mentado por el ordenamiento entero a través de la estructura procesal de la sentencia que oficia de eslabón normativo intermediario" (ob. cit., pp. 190-191).

# LIBERDADE JURÍDICA

lícita ou ilícita. O comportamento do juiz, de acordo com a norma processual e as normas constitucionais, é essencial à validez da sentença.

Note-se que a liberdade jurídica na teoria de Carlos Cossio não é residual, resultante da não incidência da norma de direito material. Ela é exercida mediante o processo, independentemente da incidência ou não da norma de direito material.

Não se diferencia a liberdade metafísica da jurídica. Ambas têm o mesmo objeto. A metafísica especifica-se na jurídica como uma liberdade tipificada que não se aprisiona num "esquema petrificado de uma geometria normativa". A liberdade jurídica é mais um problema de fundamentação da liberdade, que se pretende protegida perante a ordem jurídica.

O axioma "tudo o que não está proibido está permitido" tem significado próprio na teoria egológica a partir da liberdade jurídica. Em princípio, qualquer conduta é lícita,[61] tanto a do acusado, como a do agente público, ainda que irregular. Existe uma juridicidade geral da liberdade como ponto de partida de uma sistematização integral do direito. No dizer de Carlos Cossio, a ilicitude da conduta aparece com a interferência intersubjetiva, e esta não se produz na consciência do sujeito, mas em seus atos.

A liberdade, nestes termos, parece não ser incompatível com a persecução penal. Direitos e deveres não estão, diretamente, correlacionados. As relações entre indivíduo e Estado não se resolvem por simples contrariedade, em que o proibido se opõe ao permitido, o ser ao dever-ser, o lícito ao ilícito. O dever tem fundamento direto na norma de procedimento, limitadora do poder público. O direito

---

61. No plano da lógica jurídica em que o lícito se contrapõe ao ilícito e o conceito de faculdade jurídica ou direito subjetivo é correlato ao dever jurídico e à obrigação, o axioma "tudo o que não está proibido está juridicamente permitido" também é entendido pelo seu contrário, ou seja, "tudo o que não está permitido está juridicamente proibido", tornando sinônimos "permitido" e "não-proibido". Tal contradição não aparece na teoria egológica, pois a licitude diz com a imputação e o permitido, com o poder fático de fazer algo que seja lícito. Apesar de o permitido ter a mesma extensão lógica do lícito, refere-se a coisas diversas. A conversão do lícito em ilícito não é imediata, é formalmente mediada. Assim, não cabe o entendimento de que a teoria egológica aceita liberdade de conduta para a prática de crimes, pois existe diferença ontológica entre a conduta do transgressor e a conduta do não transgressor. A norma que representa uma das realidades não pode ser utilizada para pensar a outra. A liberdade jurídica tem relação com o dever jurídico, plano em que é irrelevante a vontade do transgressor. A liberdade de conduta do transgressor só se especifica na liberdade jurídica quando, após imputação, não se verifica a incidência da sanção. Determinada a sanção, a liberdade jurídica ressurge em uma nova dimensão.

46 A TUTELA DA LIBERDADE NO PROCESSO PENAL

de liberdade extravasa o âmbito do procedimento e tem fundamento na Constituição e nos princípios gerais de direito. Ambos têm como fundamento a liberdade jurídica.

Portanto, direitos e deveres são ambos jurisdicionalizados. Antes da decisão jurisdicional a conduta do acusado não é ilícita, assim como a conduta dos agentes públicos encarregados da persecução é tida como regular.

Note-se que a teoria da liberdade jurídica de Carlos Cossio se aplica à técnica processual brasileira, em que se encontram procedimentalizadas e previstas formas de controle jurisdicional de constitucionalidade e de legalidade da lei, dos atos administrativos e dos atos judiciários, seja na forma de controle difuso, mediante apreciação incidental em processo relativo a caso concreto, como questão prejudicial que serve a fundamentar as premissas lógicas da decisão jurisdicional;[62] seja pelo controle incidental por juiz singular ou tribunal, sem disciplina processual específica, como manifestação do poder e dever do magistrado de interpretar e aplicar o direito válido, segundo os parâmetros constitucionais; bem como, ainda, mediante controle concentrado, de competência do Supremo Tribunal Federal.

Entre nós, embora não se tratando especificamente da liberdade no âmbito jurídico, mas esmiuçando as razões que envolvem a necessidade de motivação das decisões penais, Antonio Magalhães Gomes Filho esclarece: "Às decisões judiciais não basta tão-só enunciar sua conformidade à lei, como supunha a concepção iluminista que via no juiz 'a boca que pronuncia as palavras da lei', pois a tarefa de atuar concretamente o direito para a solução de conflitos não é mecânica nem automática; exige, ao contrário, juízos muito mais complexos, que envolvem não somente a escolha da regra, mas também a sua interpretação e, ainda, a verificação da harmonia de seu conteúdo com os preceitos maiores da lei fundamental".[63]

Benedito Roberto Garcia Pozzer, em dissertação de mestrado defendida na Faculdade de Direito da Universidade de São Paulo, sob orientação de Sérgio Marcos de Moraes Pitombo, sintetizou: "Na motivação, será descoberto qualquer excesso do juiz a causar

---

62. Cf. José Carlos Barbosa Moreira, *Comentários ao Código de Processo Civil*, vol. 5, p. 29. Sobre questão prejudicial, consultem-se Paulo Sérgio Leite Fernandes, verbete "Questões prejudiciais", *Enciclopédia Saraiva do Direito*, vol. 63, e Antonio Scarance Fernandes, *Questão Prejudicial*.

63. *A Motivação das Decisões Penais*, p. 85.

LIBERDADE JURÍDICA 47

nulidade da sentença porque, elemento eminentemente intelectual, de conteúdo crítico, valorativo e lógico, concernente aos aspectos lógicos e jurídicos, deve anunciar as razões da solução, de todas as questões processuais e de mérito, de direito e de fato, que atacou para chegar ao dispositivo adotado".[64]

Na verdade, a sistemática processual brasileira, caracterizada pela previsão de procedimentos rígidos e de estrita legalidade, comporta, sem a necessidade de que haja disciplina processual específica,[65] a verificação de legalidade e constitucionalidade dos atos processuais, no caso concreto, sempre que houver lesão ou ameaça a direito.[66]

Existem instrumentos de tutela postos à disposição do indivíduo sempre que a lesão ou ameaça a direito tiver como fundamento uma ação estatal, denominados pela maior parte da doutrina como "remédios constitucionais" ou instrumentos extraordinários de impugnação.[67] Tais instrumentos, em processo penal, adiantando-se à

---

64. *Correlação entre Acusação e Sentença no Processo Penal Brasileiro*, p. 135.

65. Cf. Barbosa Moreira, ob. cit., p. 34: "No Brasil o controle incidental por juízo singular não reclama disciplina processual específica". Também Dalmo de Abreu Dallari, "O controle de constitucionalidade pelo Supremo Tribunal Federal", p. 159: "No Brasil qualquer juiz pode decidir baseado em sua convicção sobre a constitucionalidade de uma lei ou de outro ato jurídico. No sistema brasileiro permite-se a qualquer pessoa que esteja sendo demandada defender-se com fundamento numa inconstitucionalidade. E se o juiz estiver convencido da alegação poderá sentenciar baseando-se nisso, o que terá plena eficácia entre as partes, embora não obrigue à revogação do ato inquinado nem haja efeitos sobre terceiros que não participem da ação. Tem-se aí a inconstitucionalidade suscitada por meio de ação, como medida de defesa".

Note-se que a independência dos juízes, no controle de constitucionalidade difuso, ficou ameaçada pela superveniência da ação declaratória de constitucionalidade, introduzida no sistema brasileiro no art. 102, I, *a*, da CF, pela EC n. 3, de 1993. Há, ainda, no direito brasileiro, a ameaçadora tendência em se admitir que as decisões do Supremo Tribunal Federal, por via de exceção, passem a ter efeito vinculante para todos os órgãos da magistratura.

66. Leia-se Flávio Luiz Yarshell: "Se é certo, conforme já observado, que nenhum (sedizente) titular de posição jurídica de vantagem deixa de obter o respectivo reconhecimento ou atuação prática por 'falta de ação' (ou 'ausência de um 'tipo' de ação'), deve ser certo também – ao menos em linha de princípio – que a tutela jurisdicional não pode ser negada a pretexto da falta de um processo, ou, mais corretamente, de um modelo legal de procedimento" (*Tutela Jurisdicional*, p. 180). Ressalva o autor, no entanto, à p. 170, que não cabe ao juiz modificar o modelo procedimental instituído ou regulado pelo legislador, pois o procedimento é garantia de legalidade e forma de controle do exercício do poder estatal.

67. José Afonso da Silva classifica como "remédios constitucionais" o direito de petição, o *habeas corpus*, o mandado de segurança individual, o mandado de injunção, e o *habeas data* (*Curso de Direito Constitucional Positivo*, 23ª ed., pp. 440 e ss.).

48 A TUTELA DA LIBERDADE NO PROCESSO PENAL

conclusão ao final deste estudo, fazem parte da própria sistemática processual de tutela e garantia da liberdade. Não merecem, pois, o qualificativo de "remédios" e muito menos de "extraordinários".

Seguem, em síntese, algumas noções sobre este tópico:

Canuto Mendes de Almeida definiu a liberdade no âmbito jurídico como "a prerrogativa de não vir a ser obrigado a fazer ou a deixar de fazer algo senão em virtude de lei, e de julgado".

Pontes de Miranda refere-se à liberdade jurídica como "o poder de fazer tudo o que deve ser permitido fazer-se".

Carlos Cossio define a liberdade como faculdade de poder fazer algo. A liberdade jurídica é definida como faculdade jurídica de se fazer o que é lícito. Só a sentença pode, concretamente, determinar o que é ilícito. O juiz não aplica simplesmente a lei. A atividade jurisdicional é imprescindível à composição do que é proibido no ordenamento jurídico.[68]

Robert Alexy, de seu lado, afirma que a liberdade jurídica, na mais simples formulação, consiste "na conjunção da permissão de fazer algo e a permissão de não fazê-lo". Formas mais complexas aparecem da vinculação destas posições com direitos a algo.[69]

José Ignácio Botelho de Mesquita afirma que a liberdade no processo tem dois significados. O primeiro é o da "não sujeição das partes à vontade do juiz mas à vontade da lei" e o segundo, da "possibilidade do indivíduo de agir eficazmente para a consecução dos próprios objetivos". No processo, a liberdade em sentido negativo se completa com um significado positivo.[70]

Conclui-se que, para o direito processual, não serve uma definição de liberdade jurídica construída apenas a partir da ausência de limites ou proibições. Tal definição é residual. Considera a liberdade jurídica a partir da restrição da liberdade, portanto, do exercício do poder de restringir. Também não serve a assertiva de que a liberdade jurídica só se realiza mediante limitação das atividades estatais, exigindo-se do Estado prestações negativas de não intervenção, pois o processo, por si só, é garantia de liberdade que se realiza por meio de prestações positivas por parte do Estado (dever de prestação jurisdicional). Assim, melhor é definir liberdade jurídica a partir da

---

68. *La Teoría Egológica...*, cit., p. 675.

69. *El Concepto y la Validez del Derecho*, p. 183.

70. "O princípio da liberdade na prestação jurisdicional", pp. 8-9.

LIBERDADE JURÍDICA

própria liberdade, em dimensão abrangente, tendo-se no processo uma forma de composição entre liberdades permitidas e liberdades proibidas.

Melhor é adotar a posição de Jorge Reis Novais, expostas a seguir, relevando-se, contudo, que no processo penal, questiona-se, sempre, a ocorrência de liberdades proibidas. O autor compõe as duas formulações de liberdade, negativa e positiva, sem excluir a liberdade individual. Leia-se: "É certo que o Estado deve criar os pressupostos e as instituições necessárias à efetivação material dos direitos fundamentais, como também à compatibilização da liberdade de cada um com a liberdade de todos e os valores comunitários mais relevantes. Mas, o conteúdo da liberdade, bem como a determinação do uso que cada indivíduo lhe imprime, são fins essencialmente individuais, situados para além das competências regulamentadoras do Estado; a liberdade jurídica é pura e simplesmente liberdade e não liberdade só, ou privilegiadamente, para prosseguir fins públicos ou objetivos predeterminados pelo Estado".[71]

## 1.5 Liberdade individual e liberdade social: necessária delimitação

### 1.5.1 Liberdade e Constituição

A Constituição é a publicização de valores estabelecidos pela comunidade por meio do consenso, considerados a historicidade e todo o caminho percorrido pela humanidade para consolidar os direitos fundamentais.[72] Excetuem-se, portanto, as denominadas "cartas outorgadas", impostas. Embora inseridas no plano jurídico, mostram-se desprovidas dos requisitos básicos atinentes ao Estado Democrático.

É na Constituição, norma fundamental, que se encontra o reconhecimento da liberdade como um valor positivo almejado pela comunidade. Também nela se encontra a primeira delimitação jurídica do conteúdo da liberdade dentro do sistema hierárquico de normas.[73]

---

71. "Renúncia a direitos fundamentais", *Perspectivas Constitucionais nos 20 anos da Constituição de 1976*, vol. I, p. 295.

72. Cf. Geórgia Bajer Fernandes de Freitas Porfirio e Paulo Sérgio Leite Fernandes, "Valores em conflito na Constituição", *Revista do Advogado* 53/65.

73. Cf. Tércio Sampaio Ferraz Júnior: a Constituição, como "a norma das normas, não está fora do sistema, mas é a primeira norma do sistema" (*Introdução ao Estudo do*

50    A TUTELA DA LIBERDADE NO PROCESSO PENAL

A Constituição em termos jurídicos é, então, garantia de liberdade formal e substancial. Formalmente, ela delimita as hipóteses e as condições em que a liberdade pode ser restringida. Substancialmente, ela institui a liberdade como valor fundamental, que pode ser restringido, nas hipóteses indicadas, mas nunca suprimido.[74]

A história do mundo ocidental já foi definida como "a história da luta do homem pela liberdade pessoal".[75]

O Estado de Direito é associado à vitória da liberdade individual. Liga-se ao Estado Democrático a idéia de autonomia, autodeterminação e participação.

É comum a afirmativa de que a liberdade jurídica é aquela garantida pela lei. Contudo, essa assertiva não condiz com todo o processo evolutivo da noção de liberdade, pois se insere no seu contexto não só a liberdade garantida ou ameaçada pela lei, como também a tutela jurídica da liberdade, quando negada ou violada após a implementação legislativa.[76]

Canuto Mendes de Almeida sintetizou bem essa ambivalência da liberdade no âmbito jurídico. Mostrou que o pensamento filosófico do século XIX era estruturado pela contraposição entre liberdade e autoridade e que com o pensamento democrático fundiram-se a es-

---

*Direito*, pp. 320-321). Também Jürgen Habermas afirma que a Constituição não pode ser reduzida a uma ordem de valores, pois ela é, antes de tudo, uma norma jurídica. Nesses termos, os direitos fundamentais não são "bens atrativos", constituem sim regras obrigatórias de aplicação. Pouco importa se são tratados como princípios, segundo Ronald Dworkin, ou como bens jurídicos, como se apresentam na teoria de Robert Alexy. São normas jurídicas que devem ser aplicadas (Jürgen Harbemas, *Droit et Démocratie. Entre Faits et Normes*, p. 278). Consultem-se também, nesse sentido, Komrad Hesse, *A Força Normativa da Constituição*, p. 21, e José Joaquim Gomes Canotilho, *Direito Constitucional*, p. 189.

74. Transcreva-se a definição de Constituição, em termos jurídicos, proposta por Jorge Miranda: "Ela reflete a formação, a cultura, a geografia e as condições econômicas de um povo e, simultaneamente, imprime-lhe caráter, funciona como princípio de organização, é conjunto de normas diretamente aplicáveis, dispõe sobre os direitos dos indivíduos e dos grupos, racionaliza as suas posições recíprocas e, perante a vida coletiva como um todo, pode ser agente de conservação ou de transformação. Mas, por ser Constituição, ela revela-se mais do que isso. Vem a ser a sede dos valores jurídicos básicos acolhidos na comunidade política, a expressão mais imediata da idéia de Direito nela triunfante, o estatuto do poder político que se pretende ao serviço desta idéia, o quadro de referência da sociedade a esse poder" (*Polis – Enciclopédia Verbo da Sociedade e do Estado*, vol. I, p. 1.155, verbete "Constituição").

75. Cf. Richard N. Coudenhove-Kalergi, *The Totalitarian State Against Man*, p. 48.

76. Cf. Giacomo Perticone, *Novíssimo Digesto Italiano*, vol IX, p. 843, verbete "Libertà (filosofia del diritto)".

LIBERDADE JURÍDICA                    51

tas duas dimensões. A sujeição dos homens a normas de autoridade passou a ser condicionada à sua participação na elaboração da norma, seja diretamente (por plebiscito), seja por via indireta (pelo regime representativo). A lei legítima passou a ser aquela concebida como norma de conduta auto-imposta. Contudo, ainda restava uma outra oposição, entre a liberdade de todos, garantida, e a de alguns, suprimida no processo legislativo. Então, perguntou Canuto: limita-se o poder dos povos de disporem de si próprios? Podem os povos arbitrariamente, e sem restrições, votar leis restritivas de todos e quaisquer direitos? O autor respondeu negativamente. A necessidade de compreender o homem no contexto social não o dissocia de algo superior de que faz parte, a humanidade. Há, então, restrições que devem ser observadas no processo democrático.[77]

Mas a garantia da liberdade também não para por aí. Exige-se participação e respeito pela autonomia individual não somente no ato de elaborar a lei, mas também na formulação da norma individual (norma concretizada).

Enquadramento mais abrangente da liberdade na ordem jurídica foi desenvolvido por Calamandrei. O processualista afirmou que, no campo jurídico, liberdade, igualdade e justiça assumem a forma de legalidade. A legalidade não é problema separado da liberdade; é, antes de tudo, problema de liberdade.[78] Para Calamandrei, liberdade e legalidade são indissociáveis. A liberdade é condicionada pela legalidade e a legalidade, por sua vez, é limitada pela liberdade.[79]

A legalidade é tratada por Calamandrei sob dois aspectos: formal e substancial. Sob o aspecto formal, a legalidade estaria ligada ao sistema de governo, no qual os comandos de autoridade, formulados em casos individuais, são expressos em formulação geral e abstrata, chamada *leggi*, destinada a regular casos futuros. Substancialmente, a lei não é apenas a forma de comando, mas também a origem e a delimitação do poder de quem exerce o comando. Sob esse aspecto, legalidade tem ligação com a participação de todo cidadão na formulação das leis, significando delimitação preventiva dos poderes do legislador, de forma a que ele não possa restringir certas liberdades individuais.[80]

---

77. "Os pactos dos direitos do homem", Separata da *Revista da Faculdade de Direito da Universidade de São Paulo*, ano L, 1955.

78. "Diritto e processo constituzionale, appunti sul concetto di legalità", *Opere Giuridiche*, vol. III, p. 55.

79. Idem, pp. 95-99.

80. Idem, p. 56.

52    A TUTELA DA LIBERDADE NO PROCESSO PENAL

Adverte ainda Calamandrei que a própria legalidade pode ser deformada em um regime de arbítrio e ditadura e utilizada pela maioria para suprimir a liberdade das minorias. Então, existe outra limitação ao poder do legislador, que não corresponde à justiça social, mas que, no campo filosófico, é representada pelo direito natural e, no campo jurídico, por uma norma positiva com hierarquia superior, como a Declaração dos Direitos do Homem e do Cidadão, que garante a igualdade entre todos os homens, sem distinções.[81]

O reconhecimento de uma ordem jurídica supranacional garante duas posições do indivíduo: como ser individual e autônomo e como ser humano integrado à comunidade. Sob o ponto de vista dos direitos individuais, reconhece-se, juridicamente, a existência de direito natural de liberdade anterior à ordem jurídica do Estado. Sob o ponto de vista do interesse coletivo, esta ordem jurídica supra-estatal reconhece o princípio da soberania popular, pelo qual é assegurada a liberdade de todos os cidadãos na criação do direito, por meio de participação ativa. As liberdades de expressão, de integrar partidos políticos segundo a própria preferência e de imprensa são expressão da liberdade de participação.[82]

Esses direitos – que são direitos de liberdade – integram a Constituição. Nenhuma autoridade pode desconhecê-los e nenhum legislador pode derrogá-los.[83]

Percebe-se, assim, conforme alerta de Giorgio Lombardi, que a simples observação das normas de liberdade na Constituição demonstra a existência de uma verdadeira relação entre o Poder Público e o indivíduo. A afirmativa, na Constituição, de que a liberdade é inviolável, surge insuficiente para que se considere afirmado um princípio geral de direito capaz de condicionar a atuação do Poder Público à preservação da autodeterminação. Exigem-se, para garantia efetiva da liberdade, complementos, tais como direitos de participação e de interferência no espaço público, com consciência e personalidade próprias. Assim, a liberdade deve ser entendida no ordenamento jurídico, instituído a partir da Constituição, como sendo direito do indivíduo, garantido como direito público subjetivo. Esta garantia confere ao indivíduo um *Drittwirkung der Grundrecht*, ou seja, a eficácia do direito fundamental contra terceiros.[84]

---

81. Idem, pp. 97-102.

82. Idem, p. 101.

83. Idem, pp. 97-102.

84. Giorgio Lombardi, *Novíssimo Digesto Italiano*, vol. IX, p. 847, verbete "Libertà (diritto costituzionali)".

LIBERDADE JURÍDICA                                    53

Para Jürgen Habermas, somente com o reconhecimento da autonomia jurídica individual é possível a realização, em concreto, dos direitos reconhecidos no âmbito político. Somente assim é possível ver a Constituição como ponto de ligação entre a soberania popular e o sistema de direito positivo. A opção democrática não pode significar a exclusão da minoria ou do ser humano individual da vida em sociedade. Há direitos de liberdade intocáveis, com valores intrínsecos, que não podem ser neutralizados no processo democrático e que são indissociáveis dos direitos do ser humano individual.[85]

### 1.5.2 Liberdades públicas e liberdade jurídica

Há terminologia difusa em torno do que, hoje, compreende-se por direitos fundamentais. Para designá-los, foram utilizadas diversas expressões ao longo da história, tais como "direitos naturais", "direitos humanos", "direitos dos homens", "direitos individuais", "direitos públicos subjetivos", "liberdades fundamentais", "liberdades públicas" e "direitos fundamentais do homem".[86]

Jacques Robert afirma que a expressão "liberdades públicas" comporta significado contingente, sempre passível de mutação.[87]

José Cretella Júnior ensina que a expressão "liberdades públicas", no plural, foi utilizada pela primeira vez na França no texto do golpe de Estado de 1851 empreendido por Carlos Luís Napoleão Bonaparte, sobrinho de Napoleão. O art. 25 da Constituição de 1852 proclamava o Senado guardião do pacto fundamental e das "liberdades públicas". As "liberdades públicas", conforme o autor, são apenas aquelas reconhecidas pelo direito positivo. Significa dizer que não existiria direito individual algum fora do âmbito de reconhecimento expresso por parte do Estado.[88]

José Afonso da Silva afirma que a expressão "liberdades públicas" é usada pela doutrina francesa, para designar os direitos do homem já positivados, fora do âmbito do direito natural. O autor

---

85. Acerca da legitimação com base nos Direitos Humanos, *A Constelação Pós-Nacional. Ensaios Políticos*, pp. 148-149. Também, de forma mais abrangente, consulte-se, desse mesmo autor, *Droit et Démocratie...*, cit., p. 189.

86. Cf. José Afonso da Silva, *Curso de Direito Constitucional Positivo*, 23ª ed., p. 175.

87. *Libertés Publiques*, Précis Domat, p. 22.

88. *Enciclopédia Saraiva do Direito*, verbete "Liberdades públicas".

54 A TUTELA DA LIBERDADE NO PROCESSO PENAL

entende que tal concepção de "liberdades públicas" é insuficiente para abranger os chamados direitos sociais.[89]

Mas, na doutrina francesa, há quem utilize a expressão incorporando, também, os direitos sociais. O domínio das liberdades públicas, sob esse aspecto, é compreendido pelas liberdades individuais, física e de consciência e por aquelas que dizem respeito à coletividade (liberdades sociais).[90]

Ada Pellegrini Grinover entende como liberdades públicas tanto as liberdades clássicas, pessoais, como os direitos econômicos e sociais.[91]

Há autores, entre eles Vicente Greco Filho e José Afonso da Silva, que se referem a liberdades, no plural, para designar formas de exteriorização da liberdade. São incluídas no quadro das liberdades a liberdade pessoal, os direitos coletivos e os direitos de conteúdo econômico ou social.[92]

Isso porque o problema da justiça social (de acesso individual aos valores econômicos) já foi tratado como um problema de liberdade. A Constituição Russa identificava justiça com liberdade econômica.[93] É esse o tratamento da liberdade na maior parte dos países orientais.[94]

Hoje, a justiça social, assim entendida a possibilidade de fruição de bens econômicos, é condição necessária para a liberdade, pois possibilita ao homem viver de forma digna em sociedade. Nesse quadro, a justiça é meio para se atingir um fim, a liberdade. Assim, a liberdade social integra, também, o rol das liberdades públicas. José Roberto Dromi, em outra perspectiva, afirma que a expressão "liberdades públicas" tem dimensão política e que, no âmbito do direito, as elas assumem a forma de direitos subjetivos. Direitos subjetivos

---

89. *Curso de Direito Constitucional Positivo*, 23ª ed., p. 175.

90. Cf. Jacques Robert, *Libertés Publiques...*, cit., p. 3.

91. *Liberdades Públicas no Processo Penal: as Interceptações Telefônicas*, pp. 64-65.

92. José Afonso da Silva, *Curso de Direito Constitucional Positivo*, 23ª ed., pp. 233-234, e Vicente Greco Filho, *Tutela Constitucional das Liberdades*, pp. 37-43.

93. Cf. Calamandrei, "Diritto e processo...", cit., p. 111.

94. Afirma Habermas que os países do extremo oriente dão primazia ao corpo social em detrimento do indivíduo e não conhecem uma separação rigorosa entre direito e ética. A comunidade política tem como fator de integração não o direito, mas obrigações que são exigidas de cada indivíduo em particular. Os direitos sociais, nesses países do extremo oriente, são concebidos como superiores em hierarquia aos direitos individuais e políticos (*A Constelação Pós-Nacional...*, cit., p. 156).

LIBERDADE JURÍDICA

55

são, portanto, liberdades públicas juridicamente regulamentadas.[95] Sustenta ainda o autor que o *status libertatis* aparece no mundo jurídico como potestades jurídicas, independendo de relação jurídica concreta e de pessoa e objetos determinados. As liberdades individuais exteriorizam-se, no plano jurídico, como direitos subjetivos, e as liberdades públicas articulam-se na forma de comandos. Dromi considera a hipótese de direitos subjetivos fora do âmbito compreendido pelas liberdades públicas. Mesmo que a liberdade seja negada em uma Constituição qualquer, por uma abstração racionalista, pode-se entender admissível a existência de direitos subjetivos nela não positivados.[96] É importante para a compreensão do raciocínio do autor a distinção por ele adotada entre poder e liberdade. Na Constituição, os direitos do Estado são expressão de poder, enquanto os demais são expressão de liberdade. A raiz do direito material, poder ou liberdade, permanece quando se articulam ambos como direitos.[97]

Calamandrei, de seu lado, preocupou-se com o aspecto individual da liberdade. Distinguiu três modalidades: a liberdade moral, a liberdade política e a liberdade jurídica. No plano moral, trata-se de liberdade de consciência, ou seja, de agir segundo a própria vontade. No aspecto político, a liberdade é a de ação, exteriorizada. Mas, no espectro jurídico, além de ser liberdade de consciência, é também liberdade de ação. Isto porque a consciência é pressuposto para a ação em liberdade. Somente por meio do conhecimento antecipado das leis, da certeza do direito, surge o dever de obediência às leis e a possibilidade de agir ou não conforme a lei.

Assim, no âmbito jurídico, a liberdade restringida é só a exteriorizada, mas a liberdade garantida é, também, a de consciência, para que se entendam os limites da própria liberdade. É importante fixar que a liberdade política no pensamento de Calamandrei tem dimensão mais restrita que a reservada à liberdade jurídica.[98]

Diz, ainda, Calamandrei, que o direito subjetivo tem maior amplitude que o direito objetivo, pois aquele, como expressão da liberdade individual, supõe um sistema em que a legalidade pode ser invocada, mesmo que não se identifique, na situação concreta, qualquer correspondência com o direito objetivo. O direito subjetivo aparece

---

95. Cf. José Roberto Dromi, *Derecho Subjetivo y Responsabilidad Pública*, pp. 39-84.

96. Idem, p. 50.

97. Idem, p. 59.

98. "Diritto e processo...", cit., pp. 58-63.

no plano individual como certeza pessoal de que se está amparado pelo direito objetivo, mais a consciência de poder invocá-lo mediante força pública. A certeza do direito objetivo, posta no plano abstrato, surge como certeza do próprio direito, subjetivo, sob o ponto de vista particular.[99]

Habermas, ao analisar processualmente a liberdade jurídica, afirma que existe diferença não só de conteúdo, mas, também, de extensão entre ela e a liberdade moral. De um lado, ambas não podem ser separadas por um referencial hierárquico porque não têm como conteúdo a mesma matéria. Da liberdade moral vem o referencial para que se aponte a pessoa física individual como merecedora de proteção (universalização e abstração da pessoa humana). Esse fator é importante porque existem comunidades jurídicas que não protegem a integridade pessoal dos não-cidadãos. O reconhecimento de direitos subjetivos é condicionado, nesses países, à capacidade jurídica, à cidadania, e não à qualidade de ser humano. Sob o ponto de vista da extensão das duas liberdades, verifica-se que a jurídica pode se mostrar, ao mesmo tempo, mais restrita e mais vasta que a moral. É mais restrita porque somente a liberdade exterior é passível de ser restringida pela força, e apenas um comportamento exterior pode ser delimitado juridicamente. A maior amplitude é decorrente da necessidade de se garantir a todos direitos subjetivos, para que direitos individuais e sociais, não *concretizados* no âmbito moral e político, possam ser reivindicados no plano jurídico, processual.[100]

Reconhece-se, assim, por meio do processo, um *status activus processualis*[101] do indivíduo e da coletividade, juntamente com um reforço da proteção jurídica dos direitos fundamentais individuais

---

99. Idem, p. 76.

100. *Droit et Démocratie...*, cit., p. 482.

101. O *status activus processualis* foi proposto por Peter Häberle como forma de aprimoramento da teoria de Jellinek sobre os direitos públicos subjetivos. Constituiu, no dizer de Habermas, um reforço à positividade dos direitos individuais em face da realização dos direitos coletivos (*Droit et Démocracie...*, cit., p. 439). Entre nós, Calmon de Passos afirma que Häberle, na década de 70, viu no *status activus processualis* a dimensão procedimental dos direitos e liberdades. Na década de 1980, o procedimento e a participação no procedimento passaram a ser direito fundamental autônomo, independente do direito individual (*Direito, Poder, Justiça e Processo. Julgando os que nos Julgam*, p. 76). Esclarece ainda Calmon de Passos, em outro estudo, que o *status activus processualis* é o direito de participação nos procedimentos que têm por fim a produção de normas jurídicas ("Instrumentalidade do processo e devido processo legal", *Revista Forense* 351/109). Afirma Peter Häberle que por meio do *status activus processualis* a reserva de lei se transforma em reserva de procedimento. Esta forma de concretização dos direitos fundamentais, por meio de procedimentos constitutivos de direitos, incrementa

LIBERDADE JURÍDICA 57

(tutela processual).[102] Essa proteção jurídica da liberdade tem como conseqüência a extensão do conteúdo da liberdade.

### 1.5.3 Liberdade jurídica e direitos subjetivos

Habermas assinala que após a Primeira Guerra Mundial, em um primeiro momento, constatou-se a publicização do direito privado, seguida por certa privatização do direito público. Cada homem, individualmente considerado, passou a ter direito subjetivo aos direitos sociais.[103]

Na perspectiva de um ordenamento jurídico voltado à garantia de direitos sociais, inexiste distinção rigorosa entre o direito público e o privado, e o direito subjetivo passa a ser atributo do direito público. Cabe ao Estado, a título de dever, garantir o exercício de determinados interesses individuais, que são satisfeitos como se sociais fossem. O direito do trabalho e o direito econômico, que se desenvolveram naquele período, são exemplos dessa interpenetração. O homem, ser individualizado, é visto como objeto do direito, porque tido como incapaz de, sozinho, conduzir-se por seus próprios interesses. Daí surgir uma individualidade socializada.

O pensamento democrático, antes concebido com fundamento na soberania popular, considerada como a soma de indivíduos isolados e diferentes na sua individualidade, passa a ser repensado, no estado popular, na perspectiva do homem coletivo, como sendo a soma de indivíduos livres e iguais, partículas padronizadas do todo coletivo.[104]

No âmbito do direito público, a lei é compreendida, nesse contexto, no sentido teleológico. Todo direito é concebido tanto como direito objetivo, quanto como direito subjetivo.[105]

A liberdade como autonomia do ser humano individual, concebida inicialmente como originária, ou seja, adquirida desde o nascimen-

---

as funções prestacionais do Estado, garantindo-se maior eficácia (*Pluralismo y Constitución. Estudios de Teoría Constitucional de la Sociedad Abierta*, pp. 198-200).

102. Habermas fala em redescobrir o indivíduo neutralizado na defesa dos interesses sociais e restabelecer sua autonomia privada, ao contrário, ou seja a partir do reconhecimento de direitos que lhe foram negados (*Droit et Démocratie...*, cit., p. 437).

103. Jürgen Habermas, *Storia e Critica dell'Opinione Pubblica*, pp. 180-182.

104. Cf. Radbruch, "El hombre en el derecho. Lección inaugural en la Universalidad de Heidelberg, publicada em Tübingen", in *El Hombre en el Derecho. Conferencias y Artículos Seleccionados sobre Cuestiones Fundamentales del Derecho*, pp. 17-44.

105. Idem, p. 44.

58 A TUTELA DA LIBERDADE NO PROCESSO PENAL

to, passa a ser compreendida como derivada da ordem jurídica, no âmbito do direito público.[106]

No contexto social, a liberdade passa a ser garantida como direito público subjetivo. Entendeu-se a publicização da liberdade como mecanismo de compensação de forças. A jurisdição passou a tutelar o direito impessoal de liberdade, nem sempre devidamente protegido pelas partes e seus advogados.

No processo civil, esse fenômeno de mesclagem do âmbito público com o privado significou a transformação do indivíduo, antes autônomo e capaz de, por si mesmo, lutar por interesses próprios, em um ser humano frágil e necessitado da proteção jurisdicional. Esse estado de coisas foi percebido pela primeira vez, conforme Radbruch, por Franz Klein e por este denominado "processo civil social", caracterizado pelo fortalecimento da atuação do juiz perante as partes e seus advogados, deixando sua posição passiva diante de mero jogo de interesses.[107-108]

No âmbito penal, o fenômeno da publicização dos direitos do homem teve resultados ambíguos e até complementares. Se, por um lado, o infrator passou a ser visto pelo direito penal como delinqüente, como pessoa nociva à coletividade, por outro, o Estado, por meio do processo, passou a assumir a defesa dos direitos e garantias individuais como um dever estatal, a ser prestado a toda e qualquer pessoa, independentemente de circunstância de caráter individual.[109]

O indivíduo passou a ser sujeito de direitos, tanto individuais, como sociais, juridicamente assegurados por meio de participação no processo democrático ao mesmo tempo em que se tornou vulnerável no próprio sistema representativo, imperfeito, resultante da dominação da maioria sobre a minoria.

---

106. No âmbito dos contratos, p. ex., a autonomia da vontade deixou de ser considerada como requisito de validade do contrato. Cf. Jürgen Habermas, *Storia e Critica...*, cit., pp. 180-182.

107. Gustav Radbruch, "Del derecho individualista al social", in *El Hombre en el Derecho. Conferencias y Artículos Seleccionados sobre Cuestiones Fundamentales del Derecho*, pp. 50-57.

108. José Carlos Barbosa Moreira, hoje, no Brasil, aponta esse processo de publicização das atividades dos particulares (*Temas de Direito Processual*, p. 9).

109. Radbruch esclarece que essas transformações na concepção jurídica do homem correspondem, em geral, às mudanças ocorridas logo após a Idade Média em que se pretendia uma separação entre o direito público e o privado. No direito medieval predominava o interesse social, arraigado à religião e à tradição. Os direitos surgiam como privilégios ou condescendência. No Renascimento, o homem é desvinculado da comuni-

# LIBERDADE JURÍDICA

A antinomia entre indivíduo e sociedade foi solucionada pela via democrática apenas abstratamente no processo de positivação do direito. Restou, no entanto, ainda, outra polarização de direitos fundamentais no plano concreto, não mais entre os direitos individuais e sociais, pois estes já se encontravam no mesmo patamar quando positivados no ordenamento jurídico e garantidos pela norma teleologicamente conformada, mas entre a esfera pública e a privada dos direitos fundamentais.[110]

A projeção dos direitos individuais na esfera do direito público serviu muitas vezes para encobrir a não observância desses direitos, no plano concreto, a pessoa determinada. Os direitos humanos, abstratamente idealizados, poderiam ser banalizados ou ideologicamente manipulados sob o pretexto de serem aplicados.[111] Alguns direitos passaram a comportar significado ambivalente.

A socialização e a universalização do ser humano trazem questionamento e reflexão sobre acontecimentos passados, repetidos e repisados pelos mais diversos doutrinadores. A sistemática jurídica adotada nos regimes totalitários, sobretudo na Alemanha nazista, utilizava uma visão aparentemente coletiva da liberdade. Sem critérios legais intermediadores de aplicação do direito e sem liberdade individual, o direito representava o interesse do povo, mas sem a participação deste na sua formação. Essa manipulação do direito resultou na supressão da liberdade como valor.[112-113]

A tutela da liberdade prevista nas Constituições como norma de garantia do indivíduo perante o Poder Público, sob forma de direito público subjetivo, passou a ser insuficiente para a garantia da liberda-

---

dade. É impulsionado por seus próprios interesses. Predominava a visão do comerciante em busca do lucro. No Estado absoluto, os súditos eram protegidos mesmo contra a própria vontade. No iluminismo, o homem passou a ser concebido novamente como *homo oeconomicus*, no âmbito do direito privado, e como homem coletivo, no âmbito do direito público ("El hombre en el Derecho...", cit., pp. 17-44).

110. Habermas, *Storia e Critica...*, cit., p. 191.

111. Habermas, "Acerca da legitimação com base nos direitos humanos", *A Constelação Pós-Nacional...*, cit., p. 151. Consulte-se, também, de Tércio Sampaio Ferraz Júnior, "Perversão ideológica dos direitos humanos", *Ciência Penal 3*.

112. Cf. Calamandrei, "Diritto e processo...", cit., p. 88.

113. A coletivização do ser humano é preocupação constante no pensamento de Habermas. Em certo momento chegou a afirmar enfaticamente: "quem diz humanidade mente – essa conhecida peça ideológica alemã apenas revela uma falta de experiência histórica". Nações do século XVIII já haviam aprendido que o mero poder pode ser domesticado em nome de um poder legítimo ("Acerca da legitimação com base nos direitos humanos", *A Constelação Pós-Nacional...*, cit., p. 152).

60 A TUTELA DA LIBERDADE NO PROCESSO PENAL

de no plano concreto, pois os direitos privados mesclavam-se aos interesses da coletividade. O reconhecimento, pelo processo democrático, de direitos subjetivos personalíssimos, intocáveis, passou a ser importante para a concretização da proteção da vida individual, juntamente com a garantia de oportunidades, a todos iguais, de desenvolverem seus objetivos pessoais.

No positivismo alemão, pensou-se que a liberdade, representada por meio de reconhecimento de direitos subjetivos, opor-se-ia à soberania estatal. A garantia de uma esfera privada do indivíduo, intocável pelo Estado, atentaria contra a própria organização estatal. Assim, o direito de liberdade foi compreendido como mero reflexo do direito objetivo, este sim, capaz de vincular e limitar o Poder Público. O direito de liberdade não era concebido sob a forma de direito subjetivo, mas como mero interesse legítimo. Negava-se a existência de um direito de liberdade individual oposto, em relação direta, ao Estado.[114] Negava-se o direito subjetivo porque se julgava ausente um direito público subjetivo correspondente. Calamandrei afirma que a noção de direito subjetivo aparece, neste contexto, quase como subversivamente.[115]

A existência de direitos públicos subjetivos foi explicada por Jellinek, Mayer e outros mais. Seria autolimitação da soberania. Tratava-se de direitos reconhecidos ou outorgados pelo Estado. Afirma Miguel Reale que a explicação dos direitos públicos subjetivos como projeção da autolimitação da soberania não é mais possível, pois todos participam, individualmente, da formação do Estado. Ao lado da soberania estatal, expressão da personalidade jurídica da Nação, existem as pessoas, com personalidade conatural e própria, titulares de direitos públicos subjetivos reconhecidos e não apenas concedidos pelo Estado.[116]

O tratamento dado ao direito público subjetivo no direito alemão era o mais estreito possível, no sentido de restringir ao máximo o reconhecimento desses direitos contra o Estado. Houve até produção doutrinária para se negar substancialmente a existência de direitos públicos subjetivos individuais.[117]

---

114. Cf. Giorgio Lombardi, *Novissimo Digesto Italiano*, vol. IX, pp. 846-847, verbete "Libertà...", cit.

115. "Diritto e processo...", cit., p. 88.

116. *O Estado Democrático de Direito e o Conflito das Ideologias*, p. 111.

117. Cf. Moacyr Lobo da Costa, "O direito público subjetivo e a doutrina de Duguit", *Três Estudos sobre a Doutrina de Duguit*, p. 13.

LIBERDADE JURÍDICA

61

Léon Duguit, na França, negou a existência de direitos subjetivos, mas em contexto completamente diverso, pois afirmou que não existem tais direitos, de espécie alguma, sejam públicos, sejam privados. Para ele existe apenas o direito objetivo, que se impõe igualmente a todos os homens, governantes e governados. O poder é poder de fato, que se impõe pela força. Não se reconhece um poder jurídico soberano. O instituto do direito subjetivo foi substituído na teoria de Duguit pela noção de situação jurídica. Esta sim classificável como objetiva ou subjetiva.[118]

Tem sido objeto de debate no âmbito internacional e interno de cada nação, de forma freqüente, nos dias de hoje, questão sobre a preservação do conteúdo dos direitos fundamentais no plano concreto. Já se disse em tópico anterior que a saída para a garantia de proteção dos direitos fundamentais no plano concreto seria o reconhecimento de um *status activus processualis* a todo ser humano individual, independentemente de qualidades pessoais, tais como raça, idade, sexo, nacionalidade e outras mais. Mas isso não basta. É preciso assegurar a eficácia do próprio direito material.

Em resposta a tal preocupação, surge reformulação da compreensão do indivíduo no ordenamento jurídico. Assiste-se, nos dias de hoje, pelo menos em algumas nações ocidentais, ao revigoramento da compreensão do ser humano na sua individualidade, como forma de recuperar o sentido original da ordem jurídica, qual seja, o de garantir a autonomia e a convivência entre os homens. Em nova formulação, todos os direitos fundamentais, coletivos ou individuais, são compreendidos em dupla dimensão: uma objetiva (coletiva), outra subjetiva (individual).

Miguel Reale considera ser impensável a dimensão universal do homem sem o reconhecimento de um valor intocável de cada subjetividade.[119]

Também Jürgen Habermas afirma que a "'subjetividade' possui ao mesmo tempo um sentido universalista e individualista. Toda pessoa merece o mesmo respeito de todos. Ao mesmo tempo ela deve ser reconhecida como fonte e como última instância do julgamento de cada reivindicação específica de felicidade".[120]

---

118. Idem, pp. 18-91.

119. *O Estado Democrático de Direito...*, cit., p. 100.

120. "Acerca da autocompreensão da Modernidade", *A Constelação Pós-Nacional...*, cit., p. 169.

62 A TUTELA DA LIBERDADE NO PROCESSO PENAL

Essa nova perspectiva é fruto de retrospecção, no sentido de lembrar que o indivíduo é sempre o fim primeiro, o motivo de agir conforme o direito.[121] Tanto no Estado de Direito, como no Estado Social e Democrático de Direito, o indivíduo é o centro a partir do qual se concebe toda a sistemática constitucional dos direitos fundamentais.[122]

Não se pode admitir, então, que a garantia constitucional dos direitos fundamentais como interesse público supra-individual signifique, no plano concreto, a supressão de tais direitos em nome da realização de outros interesses públicos.[123]

Assim, o reconhecimento da autonomia individual como esfera intocável, mais a capacidade jurídica para fazer valer direitos perante outros (incluindo-se grupos, sociedade, Estado e particulares) é essencial para o resguardo da liberdade no âmbito jurídico.

Fixe-se bem que os direitos fundamentais não podem mais ser concebidos como de origem moral, ou supralegal,[124] mas como integrados à ordem jurídica, ou seja, como espécie de direitos subjetivos.[125] Enquanto inseridos na ordem jurídica, os direitos fundamentais funcionam como normas jurídicas, dotadas de validade formal, ou vigência, com eficácia compulsória.[126]

---

121. Habermas refere-se a uma proposta de reconstrução da conexão interna entre a democracia e os direitos humanos ("Acerca da legitimação com base nos Direitos Humanos", *A Constelação Pós-Nacional...*, cit., p. 143).

122. Nesse sentido, Miguel Reale: "A meu ver esse fundamento, tanto dos direitos humanos como das ideologias que se contendem com o privilégio de melhor garanti-los e desenvolvê-los, é representado pelo *valor da pessoa humana*, o qual, nos meus escritos filosóficos, notadamente na esfera da Ética e da Filosofia do Direito, é qualificado como sendo o 'valor- fonte', ou seja, aquele do qual emergem todos os valores, os quais somente não perdem sua força imperativa e sua eficácia enquanto não se desligam da raiz de que promanam" (*O Estado Democrático de Direito...*, cit., p. 100).

123. Consulte-se Jorge Reis Novais, "Renúncia a direitos fundamentais", *Perspectivas Constitucionais nos 20 anos da Constituição de 1976*, p. 294.

124. Habermas entende que mesmo na ordem internacional os direitos fundamentais devem ser compreendidos juridicamente (*La Paix Perpétuelle. Le Bicentenaire d'une Idée Kantienne*, pp. 86-87).

125. Cf. Kelsen, direito subjetivo não é "um interesse juridicamente protegido, mas a proteção desse interesse. E essa proteção se realiza de modo que o Direito-objetivo outorga a um sujeito o poder de, mediante uma ação, promover um processo, no qual uma norma individual é estabelecida, a qual prescreve a execução de uma sanção contra o sujeito que lesou seu dever. Neste sentido, 'ter um Direito subjetivo' significa um específico poder jurídico concedido pelo Direito objetivo, quer isto dizer, ter o poder de colaborar na produção da norma jurídica individual através de uma ação específica – demanda, queixa. A concessão de um semelhante poder jurídico é uma função do Direito objetivo" (*Teoria Geral das Normas*, pp. 174-175).

126. Anota Miguel Reale que a validade formal ou vigência "diz respeito à competência dos órgãos e aos processos de produção e reconhecimento do Direito no plano

## LIBERDADE JURÍDICA

É uma constante histórica a restrição da liberdade em nome da liberdade. Hobbes já afirmara que no estado da natureza a liberdade é um paradoxo, é o direito de se fazer o que se quer, por um lado, e é a lei do mais forte, por outro.[127]

Thomas Jefferson, o próprio mentor da fórmula de liberdade inscrita na Declaração de Independência dos Estados Unidos afirmou: "The tree of liberty must be refreshed from time to time with blood of patriots and tyrants. It is its natural manure".[128]

Na própria Revolução Francesa o terror foi instalado e inúmeras mortes foram creditadas à liberdade.[129]

Abraham Lincoln, em 1864, advertiu que o mundo nunca teve uma boa definição da palavra *liberdade*. Para uns, ela pode significar o domínio de si próprio e do produto de seu trabalho. Para outros pode significar o domínio sobre outro homem e a apreensão do produto de seu trabalho. Esses dois significados são incompatíveis e mesmo assim são creditados à liberdade. A palavra *liberdade* pode, então, ter como conteúdo tanto a tirania como a própria liberdade.[130]

Mais recentemente, nos Estados Unidos, o presidente George W. Bush, após o atentado terrorista de 11 de setembro de 2001, em Nova Iorque, denominou a operação militar contra o Afeganistão de *enduring freedom* (liberdade duradoura) e, sob o pretexto de defender a liberdade, instituiu inúmeras medidas restritivas aos direitos individuais.[131] Foi ainda em nome da liberdade que os Estados Unidos da América guerrearam contra o Iraque.

Nos países europeus ocidentais, de seu lado, verifica-se a negativa de se reconhecer direitos de cidadania aos imigrantes, ciganos e

---

normativo". Eficácia diz respeito ao cumprimento efetivo do direito no plano social. Mas, a positividade do Direito só pode ser compreendida como uma relação necessária entre validade formal e eficácia, pensamento este adotado por Kelsen, após ter sido influenciado pelo direito norte-americano. Miguel Reale esclarece, ainda, que o termo vigência é utilizado pelos juristas de língua espanhola como eficácia, o que pode provocar inúmeras confusões, já que compreende significado fora do direito positivado (*Lições Preliminares de Direito*, pp. 105 e 114-115).

127. Thomas Hobbes, *Do Cidadão (De Cive)*, Parte I, Capítulo I, pp. 25-36.

128. Em vernáculo: "A árvore da liberdade precisa ser regada, de tempos em tempos, com o sangue de patriotas e tiranos. Esse é o seu adubo natural" (tradução não literal).

129. Cf. André Hauriou, *Droit Constitutionnel et Institutions Politiques*, p. 596.

130. Cf. Edward S. Corwin, *Libertad y Gobierno. El Origen, Florecimiento y Declinación de un Famoso Concepto Jurídico*, p. 29.

131. Cf. noticiado em diversos jornais. Cite-se, p. ex., o Caderno Especial intitulado "Guerra na América" da *Folha de S.Paulo*, 7.10.2001, pp. A 17 e ss.

64 A TUTELA DA LIBERDADE NO PROCESSO PENAL

outros grupos minoritários, também em nome da conservação de liberdade alcançada a duras penas após longo processo civilizatório. Nesses países, a liberdade de ir e vir e o direito de residência são reservados aos cidadãos nacionais, o que constitui um paradoxo, segundo Luigi Ferrajoli, já que a universalização de tais direitos foi estimulada no mundo ocidental em época de colonização. Hoje, a universalidade e a reciprocidade desses direitos têm sido negadas.[132]

Entre nós, além de inúmeras questões que podem ser levantadas sobre o acesso à justiça negado a pessoas pobres, desfavorecidas social e economicamente,[133] resta, ainda, na casuística, problema ligado aos acusados estrangeiros. Negam-se a eles, entre outros direitos, a liberdade provisória, a aplicação da Lei n. 9.099 – reservada a infrações penais de menor potencial ofensivo – e a progressão na execução da pena, presumindo-se que se furtarão ao processo, às condições impostas à suspensão do processo e ao cumprimento da pena.[134] Bem se vê que a liberdade garantida apenas como direito público subjetivo não é efetivamente tutelada. Impõe-se o reconhecimento de direitos subjetivos.

---

132. *Derechos y Garantías. La Ley del más Débil*, p. 118. Consulte-se, também, o artigo "'Esta é a conferência do medo', diz analista", *Folha de S.Paulo*, 4.9.2001, encarte "Mundo", p. A 12, em que se comenta, com testemunho de Paulo Sérgio Pinheiro, frustrada a Conferência das Nações Unidas contra o Racismo, em Durban, da qual se retiraram as delegações de Estados Unidos e Israel e da qual a União Européia ameaçou se retirar em razão, entre outras, dos direitos que não queriam ver reconhecidos aos imigrantes.

133. Sobre o assunto, consulte-se o detalhado estudo de Rogério Lauria Tucci, "Processo penal e direitos humanos no Brasil", *RT* 755/455.

134. Consultem-se algumas decisões de nossos tribunais, com a ressalva de que existem posicionamentos contrários:

"Ementa: Penal. Prisão em flagrante. Estrangeiro. Evasão de divisas. Tipicidade. Liberdade provisória. *Habeas corpus*. 1. Cheques sacados contra bancos do exterior integram o conceito de divisas, contido na expressão legal. Caracterizada, portanto, a conduta delitiva da evasão, de que trata a Lei n. 7.492/86, art. 22. 2. Havendo a possibilidade de fuga do acusado, cidadão estrangeiro, sem vínculos com o Brasil, deve a prisão ser mantida, como garantia da aplicação da lei penal. 3. *Habeas corpus* conhecido; pedido indeferido" (STJ, 5ª T., HC 10.329-PR, v. u., *DJU* de 27.9.1999, p. 106).

"Ementa: Crime de resistência. Tipicidade. Prova. Estrangeiro. Suspensão condicional do processo. A conduta típica da resistência perfectibilizou-se no momento em que o acusado se negou a atender o chamado para dirigir-se ao interior das dependências da Polícia Federal para checagem e exame de sua documentação e situação de permanência no país. Os testemunhos prestados em juízo por policiais, sob o crivo do contraditório, são válidos e podem, sozinhos, embasar condenação, segundo entendimento firmado pelo Pretório Excelso e pelo STJ. A concessão do benefício da suspensão condicional do processo está baseada na imposição e cumprimento, como o próprio nome do benefício já

LIBERDADE JURÍDICA 65

Também nos Estados Unidos, afirma Habermas, existe conflituosidade entre as concepções liberal e republicana de cidadania, que se reflete na própria teoria dos direitos fundamentais. Para os republicanos, a cidadania é concebida em termos jurídicos, ou seja, como cidadania nacional. A vontade política dominante sobrepõe-se à minoria. Diferenciam-se nacionais de estrangeiros. Os direitos fundamentais são concedidos ao imigrante por uma concessão jurídica, não por reconhecimento de direitos naturais, inerentes à pessoa humana, nem pelo reconhecimento de ordem jurídica supranacional. Para os liberais, o conceito de cidadania é compreendido em termos éticos. Toda pessoa humana tem direitos fundamentais e, por isso, tem direitos subjetivos perante o Estado, independentemente da nacionalidade ou da aquisição jurídica deles. A versão procedimental da Constituição, como processo democrático, para os republicanos significa ausência de autonomia individual. Daí a necessidade de os liberais recorrerem à ordem ética e não à implantada pela Constituição para justificar o reconhecimento de direitos fundamentais a todos de forma igual.[135]

Outro enfoque dos direitos fundamentais é dado nos países asiáticos e em alguns países africanos. Nesses lugares, violações dos direitos fundamentais têm sido justificadas em razão da prevalência de direitos sociais e culturais. Também com fundamento em direito ao desenvolvimento econômico, compreendido em termos coletivos, são suspensos a concretização do direito liberal de liberdade e os direitos políticos de participação, até que alcançado o desenvolvimento econômico e resolvidas de forma igualitária as necessidades da população.[136]

Exposta a situação internacional em termos sucintos, bem como a dificuldade de se entender, hoje, a real dimensão ideológica das diversas teorias sobre os direitos humanos, entre eles a liberdade, é imprescindível reconhecer a liberdade como direito público indisponível pelo Estado.[137] E, para que a liberdade seja garantida em ter-

sugere, de condições. O réu estrangeiro, de caráter transitório no território nacional, que aqui permanece irregularmente, não pode ser beneficiado pelo *sursis* processual, já que não teria como cumprir, por suposto, as condições que eventualmente seriam impostas. Apelação improvida" (TRF 4ª R., 8ª T., ACR 6.910, *DJU* de 24.10.2001, p. 437).

135. *Droit et Démocratie...*, cit., pp. 294-303.

136. Cf. Habermas, "Acerca da legitimação...", *A Constelação Pós-Nacional...*, cit., p. 157.

137. Nesse sentido, também, Ana Maria Babette Bajer Fernandes e Paulo Sérgio Leite Fernandes: "Pouco importa, no caso, saber se os denominados 'direitos naturais'

mos concretos, é necessária a sua articulação também como direito subjetivo, reconhecido este a qualquer pessoa, independentemente da sua qualidade ou da situação jurídica em que se encontre.[138]

Conclui-se que a liberdade jurídica é direito público subjetivo, além de ser garantida também, em complemento, como direito subjetivo individualizado. A existência de um direito público subjetivo tem como pressuposto a lei. O direito subjetivo é fórmula jurídica capaz de ser utilizada para a garantia de aplicação da lei a caso individualizado, a pessoa determinada. No Estado Democrático de Direito, legalidade, direito público subjetivo e direito subjetivo estão "amarrilhados".[139-140]

Diz Chiovenda que "o direito conseqüente à lesão nem sempre é de natureza idêntica à do direito lesado", mas, "quando se faz valer o direito conseqüente à lesão, deduz-se em juízo também o direito lesado, não, porém, como objeto imediato de declaração e atuação, mas antes como pressuposto do direito que se faz valer: se esse

---

constituem ou não criações do momento histórico-cultural. Se intrínsecos, acompanham umbilicalmente o homem; se criados, acompanhá-lo-ão da mesma forma, embora metamorfoseados no tempo, mas sempre representativos de necessidades relevantes. Aliás, o assunto, pela delicadeza, impede opção incontroversa" (*Aspectos Jurídico-Penais da Tortura*, p. 94).

138. Toda pessoa é sujeito de direitos mesmo que não tenha capacidade de exercitá-los por si própria, mas isso não quer dizer que não seja titular desses direitos. A afirmação é importante porque nem sempre a pessoa, sujeito de direito, tem capacidade de interferir na ordem jurídica por atuação própria ou por seu representante, escolhido por vontade própria, e nem sempre a personalidade jurídica corresponde à personalidade natural. Apesar dessa situação não ser freqüente, existem exemplos históricos de escravidão, de morte civil e de negativa de cidadania a estrangeiros. Tudo depende de uma contingência não só do direito positivo, como da situação fática e jurídica em que a pessoa se encontre. Consulte-se, sobre a capacidade de direitos e a capacidade de exercitá-los, Manuel A. de Andrade, *Teoria Geral da Relação Jurídica*, vol. I, pp. 31-42.

139. Adota-se, nesse ponto, o posicionamento de Carnelutti a respeito dos direitos subjetivos públicos. O que diferencia o direito público do direito privado não é a qualidade do sujeito, nem do objeto, é a conexão do interesse com o poder. Daí ser o direito público subjetivo um *tertium genus* entre direito subjetivo e poder. A antítese não se estabelece tanto entre direito subjetivo público e direito subjetivo privado, mas entre direito subjetivo individual e direito coletivo (*Teoria Geral do Direito*, pp. 269-271).

140. Anote-se, nesse sentido, pensamento de José Joaquim Gomes Canotilho: "Em primeiro lugar, os direitos, liberdades e garantias são hoje direitos subjetivos, independentemente do caráter público ou privado; em segundo lugar, não se deduzem, com base em concepções imperativísticas, das normas legais. Por isso nada impede que eles valham como direitos subjetivos públicos na sua aplicação ao direito civil, se esta caracterização lhes trouxer uma maior dimensão prática" (*Direito Constitucional*, p. 612).

LIBERDADE JURÍDICA    67

pressuposto for contestado, surgirá uma questão prejudicial, sobre a qual poderá ocorrer uma declaração incidental".[141]

Com a liberdade é assim, mesmo que garantida como direito da coletividade, em termos genéricos, ela ressurge como direito individual, direito subjetivo de alguém que teve sua liberdade lesada. Como não só a liberdade, mas também a lesão a ela podem dar causa ao reclamo do direito de liberdade, resolvem-se ambas pelo direito à jurisdição.

Cite-se, sobre a garantia jurisdicional, síntese precisa de Rogério Lauria Tucci: "Essa garantia de tutela jurisdicional, aliás, consiste, por sua vez, num direito público subjetivo, universalmente consagrado, e decorrente da assunção, pelo Estado, do monopólio da administração da Justiça: é conferida ao membro da comunhão social (inclusive, à evidência, ao próprio Estado), em contrapartida, o direito de invocar prestação ou providência jurisdicional, relativamente a determinado interesse, em conflito com o de outrem". Ainda: "Consagra-se, destarte, uma vez mais, e de maneira inarredável, um dos mais expressivos direitos subjetivos materiais conferidos pelo Estado aos integrantes da comunidade, qual seja o direito à jurisdição".[142]

---

141. Chiovenda, *Instituições de Direito Processual Civil*, vol. I, p. 46.

142. "Devido processo penal e alguns dos seus mais importantes corolários", *Revista da Faculdade de Direito da Universidade de São Paulo* 88/465.

# 2
## PRESUNÇÃO DE INOCÊNCIA COMO GARANTIA DO ESTADO DE LIBERDADE

*2.1 Presunção de inocência: 2.1 1 Noção jurídica; 2.1.2 Evolução histórica; 2.1.3 A presunção como garantia da inocência; 2.1.4 Concepção atual da presunção de inocência; 2.1.5 Presunção de inocência no direito estrangeiro: 2.1.5.1 Direito norte-americano; 2.1.5.2 Direito italiano; 2.1.5.3 Direito francês; 2.1.5.4 Direito alemão; 2.1.5.5 Direito português; 2.1.5.6 Direito espanhol. 2.1.6 Estado de inocência no direito brasileiro.*

## 2.1 Presunção de inocência

### 2.1.1 Noção jurídica

A palavra presunção vem do latim *praesumptio*. Expressa a idéia do que é tomado antecipadamente. Significa concepção primeira ou noção nata. Para o direito, o vocábulo tem significado técnico. É convencimento antecipado de verdade provável a respeito de um fato desconhecido com fundamento em outro conhecido e conexo.[1]

No direito, as presunções servem à prova e à construção de normas jurídicas. No primeiro caso, a presunção tem como certo o que

---

1. Cf. Comissão de Redação, *Enciclopédia Saraiva do Direito*, vol. 60, p. 327, verbete "Presunção".

70 A TUTELA DA LIBERDADE NO PROCESSO PENAL

é apenas provável. Assemelha-se à probabilidade. No segundo aspecto, as presunções são normas legais imperativas ou dispositivas, chamadas de "presunções-conceito". Não transmitem a idéia de probabilidade, ou de prova, pois estas idéias foram consideradas *a priori*, motivando a criação da norma jurídica. Assim, para os que se submetem à norma, a presunção desaparece, subsistindo apenas o dever de obedecer ao imperativo legal.[2]

Silvio Rodrigues conceitua presunção como "ilação tirada de um fato conhecido para um desconhecido". Ensina o autor que as presunções "ou decorrem da lei e chamam-se *legais*, ou advêm de circunstâncias da vida, daquilo que habitualmente acontece, e então chamam-se presunções *hominis* ou presunções *comuns*". Ainda conforme o mesmo autor, duas são as espécies de presunções: *juris et de jure* e *juris tantum*. As presunções *juris et de jure* não admitem prova em contrário. Assim, mesmo que a presunção não seja verdadeira, a lei impõe a verdade dos fatos pressupostos. A presunção *juris tantum* permite prova em contrário.[3]

Concebida como norma jurídica, a presunção é regra que determina as condições sob as quais o comportamento determinado é exigível. Trata-se de regra de comportamento que não deve ser concebida como descrição ou hipótese concernente à realidade. As normas de presunção consideram uma realidade que o legislador pretende influenciar, mas não constituem apreensões da realidade. Isto é válido tanto para presunções de fato, como para as legais. Ambas, chamadas de presunções materiais, têm como premissa um estado de coisas que deve ser provado. As presunções formais, de outro lado, em outra especificação, não reclamam verificação quanto a um estado de coisas, porque ele existe independentemente de prova em contrário.[4] Geralmente, tais presunções têm como objetivo realizar e garantir valores até ato decisório final.

A presunção de inocência é o exemplo mais representativo da presunção formal. É construída para garantir interesses do acusado no processo penal.[5] Caso seja tratada como presunção de fato, deve-se ter em mente que não se trata de uma presunção baseada na expe-

---

2. Cf.Teresa Ancona Lopez de Magalhães, *Enciclopédia Saraiva do Direito*, vol. 60, pp. 376-378, verbete "Presunção (Direito privado)".

3. Silvio Rodrigues, *Direito Civil*, vol. I, p. 134.

4. Cf. Jerzy Wróblewski, "Structure et fonctions des présomptions juridiques", *Les Présomptions et les Fictions en Droit*, pp. 50-55.

5. Idem, p. 57.

PRESUNÇÃO DE INOCÊNCIA 71

riência, nas leis da probabilidade. Nestes termos, pode-se até verificar empiricamente a probabilidade da culpa, mas o direito não admitirá a constatação empírica da culpa. Caso a presunção de inocência seja tratada como presunção de direito, a situação não muda, pois se tratará de relação normativa, sem correspondência com a relação empírica.[6]

O pensamento acima exposto diverge do posicionamento de Manzini. Conforme esse autor italiano, presunções "são meios de prova indireta pelos quais se chega a um determinado convencimento, absoluto ou relativo, sobre a base da experiência comum".[7] A presunção concebida como dado empírico, como a traduz Manzini, aponta a incompatibilidade entre a presunção e a prática jurídico-penal. Acolhendo-se a presunção, admitir-se-ia, como dado apercebido da experiência histórica coletiva, que a maior parte dos imputados é inocente, o que, segundo Manzini, não é verdade. Para ele, mais adequado seria, então, admitir-se a presunção como verdadeira ficção jurídica.[8]

Hélio Tornaghi, de seu lado, distingue presunções absolutas de ficções: "A ficção não se confunde com a presunção absoluta; é certo que nem uma nem outra admite prova em contrário. Mas, enquanto a presunção absoluta nada mais é do que a afirmação de que sempre ocorre, o que normalmente ocorre, a ficção é afirmação de que sempre acontece aquilo que nunca acontece. Uma presunção pode converter-se em ficção quando a lei continua tendo um fato como verdadeiro, mesmo depois que desaparece a possibilidade de o ser".[9]

Interessa, aqui, a delimitação da presunção de inocência como "presunção-conceito", presunção formal, que pode se comportar em alguns casos como ficção, instituto dedicado a garantir direitos e proteger, de forma especial, a situação do acusado no processo penal.

## 2.1.2 Evolução histórica

O estudo da presunção de inocência, como garantia de liberdade, deve partir, necessariamente, da compreensão da lei ao longo

---

6. Idem, pp. 61-69.
7. Vincenzo Manzini, *Tratado de Derecho Procesal Penal*, t. I, p. 254.
8. Idem, pp. 254-256.
9. *Instituições de Processo Penal*, vol. IV, pp. 233-243.

# 72 A TUTELA DA LIBERDADE NO PROCESSO PENAL

dos tempos. Ora a lei foi compreendida como lei divina, imutável, ora como a lei do soberano, investido em poder por ordem divina. Momento chegou em que se acreditou que a lei era feita por homens e que toda autoridade política era pela lei limitada. Só a partir dessa última compreensão foi possível confrontar a liberdade dos homens frente ao poder estatal e usar a garantia da lei contra atos do poder.

Já estava no Capítulo 29 da Carta Magna inglesa, datada de 1225, que nenhum homem livre podia ser preso, encarcerado, privado de sua liberdade, de seus costumes, posto fora da lei, expatriado ou de qualquer modo destruído, escravizado ou dominado, senão segundo o juízo legal de seus pares ou pela "Lei da Terra".[10] Mais tarde, a cláusula referente à "lei da terra" foi entendida como devido processo de lei (Capítulo 3º do Estatuto n. 28, de Eduardo III, de 1355).[11]

Essas idéias, desenvolvidas na Inglaterra medieval, contribuíram muito para as idéias do Iluminismo e, paradoxalmente, foram utilizadas, nos Estados Unidos, em revolta contra os próprios ingleses, para a declaração de independência das treze colônias britânicas.[12] A cláusula da Carta Magna de 1225, Capítulo 29, foi repetida na Constituição de Massachussets de 1780.

Embora a presunção de inocência fosse há muito conhecida como regra probatória – traduzida na parêmia *in dubio pro reo* –, como garantia de liberdade da pessoa contra atos de poder é fruto das idéias filosóficas desenvolvidas à época da Revolução Francesa e da Revolução Americana.[13]

Como garantia da liberdade, a presunção de inocência foi inserida na Declaração dos Direitos do Homem e do Cidadão em 1789, no art. 9º. Leia-se: "Tout homme étant présumé innocent jusqu'à ce qu'il ait été déclaré coupable, s'il est jugé indispensable de l'árrêter toute rigueur qui ne serait pas nécessaire pour s'assurer de sa personne, doit être sévèrement réprimée par la Loi".[14]

---

10. Edward Corwin explica que a edição de 1225 da Carta Magna é a que concede liberdades tanto ao povo como à plebe, indistintamente, sob a expressão *nullus liber homo*. As outras edições citadas por outros autores, como a de 1215, têm conteúdo diverso, daí ser a Carta Magna de 1225 a "Grande Carta da lei inglesa" (cf. *Libertad y Gobierno. El Origen, Florecimiento y Declinación de un Famoso Concepto Jurídico*, p. 45).

11. Idem, p. 107.

12. Cf. Richard N. Coudenhove-Kalergi, *The Totalitarian State Against Man*, p. 58.

13. Cf. Antonio Magalhães Gomes Filho, *Presunção de Inocência e Prisão Cautelar*, p. 9.

14. Texto extraído da obra de Jacques Robert, *Libertés Publiques*, cit., p. 548.

PRESUNÇÃO DE INOCÊNCIA 73

A Constituição francesa, ao declarar o estado natural de liberdade do acusado e proibir qualquer distinção de tratamento entre culpados e inocentes antes de condenação definitiva,[15] fixou o sentido da presunção de inocência como garantia da liberdade individual no decorrer da persecução penal.

Considerou-se, por muito tempo, a presunção de inocência como conseqüência da impossibilidade concreta de o Estado alcançar a prova do crime e da autoria. Num processo penal inquisitório, fundado apenas na busca da verdade material,[16] o postulado *in dubio pro reo*, com eficácia apenas ao término da persecução penal, retratava a falibilidade do procedimento inapto, no caso concreto, a declarar, com certeza, a realidade do crime. A presunção de inocência não era garantia de liberdade, coadunava-se com o resultado da apreciação jurisdicional,[17] mesmo porque, nesse contexto, o acusado não passava de objeto da perseguição penal.

A partir do século XIX, mudando-se o enfoque dado ao acusado no processo penal – de objeto da persecução penal passou a sujeito processual –, a presunção de inocência teve significado em outro contexto: é direito subjetivo que reflete a garantia jurisdicional e o dever de tutela do estado de inocência do acusado até ato decisório final.[18-19]

---

15. Transcreve-se comentário de Jacques Robert sobre o 6º artigo da Declaração francesa: "Art. 6. 'La loi doit être la même pour tous, soit qu'elle protège, soit qu'elle punisse'. Aucune distinction ne saurait être admise; qu'elle que soit donc la condition du coupable, la même règle et la même peine doivent s'appliquer" (*Les Violations de la Liberté Individuelle Commises par l'Administration*, p. 74).

16. Rogério Lauria Tucci, Sérgio Marcos de Moraes Pitombo e outros elevam a perquirição da verdade material à categoria de dado mais relevante do fundamento do processo penal (*Princípio e Regras Orientadoras do Novo Processo Penal Brasileiro*, p. 142).

17. A presunção de inocência como garantia da possibilidade de um resultado em favor do *ius libertatis* tem lugar na concepção clássica de procedimento como busca da verdade absoluta, onde só a certeza fundamenta ou justifica a decisão. Mesmo em se admitindo a hipótese de não comprovação da autoria e materialidade do fato típico, o procedimento, segundo a concepção clássica, desenvolve-se a partir da proposta de que houve crime. É essa a proposição que sustenta o desenrolar da persecução penal até o fim. Daí a manifestação de Manzini no sentido de que melhor seria falar-se em presunção de culpabilidade e não em presunção de inocência. Tal sistemática corresponde ao pensamento clássico, ou seja, o de que a verdade está no início do procedimento e que cabe ao processo apenas testá-la (v. tópico 3.1, sobre a noção de sistema).

18. A verdade do crime, antes concebida como ponto de partida do procedimento persecutório, passa a ser concebida como hipótese a ser provada em momento final do procedimento (v. tópico 3.1, no próximo Capítulo).

19. A presunção de inocência no procedimento inquisitório era verdadeira ficção sistematicamente necessária a sustentar decisão pela absolvição, haja vista a inexistência

## 74  A TUTELA DA LIBERDADE NO PROCESSO PENAL

Após a 2ª Guerra Mundial, retomou-se o sentido da presunção de inocência como regra necessária à garantia da liberdade frente aos abusos do Estado na persecução penal, traduzindo-se a expressão como regra de tratamento do averiguado, preservando-se-lhe o *status libertatis* e lhe garantindo o devido processo legal.[20] Ampliado o quadro de garantias e direitos individuais durante a persecução penal, o devido processo legal somou-se à garantia jurisdicional, expandindo a compreensão da presunção de inocência como garantia de liberdade no processo penal.

### 2.1.3 A presunção como garantia da inocência

Inocência diz respeito à liberdade no processo penal. Não liberdade em sentido amplo, mas especificação desta quando anteposta ao direito de punir. A qualidade de inocente é reconhecida como direito pessoal do acusado. Estado de inocência diz com a preservação da liberdade em oposição à coação processual penal. Evidencia a situação jurídica em que a pessoa acusada se encontra.

Estado de inocência, conforme Clariá Olmedo, é aquele desfrutado pelo acusado, e que perdura no tempo, antes de se iniciar o processo, durante o período cognitivo, até sentença penal condenatória com autoridade de coisa julgada. Esse estado não se destrói com a perse-

---

de contraditoriedade. Ao mesmo tempo em que o acusado era presumido inocente, não participava do procedimento escrito e secreto, senão como objeto de prova. O acusado era objeto da coação estatal que contra sua vontade violava sua liberdade e sua integridade corporal. Na busca da verdade a qualquer preço, após utilização da tortura e do interrogatório do acusado como meios de prova e não se tendo comprovado a verdade absoluta, optava-se pela alternativa absolutória sintetizada no postulado *in dubio pro reo*. A atribuição de direitos ao acusado durante a persecução penal modificou sua situação no desenrolar do processo, pois passou a ser considerado sujeito processual, ou seja, titular de direitos. Essa mudança de enfoque pode ser atribuída às Revoluções Francesa e Americana e à influência da sistemática americana de proteção das liberdades. Analisando as raízes do direito processual europeu, Roxin afirma que até a Revolução Francesa o processo penal era inquisitório. Mas a partir de 1791 o processo penal francês passou a se aproximar do modelo processual penal inglês incorporando a sistemática do pequeno e grande júri, a oralidade, a publicidade, a audiência com contraditório e a livre apreciação das provas. Ao mesmo tempo, afastou a pena de suspeito, a absolvição da instância e instituiu o Ministério Público para promover a ação pública, mantendo, contudo, a instrução inquisitiva. O processo penal francês influenciou o processo na Itália, na Suíça francesa, na Holanda, na Bélgica, na Romênia, na Rússia, em Portugal, na Espanha e na Alemanha (Claus Roxin, *Strafverfahrensrecht*, p. 428).

20. Leia-se Antônio Magalhães Gomes Filho, *Presunção de Inocência...*, cit., p. 22.

## PRESUNÇÃO DE INOCÊNCIA

cução penal e sua preservação concerne à garantia de prévio exame jurisdicional.[21]

Analisado em reverso, o estado de inocência diz com a proibição de *non bis in idem* em caso de sentença absolutória transitada em julgado, em que a culpabilidade do acusado não é demonstrada. Fixado em sentença absolutória transitada em julgado, não poderá ser futuramente questionado. O mesmo raciocínio do *non bis in idem* vale, de forma parcial, para a sentença condenatória. Mesmo que a sentença fique sujeita à reforma, o novo julgamento fica condicionado à proibição da *reformatio in pejus*, à garantia da liberdade alcançada enquanto se busca a inocência.

Estado de inocência e presunção de inocência não se confundem. Todos os homens se apresentam como inocentes. Só a jurisdição pode modificar a situação de inocência (sentença condenatória transitada em julgado). A presunção de inocência, de seu lado, é garantia da manutenção desse estado enquanto não advier a já mencionada sentença condenatória, ressalvando-se, conforme exposto adiante, que no direito processual penal brasileiro a imutabilidade de decisões desse jaez é sempre relativa, podendo ser infirmada posteriormente.

O estudo da presunção de inocência como garantia, historicamente delineada, em visão retrospectiva, deve enfocar não só o instituto propriamente dito, mas, também e sobretudo, a forma de tratamento dada ao acusado durante a persecução penal. Sob esse ponto de vista, a presunção de inocência tem a ver não apenas com a garantia de que o inocente não será condenado, mas também com a garantia de que terá seus direitos respeitados e de que não sofrerá punição antes de declarada sua culpa, em sentença condenatória transitada em julgado. Assim, a presunção de inocência, mais que garantia de liberdade para o futuro, é proteção jurídica da liberdade no presente. Deve ser vista a partir da situação jurídica de ordem substantiva, tutelada pelo processo penal: o estado de inocência.

Contudo, fixe-se bem, "presunção de inocência" é expressão genérica que não corresponde a um significado uniforme. As diversas formas de se pensar tal presunção refletem diferentes posicionamentos quanto à dimensão da liberdade permitida ou simplesmente usufruída no curso da persecução penal.

---

21. *Tratado de Derecho Procesal Penal*, vol. 1, p. 230.

76 A TUTELA DA LIBERDADE NO PROCESSO PENAL

Sérgio Marcos de Moraes Pitombo entende inadequada a expressão "presunção de inocência", pois a ela não traduz a idéia de "não consideração prévia da culpabilidade". Na verdade, na sistemática do processo penal, ninguém é presumido inocente. O que ocorre, isto sim, é a proibição de que alguém seja considerado culpado antes do tempo, antes da decisão judicial condenatória, com trânsito em julgado.[22]

Antônio Magalhães Gomes Filho defende o uso da expressão "presunção de inocência" porque representa uma "atitude emocional de repúdio ao sistema processual até então vigente (referindo-se a período anterior à Declaração de 1789), no qual o acusado devia comprovar a improcedência da acusação, sob pena de suportar as conseqüências do *non liquet*". Afirma que a expressão não pode ser pensada a partir de um sentido puramente técnico, pois não traduz idéia extraída da experiência, ou seja, generalização de um fato conhecido para um fato desconhecido.[23]

A presunção de inocência, apesar de não ser tecnicamente uma presunção, empiricamente exprime no processo penal o direito do acusado de ter preservado seu estado de inocência, com subseqüente garantia do estado de liberdade, até provimento jurisdicional condenatório transitado em julgado.

Como conceito normativo, a presunção de inocência tem como fundamento criador o fato, trazido da experiência histórica e jurídica, de que existe, concretamente, a possibilidade de persecução penal indevida e abusiva. Ela diz respeito à garantia jurisdicional, ao direito ao processo.

A presunção de inocência é utilizada em dois sentidos: um com relação à prova, o outro com os direitos do acusado.

No primeiro sentido, a expressão sintetiza a necessidade de prova inequívoca da materialidade da infração penal e da autoria. Garante-se a liberdade, preservando-se-a até que se tenha alcançado a verdade sobre a prática de infração penal e respectiva autoria.

Esse postulado, nessa vertente, em relação à aplicação da norma penal, diz com a necessidade de se buscar a verdade material, para afastar a dúvida existente quanto à prática de crime. Dúvida esta que por si só já justificaria a prevalência da liberdade sobre o

---

22. "Constituição da República e processo penal", *Revista Especial do Tribunal Regional Federal da 3ª Região*, 1995, p. 138.

23. *Presunção de Inocência...*, cit., pp. 35-36.

PRESUNÇÃO DE INOCÊNCIA 77

direito de punir. Exige-se certeza, quanto à prática de crime e respectiva autoria, para imposição da sanção penal. A presunção de inocência tem concretude na máxima *in dubio pro reo*, quando não obtida verdade sobre os fatos e autoria do delito. Não provados delito e autoria, impõe-se como conseqüência a absolvição por falta de provas. Elimina-se processualmente, assim, qualquer dúvida quanto à aplicação de sanção penal, com prevalência da liberdade. É esse o sentido da expressão medieval *innocens praesumitur cuius innocentia non probatur* (presume-se inocente aquele de quem não se prova a inocência).[24]

Pondera Jose Luis Vasquez Sotelo que embora a regra do *in dubio pro reo* e o postulado da presunção de inocência sejam próximos, existem diferenças. O *in dubio pro reo* é difícil de ser postulado no direito, porque traduz o estado psicológico do juiz, subjetivo, de dúvida frente às provas obtidas ou não. Já a presunção de inocência é direito fundamental que sintetiza a indispensabilidade da prova para a formação da convicção do magistrado em sentido contrário ao da presunção de inocência.[25]

Sérgio Marcos de Moraes Pitombo, de seu lado, afirma que o aforismo *in dubio pro reo* é pertinente à teoria processual da prova. Traduz o "fracasso da pesquisa da verdade possível, ou atingível", a certeza da falta de provas e não a dúvida ponderável sobre a existência do crime. Não se refere, pois, à vacilação quanto à interpretação ou aplicação da lei penal.[26]

Winfried Hassemer, de seu lado, afirma que a legislação penal não se ajusta ao princípio *in dubio pro libertate*, pois, ao ser este admitido concretamente, adotar-se-ia uma legislação penal voltada exclusivamente à repressão de condutas socialmente danosas e não à tutela da pessoa perante a coação estatal. Por este raciocínio, a ameaça penal ficaria legitimada com a simples demonstração de efeitos danosos à sociedade. Qualquer preocupação com a proteção da pessoa acusada e com a defesa de seus direitos seria desconsiderada. Na verdade, a dúvida, traduzida no *in dubio pro reo*, diz Hassemer, é

---

24. Cf. Giovanne Leone, *Tratado de Derecho Procesal Penal* , Livro II, Parte III, Capítulo X, p. 463.

25. *Presunción de Inocencia del Imputado e Intima Convicción del Tribunal (Estudio sobre la Utilización del Imputado como Fuente de Prueba en el Proceso Penal Español)*, p. 294.

26. "Pronúncia e o *dubio pro societate*", *Boletim da Associação dos Procuradores da República*, n. 45.

# 78 A TUTELA DA LIBERDADE NO PROCESSO PENAL

elemento interno que se instala no processo de formação da convicção do juiz e que não se traduz no ato decisório, necessariamente comprometido com um sistema de prova racional, estruturado em direção à verdade material.[27]

No segundo sentido, a presunção de inocência relaciona-se com o *status* do acusado em geral e tem assentamento no postulado do *favor libertatis*. O postulado do *favor libertatis* (também chamado por alguns autores de *favor rei*[28]) sintetiza a idéia de que nenhuma norma restritiva de liberdade pode ser aplicada de forma analógica. Qualquer restrição à liberdade, tendo como motivação a repressão penal ou o direito de punir, deve estar previamente estabelecida em lei e deve ser restritivamente interpretada, de modo a favorecer sempre a liberdade. Trata-se de regra que se aplica ao processo, antes de definição quanto ao direito material tutelado (direito de punir e direito de liberdade). Traduz a exigência de preservação do estado de liberdade durante a persecução penal até que se tenha certeza da existência concreta da hipótese de punição. Conforme Giovanni Leone, citando Giuseppe Sabatini, "a posição do sujeito que suporta uma limitação na própria esfera de liberdade jurídica está favorecida pelo direito,

---

27. *Fundamentos del Derecho Penal*, pp. 39 e 182. Também Carlos Maximiliano afirma que a máxima *in dubio pro reo* não é mais utilizada como outrora, pois cabe ao juiz utilizar todos os recursos da hermenêutica para esclarecer o dispositivo legal e alcançar a verdade. A interpretação mais benigna será utilizada somente quando persistir a dúvida. Mesmo assim, não se autorizará que o julgador crie pena mais branda ou force interpretação que resulte em absolvição, seja no campo da prova, seja no da hermenêutica (*Hermenêutica e Aplicação do Direito*, pp. 335-336).

28. Mas há quem os diferencie. O postulado do *favor rei* é considerado como princípio geral de direito enquanto o do *favor libertatis* diz com a relevância do interesse de liberdade. Leia-se Giovanni Leone: "A nuestro juicio, hay que distinguir bien ambos principios, en el sentido que sigue. El *favor libertatis* debe entenderse como el principio en virtud del cual todos los instrumentos procesales deben tender a la rápida restitución de la libertad personal al imputado que está privado de ella, cuando vengan a faltar las condiciones que legitimen el estado de privación de la libertad. El principio del *favor rei* debe entenderse como el principio en virtud del cual todos los instrumentos procesales deben tender a la declaración de certeza de la no responsabilidad del imputado; y concierne no ya al estado de libertad personal, sino a la declaración de certeza de una posición de mérito en relación a la *notitia criminis*" (*Tratado de Derecho Procesal Penal*, Livro II, pp. 188-189). Também José Luis Sotelo afirma, neste sentido, que "el *favor rei* debe tomarse, ante todo, en el plano superior de los principios, como uno principio general informador de la legislación como una guía en labor de interpretación y como un criterio directivo de todo el ordenamiento procesal penal". O *favor libertatis*, de seu lado, protege a liberdade pessoal, inclusive do acusado culpado, evitando que seja suprimida ou restringida. Por esta razão não pode ser elevado à categoria de princípio. Há normas que o negam (*Presunción de Inocencia...*, cit., pp. 281-289).

PRESUNÇÃO DE INOCÊNCIA 79

no sentido de que dita limitação seja sempre a menos gravosa possível na regulamentação dos interesses opostos".[29]

## 2.1.4 Concepção atual da presunção de inocência

No que diz respeito à preservação do estado de liberdade do acusado e à interpretação das normas restritivas de direitos, Robert Alexy outorga proeminência geral *prima facie* a argumento que favorece os direitos individuais em detrimento dos bens coletivos.[30]

Afirma o autor que a formulação do *in dubio pro libertate* é repudiada por muitos autores como sendo individualista, de cunho anarquista e de um exagerado liberalismo. Na verdade, diz o autor, a precedência *prima facie* dos direitos individuais, em processo penal, representa o respeito pelo indivíduo, que não poderá ser simplesmente desconsiderado para a satisfação de interesses coletivos.[31] Isto não significa dizer que os direitos individuais não possam ser restringidos para a satisfação de interesses sociais, mas que, prevenindo danos irreparáveis, a decisão pela prevalência dos interesses da coletividade sobre o direito individual deve ser justificada com razões mais fortes que as consideradas na decisão a favor do direito individual.

Constate-se, no entanto, que nos últimos tempos e contrariamente ao sentido histórico dado aos direitos fundamentais – estabelecidos como valor positivo, necessário à resistência aos abusos cometidos pelo Estado – sedimenta-se na doutrina e na jurisprudência entendimento oposto, ou seja, de que os direitos fundamentais são verdadeiros obstáculos ao combate à criminalidade.

Essa argumentação despreza o caminho percorrido ao longo do tempo até a positivação de direitos inerentes ao homem e provoca esvaziamento do conteúdo dos direitos fundamentais. Mesmo que prevista na maior parte das Constituições modernas e das conven-

---

29. *Tratado de Derecho Procesal Penal*, cit., pp. 188.

30. A terminologia "bens coletivos" é fruto de movimento europeu desenvolvido desde a Segunda Guerra Mundial. Corresponde aos interesses difusos, mas não a direitos difusos. Direitos subjetivos seriam só os individuais, inclusive aqueles fundados em interesses públicos, individualizados e subjetivados. Significa dizer que a diferença terminológica, "bens" e "direitos", serve a reforçar a proteção dos direitos individuais frente à realização de um interesse coletivo. O termo "coletivo" em caso algum pode significar a existência de razão superior ou de prevalência destes bens sobre direitos individuais.

31. *El Concepto y la Validez del Derecho y Otros Ensayos*, p. 207.

80 A TUTELA DA LIBERDADE NO PROCESSO PENAL

ções internacionais sobre os direitos humanos, a presunção de inocência padece dos mesmos males e passa a ter eficácia restringida, seja por força de interpretação ambígua, seja por força de legislação que limita sua aplicação como regra diretriz do processo penal.[32]

Fixe-se, nesse tópico, que a presunção de inocência como garantia do estado de inocência do acusado é conceito que tem quatro dimensões:

*a*) relaciona-se com a prova, como expressão da máxima *in dubio pro reo*;

*b*) é postulado que orienta a interpretação das leis no sentido de se fazer prevalecer interpretação mais favorável ao *ius libertatis*;

*c*) é garantia de não consideração da culpabilidade senão após sentença condenatória irrecorrível, com a preservação do *status libertatis* do acusado;

*d*) por fim, é postulado da jurisdição penal, que garante o devido processo legal, assegurando a liberdade e a fruição de direitos personalíssimos, durante a persecução penal. É, portanto, direito fundamental.

A presunção de inocência, ligada ao devido processo penal, é garantia de fruição dos direitos de liberdade – direitos fundamentais de natureza individual – durante a persecução penal e não apenas de direitos fundamentais referentes ao processo (tais como ampla defesa, contraditório, e outros mais).

### 2.1.5 Presunção de inocência no direito estrangeiro

O estudo comparado da liberdade no processo penal implica, forçosamente, a compreensão do relacionamento entre pessoas, sociedade e Estado, nas diversas ordens jurídicas. Deve-se ter como ponto de partida que as fronteiras traçadas entre liberdade, dever, culpa e inocência são fator sintetizador da forma de tratamento da liberdade nos diversos sistemas processuais penais. Nem é preciso dizer que variam de forma peculiar em cada sistema jurídico. Conscientize-se que vários graus de evolução de um mesmo instituto jurídico convivem em um mesmo momento histórico, o que dificulta uma abordagem padronizada das diversas legislações. Assim, embora as Consti-

---

32. Leia-se Tércio Sampaio Ferraz Júnior, "Perversão ideológica dos direitos do homem", *Ciência Penal* 3. Consulte-se Winfried Hassemer, criticando o enriquecimento do direito como resposta à criminalidade organizada ("Segurança Pública no Estado de Direito", *Revista Brasileira de Ciências Criminais* 5/55-69).

PRESUNÇÃO DE INOCÊNCIA

tuições atuais e as declarações de direito de âmbito internacional se refiram à presunção de inocência como garantia de liberdade, a expressão comporta variação de significado relevante, que não pode ser desconsiderada a pretexto de generalização. Pensa-se que o tratamento dado à presunção de inocência é amostra do que se entende por liberdade no processo penal, daí se partir para o estudo de direito comparado justamente nesse tópico.

### 2.1.5.1 Direito norte-americano

No direito norte-americano, o reconhecimento do estado de inocência orienta toda a sistemática processual penal. Melhor é absolver um culpado, reconhecendo-lhe direitos, que condenar um inocente.[33] A preocupação com a distinção entre a responsabilidade causal e a legal é ponto de partida para o entendimento do estado de inocência no processo penal norte-americano. Até a comprovação legal da culpa (conforme o *due process of law*) a pessoa é considerada inocente.[34]

As 4ª e 5ª emendas da Constituição dos Estados Unidos da América prevêem o privilégio contra a auto-incriminação e o postulado de que o acusado não deve provar sua inocência, nem deve ser forçado a cooperar na obtenção de prova contra si mesmo. Proíbe-se a utilização de meios de prova invasivos da privacidade e da intimidade do indivíduo.[35] Depreende-se, ainda, das referidas emendas, que ao Estado cabe provar legalmente a culpa do acusado, conforme o devido processo legal, sem violar seus direitos individuais.[36] Leia-se a 4ª emenda: "O direito do povo à inviolabilidade de suas pessoas, casas, documentos e haveres, contra buscas e apreensões arbitrárias, não poderá ser infringido, e nenhum mandado será expedido senão mediante indícios de causa, com base em juramento ou declaração, e particularmente com a descrição do local da busca e das pessoas ou coisas a serem apreendidas". Está na 5ª emenda: "Ninguém poderá ser condenado a responder por crime capital, ou de outra forma infamante, salvo por denúncia ou pronúncia do Grande Júri (...); nem será obrigado em qualquer caso criminal a ser testemunha contra si

---

33. James V. Calvi e Susan Coleman, *American Law and Legal Systems*, cit., p. 76.
34. Idem, p. 93.
35. Tal como a utilização de lavagem estomacal, à força, para provar a existência de morfina. V. James V. Calvi e Susan Coleman, ob. cit., p. 186.
36. Idem, pp. 93 e 184.

82 A TUTELA DA LIBERDADE NO PROCESSO PENAL

próprio, nem ser privado da vida, liberdade ou patrimônio, sem o devido processo legal".

Apesar do aparato constitucional americano que protege a liberdade individual, na sistemática da *common law*, a atividade dos agentes públicos não é rigidamente regulamentada, encontrando-se basicamente delimitada pela cláusula do devido processo legal. A Administração norte-americana é descentralizada e formada por numerosas *agencies*.[37] Tradicionalmente, o Congresso tem permitido ampla discricionariedade para investigação, concedendo às *agencies* amplos poderes normativos. Tendo-se em vista a amplitude das atividades empreendidas por elas, as proteções constitucionais, originariamente concebidas para os procedimentos criminais, não são automaticamente aplicadas. Muitas vezes um inquérito administrativo pode originar um procedimento criminal. Nestes casos, haverá conflito entre o poder coercitivo de obter testemunho e o direito da testemunha de não se auto-incriminar. Quando houver risco de procedimento criminal, a testemunha pode se recusar a responder às inquirições.[38]

Note-se que a presunção de inocência, no direito americano, não tem a mesma dimensão da proibição de reconhecimento prévio da culpabilidade como garantia dos direitos fundamentais.[39] Contudo, também não existe presunção de legitimidade dos atos estatais. Os direitos fundamentais constituem direta limitação aos atos do Estado sem mediação legal.[40]

Esse entendimento é contrário ao manifestado pela maior parte dos estudos de direito comparado que apontam a origem da presunção de inocência no direito americano. Contudo, entendendo-se compreendida no instituto da presunção de inocência a proibição de

37. Conforme Tércio Sampaio Ferraz, *agencies* são unidades independentes de administração, próprias do sistema administrativo de origem norte-americana, que proliferam não só no Brasil, mas, também, por efeito da globalização, em diversos países da Europa continental, opondo-se à fórmula francesa de administrar, ou seja, integrada pela união de órgãos em um único corpo administrativo ("Agências reguladoras: legalidade e constitucionalidade", *Revista Tributária e de Finanças Públicas* 35/143-144).

38. Ernest Gellhorn e Ronald M. Levin, *Administrative Law and Process*, pp. 127-137.

39. A presunção de inocência é preceito ligado à proibição de presunções legais que levem por si à responsabilidade, sem procura da verdade, colheita de provas e exame da matéria probatória. Cf. o precedente Carella *vs.* California (Joshua Dressler, *Understanding Criminal Law*, p. 65).

40. A cláusula do devido processo legal, inicialmente concebida como um modo de proceder, transformou-se em uma comprovação perante a Constituição do conteúdo essencial da legislação (cf. Edward S. Corwin, *Libertad y Gobierno...*, cit., p. 129).

PRESUNÇÃO DE INOCÊNCIA 83

reconhecimento antecipado da culpabilidade, não é extravagante a afirmação. Já assentou Gustav Radbruch, referindo-se ao pensamento jurídico inglês, que o sistema de precedentes traz consigo o perigo de estagnar a ciência jurídica ao forçar a vinculação da decisão a julgados passados. Foi o que aconteceu com a doutrina da culpabilidade, diz o autor, que foi deixada a estágio de desenvolvimento já há muito tempo superado pelos países da Europa continental. No direito penal do sistema jurídico anglo-saxão, a culpa não é orientada ao tipo penal, mas à antijuridicidade genérica, aplicável a qualquer comportamento delituoso. No sistema jurídico da *common law*, o conceito de crime se desenvolve sobre a máxima: "Actus non facit reum nisi mens sit rea".[41] A existência da *mens rea*, como pré-requisito para a responsabilidade criminal, tornou-se regra para a jurisprudência anglo-americana. Tal regra não se compara à culpabilidade. Enquanto a *mens rea* no direito da *common law* serve para extinguir a antijuridicidade (como escusas ou justificações), no sistema jurídico europeu-continental a culpabilidade é causa adicional para a afirmação da antijuridicidade. Acentua, ainda, Radbruch que a intenção reprovável no direito anglo-americano basta para a punição. Tal conceito, conforme o autor, assemelhar-se-ia, na dogmática européia dos países continentais, à adoção do "perigoso" direito penal da intenção (*Gesinnunstrafrecht*).[42]

Assim, não são adotados no sistema jurídico-penal da *common law* o conceito jurídico de culpabilidade e o conceito analítico de

---

41. "A ação não faz uma pessoa culpada se a mente não for culpada". Cf. Joshua Dressler, *Understanding Criminal Law*, cit., p. 101, e Gustav Radbruch, *Lo Spirito del Diritto Inglese*, p. 55. Note-se, ainda, que a expressão *culpability*, do direito norte-americano tem significado próprio completamente diverso da "culpabilidade", do nosso direito, pois se refere ao grau de responsabilidade decorrente da participação no crime, como autor ou como partícipe. Também não existe critério objetivo jurídico para a diferenciação das condutas criminosas das condutas socialmente inadequadas. Distinguem-se os crimes, ainda, pelo critério do *malum se* e *malum prohibitum* (cf. James V. Calvi e Susan Coleman, *American Law and Legal Systems*, cit., p. 165).

42. *Lo Spirito del Diritto Inglese*, cit., p. 60. Jesús-María Silva Sánchez, analisando o direito anglo-saxônico em tempos atuais, também chega às seguintes conclusões: a) as regras de imputação do direito penal não se parecem com o sistema estruturado na teoria do delito; b) as regras de imputação não aparecem sistematizadas, com estrutura própria e específica, separada das instituições constitucionais, processuais e da determinação da pena. O modo de proceder do juiz da *common law* é diferente do que julga com base no direito codificado, estruturado em regras estabelecidas a partir de uma teoria. O juiz da *common law* tem sua função legitimada a partir da razoabilidade enquanto o juiz da Europa continental tem suas decisões legitimadas a partir da lei e das regras da teoria do delito ("Retos científicos y retos políticos de la ciencia del derecho penal", *Revista do Instituto Brasileiro de Ciências Criminais* 36).

84 A TUTELA DA LIBERDADE NO PROCESSO PENAL

crime com etapas sucessivas de compreensão da conduta, ou seja, de reconhecimento de ação típica, antijurídica e, por fim, culpável.[43]

Fora o aspecto da culpabilidade, assinala Michèle-Laure Rassat, ao comparar o direito francês ao anglo-saxão, que, na França, antes de condenação definitiva, o acusado condenado e preso em primeira instância é considerado preso provisório e, no direito anglo-saxão, a presunção de inocência cessa já na primeira condenação.[44]

## 2.1.5.2 Direito italiano

A presunção de inocência na Itália, à época da promulgação da Constituição de 1948, como garantia da liberdade do acusado, era considerada paradoxo perante a necessidade de persecução penal. Também seu significado como regra probatória perdeu sentido no processo penal porque era considerada supérflua e inócua em face da sistemática processual penal adotada nesse país, que atribui a condição de condenado ao imputado somente após o trânsito em julgado.[45] A presunção de inocência, neste período, é refutada num

43. Sem entrar na complexa discussão sobre a culpabilidade e suas teorias, basta afirmar, conforme Sérgio Marcos de Moraes Pitombo, que o princípio da culpa é compreendido num esquema valorativo jurídico e deduzido da dignidade da pessoa humana e do direito à liberdade ("Responsabilidade penal", *A Responsabilidade no Direito*, p. 58). Cabe também nesse sentido a transcrição de Ricardo Antunes Andreucci: "Conclui-se que, para que se possa falar de dimensão humana no Direito Penal, com efetividade, deve-se levá-la até o interior da estrutura jurídica do crime, mas sem que se termine com o imprescindível labor dogmático. E este enquistamento deverá ser feito, apesar de se saber que as categorias formais da tipicidade, antijuridicidade e culpabilidade serão afetadas como momentos inter-relacionados que são de um processo unitário e derivado da abstração. A porta para o mundo, para a vida e para a existência está na culpabilidade, que até aqui apareceu flutuando, para usar as expressões de Quintano Ripollés, como uma enteléquia desumanizante, freqüentemente aceita restritivamente como vínculo psíquico que une o agente ao resultado" ("Dimensão humana e direito penal", *Ciência Penal* 2/211).

44. Michèle-Laure Rassat, *Procédure Pénale*, p. 304.

45. Giovanni Leone destaca trecho da ata da 1ª subcomissão para a Constituição italiana de 1948 em que se sustentava ser incompatível com o estado de acusado o estado de não culpável. Tratava-se de verdadeira contradição lógica (*Tratado de Derecho Procesal Penal*, cit., p. 464, nota 49). Apesar das discussões, aprovou-se texto com formulação na qual não se reproduzia nem a presunção de inocência, nem a presunção de culpabilidade, apenas se constatava conseqüência lógica do processo, ou seja, "l'imputato non è considerato colpevole sino alla condanna definitiva".

Também Manzini expõe a opinião de que a admissão da presunção de inocência é irracional, constituindo até um paradoxo. As normas processuais penais, segundo Manzini,

## PRESUNÇÃO DE INOCÊNCIA 85

contexto de processo penal voltado à declaração de certeza da existência do fato concreto e das conseqüências jurídicas subseqüentes. Tal entendimento representa o pensamento da escola técnico-jurídica. Manzini, um de seus expoentes, firma o entendimento de que a tutela da inocência, simultânea à tutela do interesse social de repressão da delinqüência, mais a garantia de exclusão do erro e da arbitrariedade, conforme a sistemática francesa, confunde a finalidade do processo com os meios para atingi-la. É conforme a ordem normal das coisas, diz Manzini, que se presumem o fundamento da imputação e a verdade da decisão e não ao contrário.[46]

Assinala Antonio Magalhães Gomes Filho que o texto da Constituição italiana consagrou um artifício verbal de modo a não solucionar antagonismos entre as diversas formas de conceber o processo penal. Aquela Constituição limitou-se a declarar que o imputado não será considerado culpável senão após firme decisão definitiva. Assim, de um lado, a presunção de inocência pôde ser interpretada como proclamação política, sem repercussão no processo penal. Sob outro ponto de vista, concebeu-se a presunção de inocência como valor meramente programático, considerando-se-a, no processo penal, na disciplina das provas ou como orientação para a interpretação.[47]

Bettiol defendeu a presunção de inocência como postulado político do processo penal moderno, conquista da liberdade contra a opressão. Mesmo que não se possa falar em presunção no sentido técnico estrito, pois o processo penal se inicia necessariamente com indícios contra o imputado, pode-se traduzir a presunção de inocência como "idéia-força", expressão da idéia de inocência durante todo o processo penal.[48]

---

tutelam prevalentemente o interesse social de realizar a pretensão punitiva do Estado contra o imputado e não o interesse de chegar à proclamação de inocência do inculpado. O interesse relativo à liberdade sobrevém como conseqüência da tutela do interesse de repressão à delinqüência. É garantia que não se põe no mesmo plano da função de realizar a pretensão punitiva. Admitir-se a presunção de inocência, para Manzini, implicaria em se admitir que a experiência histórica coletiva ensina que a maior parte dos imputados é inocente (*Tratado de Derecho Procesal Penal*, cit., pp. 253 e 254).

46. *Tratado de Derecho Procesal Penal*, cit., p. 252.

47. *Presunção de Inocência...*, cit., p. 26.

48. *Instituições de Direito e Processo Penal*, p. 214. Conforme Bettiol: "Se no processo penal vigorasse uma autêntica presunção de inocência do arguido é manifesto que sobre o órgão da acusação impenderia um ónus da prova de carácter formal; consequentemente, sempre que o ministério público permanecesse inactivo, deveria o juiz absolver o arguido, dada a presunção de inocência que a favor deste militaria. Tal porém não se dá. Devendo o juiz procurar, com todos os meios, a verdade dos factos, sem

86 A TUTELA DA LIBERDADE NO PROCESSO PENAL

Na teoria do garantismo penal, desenvolvida por Luigi Ferrajoli, a presunção de inocência é um corolário lógico da garantia jurisdicional. Enquanto não se produzir prova mediante atividade jurisdicional regular (com acusação submetida à prova e ao contraditório), não se pode considerar o delito cometido e o acusado culpado.[49]

O sistema processual italiano, instaurado a partir da reforma de 22 de setembro de 1988, aboliu a prisão obrigatória. A necessidade de prisão deve ser sempre fundamentada pelo magistrado (art. 292),[50] mas é cabível quando presentes graves indícios de culpabilidade.[51]

Contudo, o Código de Processo Penal italiano, examinado com modificações realizadas até 1º de junho de 1992, impõe no art. 275, n. 3, para algumas figuras típicas (delitos cometidos em razão de terrorismo, com intenção de subverter o ordenamento constitucional e outros), a necessidade de prisão cautelar do suspeito salvo se houver elementos positivos a partir dos quais se possa entender desnecessária a exigência cautelar. Instaurou-se regime de imposição de dever de encarceramento cautelar – podendo-se falar, até, em uma presunção *iuris tantum* de periculosidade mitigada –, só afastada quando, no caso concreto, por decisão motivada do juiz. A motivação da decisão do magistrado é imposta ao contrário, ou seja, ela é exigida quando não aplicada a prisão cautelar obrigatória.

---

ficar limitado por quaisquer presunções contra ou a favor do arguido, pode sempre substituir-se à actividade do ministério público para provar que o crime foi efectivamente cometido, ou à actividade do arguido para provar o contrário. Se não há no processo penal um ónus da prova em sentido formal, ele existe todavia mas em *sentido material*. Tal ónus encontra a sua razão de ser nos *limites intelectuais* de toda a *investigação jurídica*, a judicial incluída, já que o juiz pode, em dado momento e apesar de toda a sua vontade e esforço, defrontar um insanável estado de dúvida em relação à existência de qualquer facto com relevo penal. Se é verdade que só um juízo de certeza sobre a existência de um facto pode justificar uma decisão de um magistrado, como deverá este decidir quando o facto permanece inelutavelmente *incerto* ?" (*Instituições de Direito e Processo Penal*, cit., p. 298 – observada a grafia original).

49. *Derecho y Razón*, p. 549.

50. Cf. Gian Domenico Pisapia, *Lineamenti del Nuovo Processo Penale*, pp. 75-79.

51. Cf. art. 273 do CPP Italiano. Esse artigo sofreu alteração pela Lei n. 63 de 1º de março de 2001, para atender à reforma do art. 111 da Constituição na parte que prevê a regra da exclusão, para inutilizar provas ilícitas. Assim, incorporaram-se ao art. 273 cláusulas de impedimento de utilização de algumas provas para servirem como fundamento da medida cautelar. Foi afastada a utilização de provas ofertadas por co-autor ou por pessoa acusada em processo conexo. Também não devem ser utilizados testemunhos de pessoas que não indicarem as fontes de conhecimento do fato criminoso. Não são admitidas, outrossim, provas exclusivamente dadas por declarações de membros da polícia. Também existe limitação quanto à utilização da interceptação telefônica.

PRESUNÇÃO DE INOCÊNCIA 87

Comentando o art. 275 do CPP italiano, Davide Shellino afirma que o juiz exercita o poder cautelar constritivo de liberdade só após o impulso dado pelo Ministério Público, e para contrariá-lo, precisa motivar sua decisão. Na sistemática introduzida para crimes graves, prepondera o interesse de restrição da liberdade sobre o interesse de liberdade, uma vez que a argüição de eventual nulidade ou a contraditoriedade só será possível em sede de impugnação. A assertiva é feita, ainda, levando-se em consideração que a decisão pela restrição da liberdade depende muito da opção adotada pelo Ministério Público, que seleciona discricionariamente os casos em que entende necessária a prisão cautelar. Na prática, o juiz simplesmente homologa a prisão sustentada pelo Ministério Público, pois o juiz do "tribunal da liberdade" não conhece as investigações.[52]

A legislação italiana vem sofrendo contínuas modificações no que se refere à prisão cautelar. A cada tentativa de modificação da legislação, no sentido de se fazer prevalecer a liberdade, sobrevêm normas coibidoras dos interesses libertários. Foi assim que, em resposta à soltura, antes de julgamento, de vários suspeitos da morte de menina de dois anos em tiroteio numa floricultura de Nápoles, episódio possivelmente ligado a grupos mafiosos rivais,[53] o governo italiano editou um decreto no dia 23 de novembro de 2000, intitulado "Disposizioni Urgenti per l'Efficacia e l'Efficienza dell'Amministrazione della Giustizia", para dobrar os períodos máximos de prisão cautelar previstos no art. 303 do CPP italiano. O próprio art. 275 acima comentado foi modificado para prever a identificação eletrônica do suspeito nos casos de prisão domiciliar aplicada em substituição à prisão cautelar.[54]

O estado de inocência, no direito italiano, parece não ter ligação com a preservação dos direitos fundamentais do acusado. Isto porque o devido processo legal, tal como introduzido na Constituição italiana (por recente emenda datada de 23 de novembro de 1999[55]), é entendido a partir do contraditório e da paridade de armas

---

52. *Commento al Codice di Procedura Penale*, p. 127.

53. Cf. Alessandra Stanley: "Insatisfação popular faz com que a Itália reformule o sistema judicial", *The New York Times*, 24.11.2000.

54. Cf. texto consultado no *site* do Ministério da Justiça da Itália, disponível em www.giustizia.it/misc/dl 23-11-00.htm.

55. "Legge Constituzionale 23 novembre 1999 n. 2", *Gazzetta Ufficiale*, n. 300, 23.12.1999.

# 88 A TUTELA DA LIBERDADE NO PROCESSO PENAL

na formação da prova e da legalidade infraconstitucional.[56] O princípio do *giusto processo* pode ser entendido, conforme Raffaele Cantone, como preceito orientador para a atuação do juiz, que deverá evitar prazos e procedimentos que demandem perda de tempo injustificada.[57]

### 2.1.5.3 Direito francês

A garantia do *status libertatis* do acusado, prelecionada na Declaração dos Direitos do Homem e do Cidadão de 1789, publicada na Constituição de 1791, foi desconsiderada nas Constituições subseqüentes.[58] Voltou a ser mencionada no projeto de Constituição francesa rejeitado em 5 de maio de 1946 e foi novamente acolhida no preâmbulo das Constituições de outubro de 1946 e de 1958, como reafirmação das disposições contidas na Declaração de 1789. Contudo, somente após 1958, com o entendimento de que o preâmbulo da Constituição caracterizava direito positivo, sujeito ao controle de constitucionalidade, as prescrições ali contidas passaram a ser entendidas como prescrições jurídicas com força de lei.[59]

A presunção de inocência jamais foi prevista em uma lei penal francesa, apesar dos esforços empreendidos, nesse sentido, pelos filósofos do Iluminismo, influenciados pelo exemplo inglês.[60]

Em janeiro de 1993, a presunção de inocência foi introduzida no Código Civil francês, no art. 9º, reservado ao respeito à vida privada, como direito de personalidade. Leia-se-o: "9.1 al. 1er: Chacun a droit au respect de la présomption d'innocence; al. 2: Lorsqu'une personne est, avant toute condamnation, présentée publiquement

---

56. Leia-se no art. 111 da Constituição italiana: "La giurisdizione si attua mediante il giusto processo regolato dalla legge. Ogni processo si svolge nel contradditorio tra le parti, condizioni di parità, davanti a giudice terzo e imparziale. La legge ne assicura la ragionevole durata (...). Il processo penale è regolato dal principio del contraddittorio nella formazione della prova. La colpevolezza dell'imputato non può essere provata sulla base di dichiarazioni rese da chi, per libera scelta, si è sempre volontariamente sottratto all'interrogatório da parte dell'imputato o del suo difensore".

57. *Il Giusto Processo*, p. 15.

58. A Constituição de 1793 previa a prisão daquele que resistisse a simples detenção. Não chegou a ser aplicada. A partir de 1795 houve claro retrocesso no terreno das garantias individuais. Passou a vigorar o entendimento de que nenhuma liberdade era garantida aos inimigos da liberdade.

59. Jacques Robert, *Libertés...*, cit., pp. 95-100.

60. Michèle-Laure Rassat, *Procédure Pénale*, cit., p. 300.

PRESUNÇÃO DE INOCÊNCIA 89

comme étant coupable de faits faisant l'objet d'une enquête ou d'une instruction judiciaire, le juge peut, même en référé, ordonner l'insertion d'une rectification ou la diffusion d'un communiqué aux fins de faire cesser l'atteinte à la présomption d'innocence, sans préjudice d'une action en réparation des dommages submis et des autres mesures qui peuvent être prescrites en application du nouveau Code de procédure civile et, aux frais de la personne, physique ou morale, responsable de l'atteinte à la présomption d'innocence".[61]

Recentemente, com vista a restabelecer o sentido histórico da presunção de inocência e a confiança dos cidadãos na instituição do Judiciário, surgiu lei com a finalidade de reforçar, no Código de Processo Penal francês, a proteção da presunção de inocência e dos direitos das vítimas.[62]

A presunção de inocência, nessa lei, é posta como necessária ao processo penal que tem como objeto alcançar a verdade.[63] Deve ser garantida, então, em todas as etapas do processo até decisão sobre a culpabilidade.

Outras regras do processo penal são conseqüência da presunção de inocência, como os direitos de defesa, o contraditório, a proporcionalidade entre as medidas constritivas e a gravidade da acusação, controladas ou autorizadas por autoridade judiciária com competência especial para tutelar a liberdade individual.[64]

---

61. Idem, ibidem, p. 300.

62. Leia-se a exposição de motivos da Lei n. 516, de 15 de junho de 2000: "Les différents principes qui gouvernent notre procédure pénale sont, depuis longtemps reconnus dans le droit positif, et certains d'entre eux figurent même dans différents textes de valeur constitutionelle. Cette reconnaissance est toutefois éparse et parcellaire.

"Par ailleurs, le principe fondamental de la présomption d'innocence est trop souvent bafoué et la confiance des citoyens envers l'institution judiciaire s'en trouve profondément atteinte.

"C'est la raison pour laquele il est apparu indispensable de réaffirmer dans notre droit, de façons claire et expressive, ce principe fondamental et d'en tirer toutes les conséquences nécessaires afin d'assurer qu'il soit pleinement et entièrement respecté" (disponível em http://www.justice.gouv.fr/publicat/protec.htm. Acesso em 17.10.2001).

63. Vem assim redigida no art. 46: "Art. 137. La personne mise en examen, présumée innocente, reste libre. Toutefois, en raison des nécessités de l'instruction ou à titre de mesure de sûreté, elle peut être astreinte à une ou plusieurs obligations du contrôle judiciaire. Lorsque celles-ci se révèlent insuffisantes au regard de ces objectifs, elle peut, à titre exceptionnel, être placée en détention provisoire".

64. A "Lei Guigou", Lei n. 516/2000, traz no art. 48, modificando o art. 137 do CPP, uma nova garantia à liberdade individual ao exigir dupla apreciação jurisdicional para a detenção provisória. As medidas de detenção provisória são confiadas a juiz distinto do juiz da instrução, *juge des libertés et de la détention*, chamado a se manifestar por

# 90 A TUTELA DA LIBERDADE NO PROCESSO PENAL

A lei disciplina – tratando-se, embora, de tema estranho ao objeto do processo penal –, a prevenção, a limitação e a reparação de atentados contra o direito à presunção de inocência da pessoa posta em projeção em razão do processo penal. Essa previsão, considerando a importância da mídia, dos meios de comunicação na sociedade atual, exige balanceamento entre os direitos individuais, a liberdade de expressão e o direito à informação.[65]

## 2.1.5.4 Direito alemão

Na Lei Fundamental da República Federal Alemã, os direitos fundamentais têm força de lei. Aplicam-se, pois, diretamente aos Poderes Legislativo, Executivo e Judiciário (art. 1º, n. 3).[66] Vincula-se o Poder Legislativo diretamente à Constituição. Os Poderes Executivo e Judiciário obedecem à lei e ao direito (art. 20, n. 3).

Dispõe o art. 1º, n. 1, que a dignidade do homem é inviolável. É dever da autoridade pública protegê-la.

Está no art. 2º da Lei Fundamental da República Federal Alemã que a liberdade é inviolável e só poderá ser restringida com base em lei. No art. 19, encontram-se limitações às restrições de direitos fundamentais pela lei. Toda restrição de direito fundamental deverá ser genérica e não limitada a um caso particular. A lei que restringe direitos fundamentais deverá, ainda, indicar o direito restringido e o artigo da Constituição que o prevê. Nenhum direito fundamental poderá ser violado na sua essência. O art. 104 da Lei Fundamental alemã estabelece restrição à limitação da liberdade individual. Esta só poderá ser limitada com fundamento em lei e desde que respeitadas as formas prescritas. Garante-se, no caso concreto, o direito de resistên-

---

decisão do juiz de instrução. O Ministério Público não pode, de ofício e sem passar pelo juiz de instrução, pedir a prisão diretamente ao juiz da liberdade. Tanto o pedido de detenção provisória, como o pedido de liberdade são endereçados ao juiz de instrução, nunca diretamente ao da detenção provisória. Decorre dessa sistemática que a decisão pela detenção ou sua manutenção passa sempre por dois magistrados. A decisão pela liberdade pode ser proferida pelo juiz da instrução, ou na hipótese de recusa, pelo da detenção. Conforme o artigo 52 haverá contraditório com advogado e acusado antes da decisão.

65. Há um projeto em fase final de aprovação esvaziando a "Lei Guigou". O juiz da instrução não poderá, sem motivos, rejeitar o pedido de prisão do Ministério Público (motivação ao contrário como na legislação italiana).

66. Lei Fundamental da República Federal da Alemanha, promulgada pelo Conselho Parlamentar em 23 de maio de 1949 (Bonn, Departamento de Imprensa e Informação do Governo Federal, 1986).

PRESUNÇÃO DE INOCÊNCIA 91

cia. Leia-se a disposição: "Não havendo outra alternativa, todos os alemães têm o direito de resistir contra quem tentar subverter essa ordem" (art. 20, n. 4).

A presunção de inocência não está prevista na Lei Fundamental, mas encontra na Convenção Européia, no art. 6º, n. 2,[67] fundamento para aplicação no direito interno. Como a Corte Constitucional reconheceu à Convenção *status* hierárquico superior ao reconhecido às leis ordinárias, impõe-se a aplicação da Convenção a todas autoridades alemãs.[68]

Na doutrina alemã, o *in dubio pro reo* deriva da presunção de inocência garantida na Convenção Européia, apresentando-se como regra probatória em conexão com o princípio da culpabilidade e da livre convicção do magistrado.[69]

No direito alemão, a presunção de inocência é posta como presunção de não culpabilidade (*Unschuldsvermutung*). Não existe punição sem verificação de culpabilidade no momento em que praticada a ação criminosa.[70] A preservação do estado de inocência diz com a culpabilidade, necessariamente apreciada em momento subseqüente à verificação da materialidade do delito.

A inviolabilidade dos direitos de personalidade também é considerada no quadro dos direitos de liberdade (art. 2º, n. 1). Assim, a presunção de não culpabilidade é analisada no sentido de serem garantidos direitos de personalidade do acusado, inclusive frente à liberdade de informação. Antes do julgamento, observa-se a presunção de não culpabilidade, preservando-se a imagem, a identidade e evitando-se qualquer outro meio de exposição do acusado.[71]

Afirma Paulo Bonavides que a liberdade e a igualdade no direito alemão têm sentido próprio. Não são consideradas como meros direitos individuais que asseguram tratamento igual e uniforme entre os indivíduos e o Estado. Na doutrina e na jurisprudência do

---

67. Leia-se-o artigo 6º, n. 2, da Convenção Européia dos Direitos do Homem: "Qualquer pessoa acusada de uma infração presume-se inocente enquanto a sua culpabilidade não tiver sido legalmente provada".

68. Cf. Heike Jung, "Le procès pénal en République Fédérale d'Allemagne", *Procès Pénal et Droit de l'Homme vers une Conscience Européene*, p. 112.

69. Cf. Enrique Bacigalupo, *Presunción de Inocencia...*, cit., p. 77.

70. Leia-se o art. 103, n. 2, da Lei Fundamental da República Federal da Alemanha: "Uma ação só pode ser punida se a culpabilidade tiver sido definida antes de praticada a ação".

71. Cf. Claus Roxin, *Strafverfahrensrecht*, cit., p. 93.

92 A TUTELA DA LIBERDADE NO PROCESSO PENAL

constitucionalismo alemão, a liberdade e a igualdade assumem dimensão objetiva de garantia contra atos arbitrários do Estado.[72]

De acordo com a cláusula da proporcionalidade, deduzida dos arts. 20 e 28 da Lei Fundamental, qualquer restrição à liberdade, necessária à satisfação do interesse público, deverá ser proporcional ao interesse em questão e o menos restritiva possível.

Há no Código de Processo Penal alemão disposições que asseguram direitos que impedem a auto-incriminação. Na maior parte dos Códigos de Polícia existe proibição quanto à coação em interrogatórios.[73]

No dizer de Hassemer, a presunção de inocência é pilar fundamental do processo penal alemão.[74]

Note-se, no entanto, que a partir de 1975, com a reforma processual que implantou a despenalização processual e outras reformas, impostas por razões de segurança e de Estado, ligadas ao Estado-providência, o equilíbrio de forças no processo penal ficou desestruturado e a situação do acusado ficou desfavorecida. O juiz de instrução foi abolido, pois não exercia controle efetivo sobre a investigação. A autonomia do Ministério Público foi reforçada. Há consciência da necessidade de se fazer reforçar os direitos de defesa, delimitar a restrição de direitos do acusado em concreto e de se prever remédios processuais para a tutela de direitos individuais.[75]

### 2.1.5.5 Direito português

No direito português, a validade das leis e dos atos do Estado depende da conformidade à Constituição (art. 3º, n. 3).[76] Os preceitos constitucionais respeitantes aos direitos, liberdades e garantias vinculam, diretamente, as entidades públicas e privadas (art. 18, n. 1). Restringir-se-ão direitos, liberdades e garantias nos casos expressamente previstos na Constituição, no limite necessário, respeitando-se sempre outros direitos ou interesses constitucionalmente protegidos (art. 18, n. 2). As leis restritivas de direitos, liberdades e ga-

---

72. *Curso de Direito Constitucional*, 4ª ed., p. 48.

73. Cf. Winfried Burger, "My Government ever uses torture? Two responses from German law", *The American Journal of Comparative Law*, vol. XLVIII, n. 4, p. 661.

74. *Fundamentos del Derecho Penal*, p. 198.

75. Cf. Heike Jung, "Les procès pénal en République Fédérale d'Allemagne", cit., p. 113.

76. Utiliza-se cópia da Constituição disponível no *site* da Presidência da República Portuguesa em: http://belem.presidenciarepublica.pt/. Acesso em 17.10.2001.

PRESUNÇÃO DE INOCÊNCIA 93

rantias devem ter caráter geral e abstrato. Não podem ter efeito retroativo e devem deixar intocado o conteúdo essencial dos preceitos constitucionais.

Há, na Constituição portuguesa, regulamentação para o exercício dos direitos, garantias e liberdades individuais. Concretamente, ninguém pode ser privado de sua liberdade, total ou parcialmente, senão por sentença condenatória irrecorrível. A própria Constituição restringe o direito de liberdade, prevendo hipóteses em que pode ser limitado seu exercício (art. 27, n. 3).[77]

Para a defesa de direitos, liberdades e garantias pessoais, a lei deve assegurar procedimentos judiciais rápidos, com prioridade de julgamento, de modo a impedir, efetivamente e em tempo útil, a ameaça ou a violação desses direitos (art. 20, n. 5).

Quando não for possível recorrer à autoridade, há, ainda, na Constituição portuguesa, previsão expressa quanto ao direito de resistência. Leia-se: "Todos têm o direito de resistir a qualquer ordem que ofenda os seus direitos, liberdades e garantias e de repelir pela força qualquer agressão pública" (art. 21).

A presunção de inocência vem, textualmente, prevista no art. 32 da Constituição portuguesa: "Todo o arguído se presume inocente até ao trânsito em julgado da sentença de condenação, devendo ser julgado no mais curto prazo compatível com as garantias de defesa".

---

77. Leia-se definição de restrição dos direitos fundamentais ofertada por Jorge Miranda: "A restrição tem a ver com o direito em si, com a sua extensão objectiva; o *limite ao exercício de direitos* contende com a sua manifestação, com o modo de se exteriorizar através da prática do seu titular. A restrição afecta certo direito, envolvendo a sua compreensão ou, doutro prisma, a amputação de faculdades que *a priori* estariam nele compreendidas; o limite não se reporta a este ou àquele direito, mas às condições gerais a que estão sujeitos quaisquer direitos.

"O limite pode desembocar ou traduzir-se qualificadamente em *condicionamento*, ou seja, num requisito de natureza cautelar de que se fez depender o exercício de algum direito (*v. g.*, exigência de participação prévia ou caução). O condicionamento não reduz o âmbito do direito, apenas implica uma disciplina ou uma limitação da margem de liberdade do seu exercício).

"Uma coisa é a *regulamentação* (preenchimento ou desenvolvimento legislativo ou, porventura, convencional do conteúdo do direito), outra coisa a *restrição* (diminuição ou compreensão desse conteúdo). Uma coisa é regulamentar, por razões de certeza jurídica, de clarificação ou de traçar fronteiras entre direitos; outra coisa é restringir com vista a certos e determinados objectivos constitucionais. A regulamentação pode conduzir à ampliação dos direitos, nunca pode reverter, sob pena de desvio de poder legislativo, em restrição" (verbete "Restrição de direitos", *Polis – Enciclopédia Verbo da Sociedade e do Estado*, vol. 5, p. 518 – observada a grafia original).

94    A TUTELA DA LIBERDADE NO PROCESSO PENAL

Conforme Anabela Miranda Rodrigues, a observação de valores constitucionais é pressuposto de qualquer restrição a direito fundamental, verdadeiro limite inclusive ao legislador ordinário. Qualquer restrição à liberdade, viabilizada pela lei, deve ter como fundamento a Constituição, garantindo-se a eficácia dos direitos e garantias individuais e preservando-se o conteúdo essencial de cada preceito por um critério de proporcionalidade, analisado sempre em favor do direito de liberdade.[78]

Assinala Manuel Cavaleiro de Ferreira que, no direito português, mesmo na vigência do processo inquisitório, a maior parte da doutrina entendia ser a defesa intrínseca ao próprio espírito do processo penal. Ainda que não houvesse um processo penal de partes, na substância, defesa e acusação deveriam ser assumidas pelo próprio juiz. Assim, desde o início do processo, considerava se contestada a acusação, mesmo que ficta, ou seja, presumida como feita. Daí, a justificação simbólica da presunção de inocência.[79] A contestação real era a efetivamente produzida pelo réu. A contestação ficta era inexistente na realidade, mas abstratamente considerada. Figueiredo Dias assinala que não se pode sustentar a presunção de inocência como inversão do ônus da prova que recairia, no processo penal, por inteiro sobre a acusação. Esse entendimento representaria uma arbitrária transposição de institutos do processo civil para o processo penal. Defendendo a idéia de que o Ministério Público não é parte porque não possui um interesse, necessariamente, contraposto ao do argüido, Figueiredo Dias afirma que a absolvição por falta de provas, em casos de dúvida quanto à prática de crime, não é conseqüência de ônus da prova, mas, sim, incidência do princípio do *in dubio pro reo*. Aplica-se o princípio, então, não só aos elementos fundamentadores de incriminação e agravantes, mas às causas de exclusão da ilicitude (não cabe ao réu alegá-las e prová-las). Ainda conforme seu entendimento, o conteúdo do *in dubio pro reo* tem especificidade, quando considerado à luz do princípio da investigação, no qual uma dúvida na questão da prova não pode desfavorecer a posição do acusado. O dever de decidir do magistrado não pode subverter a necessidade de julgar em conformidade com a verdade material e, por conseqüência, desproteger o acusado. A presunção de inocência,

---

78. "A posição jurídica do recluso na execução da pena privativa de liberdade: seu fundamento e âmbito", *Suplemento ao Boletim da Faculdade de Direito da Universidade de Coimbra* 23/175-178, Separata.

79. *Curso de Processo Penal*, vol. 1º, pp. 191-193.

# PRESUNÇÃO DE INOCÊNCIA

como equivalente do *in dubio pro reo*, é, segundo esse autor, um princípio fundamental do processo penal em qualquer Estado de Direito.[80] Germano Marques da Silva informa que há contínua profusão de escritos sobre processo criminal em Portugal, em grande parte no que se refere aos valores fundamentais da pessoa humana em correspondência ao dever dos órgãos públicos de respeitá-los. Acontece, também em Portugal, que os debates em audiência se limitam à discussão sobre as provas recolhidas das fases preliminares do procedimento, sem que a defesa procure por sua iniciativa acrescentar novos elementos probatórios. Esse estado de coisas ocorre, em sua opinião, porque o sistema processual penal português, recentemente modificado, conciliava a estrutura acusatória do processo e princípio da investigação judicial e incorporava uma defesa de estrutura oficiosa e deficiente. A situação do processo penal português agravava-se, ainda, pela prática procedimental penal, dominada pela idéia de que se deve procurar no processo, a todo custo, a verdade material para a realização da justiça em vez de procurar resolver conflitos sociais e restabelecer a paz. Nesse contexto, a presunção de inocência, na vertente do *in dubio pro reo*, era proclamada como princípio fundamental do processo penal, utilizado para evitar graves injustiças. Anota mais o escritor referido que as autoridades judiciárias estão ainda dominadas pelo pensamento de que a presunção de inocência se identifica com o formal *in dubio pro reo* em matéria de prova e que o direito de defesa se reduz ao direito de discutir a prova obtida pela polícia, tudo isso, ainda, exclusivamente nas fases procedimentais estabelecidas em lei. O autor fez parte de projeto de reforma do Código Processual português, realizado por Comissão de Reforma em 1998 e em vigor desde o dia 1º de janeiro de 1999. A nova codificação modifica o processo penal português de forma que se garanta a liberdade frente às perseguições criminais no Estado moderno, consideradas por ele "autônomas, poderosas e sofisticadas". No novo Código, o inquérito continua secreto, inclusive para o argüido e seu advogado; reforça-se a autonomia do ministério público e deixa-se ao juiz a função de garantir juridicamente direitos dos cidadãos.[81] Não se incorporou à sistemática processual qualquer remédio efetivo contra erros e abusos de poder, razão pela qual essa função específica do

---

80. *Direito Processual Penal*, pp. 213-215.

81. "O processo penal português e a Convenção Européia dos Direitos do Homem", *Revista CEJ (Centro de Estudos Judiciários do Conselho da Justiça Federal)* 7/87 e 91.

96 A TUTELA DA LIBERDADE NO PROCESSO PENAL

Poder Judiciário é mitigada. Note-se que, embora o *habeas corpus* esteja previsto no ordenamento jurídico português, seu cabimento é limitado à apreciação da legalidade ou ilegalidade da prisão.

Em monografia sobre a presunção de inocência no direito português, Alexandra Villela, após desenvolver os diversos pontos de vista que se tem sobre o instituto, conclui que, em Portugal, a presunção de inocência é vista, fundamentalmente, como regra probatória.[82]

### 2.1.5.6 Direito espanhol

Está disposto na Constituição espanhola que cidadãos e Poderes Públicos estão subordinados a ela e ao ordenamento jurídico como um todo (art. 9º, n. 1).[83] Garantem-se o princípio da legalidade, a hierarquia normativa, a publicidade das normas, a irretroatividade das disposições sancionadoras não favoráveis à liberdade individual ou restritivas de direitos individuais, a segurança jurídica, a responsabilidade e a proibição de arbitrariedade por parte dos Poderes Públicos (art. 9º, n. 3). Só por lei, regular-se-ão o exercício dos direitos e liberdades, devendo-se respeitar seus conteúdos essenciais (art. 53, n. 1).

O art. 24, n. 2, da Constituição espanhola, dispõe que todos têm o direito a usar os meios de prova pertinentes para sua defesa, a não declarar contra si mesmo e não confessar a culpa e à presunção de inocência: "(...) todos tienen derecho al juez ordinario predeterminado por la ley, a la defensa y a la asistencia de letrado, a ser informados de la acusación formulada contra ellos, a un proceso sin dilaciones indebidas y con todas las garantías, a utilizar los medios de prueba pertinentes para la defensa, a no declarar contra sí mismos, a no confesarse culpables y a la presunción de inocencia". Está no art. 1º a consagração do estado natural de liberdade: "1. España se constituye en un Estado social y democrático de Derecho, que propugna como valores superiores de su ordenamiento jurídico la libertad, la justicia, la igualdad y el pluralismo político".

A presunção de inocência foi introduzida pela primeira vez no ordenamento jurídico espanhol por meio da Constituição de 1978.

---

82. *Considerações Acerca da Presunção de Inocência em Direito Processual Penal*, p. 71.

83. Constituição espanhola disponível em: http://www.direito.adv.br/constitu.htm. Acesso em 15.10.2001.

# PRESUNÇÃO DE INOCÊNCIA

Antes, nenhuma Constituição ou legislação processual contemplava o instituto.[84]

Consagrada em cláusula constitucional, a presunção de inocência deixou de ser considerada como princípio geral do direito, decorrente do *in dubio pro reo*, para ser compreendida como direito fundamental, de aplicação imediata, perante todos os Poderes Públicos. Foi esse o sentido da Decisão n. 31/1981, do Tribunal Constitucional.[85]

É importante constatar que as decisões do Tribunal Constitucional espanhol, sobre a incidência da presunção de inocência, foram dimensionadas para um ordenamento jurídico que não consagra, de forma absoluta, o princípio do *nulla poena sine judicium*. A existência de um poder sancionatório da Administração, autônomo, fora da delimitação processual penal, levou o Tribunal Constitucional a interpretar de forma finalista o preceito do art. 24 da Constituição espanhola. Sendo assim, por conseqüência, a presunção de inocência serve, no direito espanhol, a preservar valores essenciais ligados à preservação do estado de liberdade da pessoa perseguida, seja na forma administrativa, seja por meio do processo penal. O instituto funciona como ponte entre o processo penal e o direito sancionador administrativo, de forma a assegurar que garantias próprias do processo penal sejam incorporadas à técnica administrativa sancionatória.[86]

Adverte Enrique Bacigalupo que a compreensão da presunção de inocência ora como princípio dirigido ao juiz, ligado ao *in dubio pro reo*, ao qual não se integra preceito substancial algum, ora como regra processual, tem relevância para a admissibilidade do controle de constitucionalidade dos atos considerados arbitrários no direito espanhol. A compreensão restritiva da presunção de inocência excluiria a possibilidade de revisão da aplicação pelo juiz do *in dubio pro reo*, máxima subjetiva ligada à livre convicção do magistrado e, portanto, não passível de ser objeto de controle. Já a presunção de inocência, direito fundamental conexo à prova, ao princípio da culpabilidade e à livre convicção do magistrado, pode ser objeto de tutela constitucional mediante o "amparo constitucional" (remédio processual no direito espanhol). Significa dizer que questões de fato, relativas à prova, que influenciam a convicção do magistrado, poderão ser anali-

---

84. Cf. Miguel Angel Montañés Pardo, *La Presunción de Inocencia – Análisis Doctrinal y Jurisprudencial*, p. 34.

85. Idem, ibidem.

86. Cf. Eduardo García de Enterría, *La Constitución como Norma y el Tribunal Constitucional*, pp. 248-257.

98 A TUTELA DA LIBERDADE NO PROCESSO PENAL

sadas no recurso constitucional, pois estarão diretamente relacionadas à aplicação do direito objetivo.[87]

A presunção de inocência é concebida no direito espanhol em três dimensões: como garantia básica do processo penal, como regra de tratamento do acusado e como regra probatória.[88] Como direito fundamental, tem cabimento e efeitos na elaboração legislativa, na atividade administrativa (procedimentos sancionatórios, disciplinares, regulamentos de polícia) e na atividade jurisdicional.[89]

Conforme Miguel Angel Montañés, a presunção de inocência tem especial significado na matéria relativa às medidas cautelares, pois o instituto serve para reduzir ao máximo a utilização de medidas restritivas de direitos no processo penal. Tal entendimento veio reforçado pelas Recomendações de Toledo, adotadas em 1995 pela Associação Internacional de Direito Penal. Nessa reunião, recomendou-se que as medidas cautelares deveriam cumprir o requisito de proporcionalidade e que a prisão provisória deveria ser subsidiária, sustentada por indícios de culpabilidade e ter duração inferior à pena cabível.[90]

Assinala Aury Celso Lima Lopes Júnior que a construção das medidas cautelares pessoais, no sistema processual espanhol, parte do respeito ao direito de liberdade. A restrição da liberdade é sempre excepcional e não automática. Está sempre condicionada ao caso concreto, à proporcionalidade e à finalidade que persegue. Há necessidade de equilíbrio entre as medidas coercitivas utilizadas pelo Estado na persecução penal e os direitos e garantias individuais asseguradas na Constituição. Assevera, ainda, Aury Celso Lima que as últimas alterações legislativas foram feitas em 1995, com a entrada em vigor da *Ley del Tribunal del Jurado*. Tal legislação, contudo, não modificou, expressivamente, o sistema processual anterior. Confor-

---

87. "Presunción de inocencia, *in dubio pro reo* y recurso de casación", *Derechos Fundamentales y Justicia Penal*, p. 77. Explica, ainda o autor, que existem decisões do Tribunal Constitucional (126/1986) limitando a presunção de inocência, excluindo-a do controle de constitucionalidade. Não existe, portanto, posicionamento pacífico sobre a matéria no direito espanhol. Nesse particular, esclarece Jose Luis Vazquez Sotelo que a Lei Orgânica do Tribunal Constitucional proibiu análise exaustiva da prova no amparo constitucional (*Presunción de Inocencia del Imputado e Intima Convicción del Tribunal (Estudio sobre la Utilización del Imputado como Fuente de Prueba en el Proceso Penal Español)*, p. 293).

88. Montañés Pardo, *La Presunción...*, cit., p. 38.

89. Jose Luis Vazquez Sotelo, *Presunción de Inocencia...*, pp. 298-299.

90. Montañés Pardo, ob. cit., p. 40.

## PRESUNÇÃO DE INOCÊNCIA

me seu entendimento, a lei espanhola apresenta mecanismos excessivamente rígidos e estigmatizantes, nos quais não se vê amparada a garantia da presunção constitucional de inocência. Prepondera no sistema espanhol, no geral, o direito estatal de perseguir e punir sobre os direitos e garantias individuais.[91]

Conforme Antonio Maria Lorca Navarrete, a presunção de inocência no processo penal espanhol tem como significado que ninguém será considerado culpado senão mediante condenação definitiva, fundada em provas certas da autoria e materialidade do delito. Tem como corolário o direito de não se declarar contra si mesmo e de não se confessar culpado. Não basta qualquer prova para que se destrua a presunção de inocência, a prova deve se referir a fatos, dados e acontecimentos direta ou substancialmente ligados ao tipo penal infringido. Significa dizer que o reconhecimento da culpabilidade do acusado deve ser obtido após valoração da prova, exclusivamente pelo julgador, conforme sua consciência e íntima convicção e mediante as devidas garantias do processo.[92]

Miguel Angel Montañés Pardo esclarece, por fim, que desde as primeiras decisões do Tribunal Constitucional, a presunção de inocência é assimilada como presunção *iuris tantum*, podendo ser destruída por prova em contrário.

Assim, tecnicamente, a presunção de inocência garante, no direito espanhol, uma "verdade provisória". A receptividade do instituto é mais ampla como regra do juízo, relativa à matéria probatória, do que como regra de tratamento do acusado.[93]

### 2.1.6. Estado de inocência no direito brasileiro

A Constituição de 1988 garante o estado natural de liberdade do acusado e tece minúcias sobre as hipóteses de restrição à liberdade e de prisão processual. Já no Preâmbulo se verifica a importância dada ao tema da liberdade. Transcreva-se: "Nós, representantes do povo brasileiro, reunidos em Assembléia Nacional Constituinte para instituir um Estado Democrático, destinado a assegurar o exercício dos direitos sociais e individuais, a liberdade, a segurança, o bem-estar,

---

91. "Medidas cautelares no direito processual penal espanhol", *Revista AJURIS* 69.
92. *Derecho Procesal Penal*, p. 95.
93. Montañés Pardo, *La presunción...*, cit., p. 44.

100 A TUTELA DA LIBERDADE NO PROCESSO PENAL

o desenvolvimento, a igualdade e a justiça como valores supremos de uma sociedade (...)". Leia-se, a seguir, o *caput* do art. 5º: "Todos são iguais perante a lei, sem distinção de qualquer natureza, garantindo-se aos brasileiros e aos estrangeiros residentes no País a inviolabilidade do direito à vida, à liberdade, à igualdade, à segurança e à propriedade (...)".

Nos incisos LIV e LVII do art. 5º da CF, estão fixadas as garantias do *nulla poena sine iudicio* e da não consideração antecipada da culpabilidade. Transcreva-se: "ninguém será considerado culpado até o trânsito em julgado de sentença penal condenatória" e "ninguém será privado da liberdade e de seus bens sem o devido processo legal". Decorre daí que o estado de liberdade do acusado é garantido até o trânsito em julgado de sentença condenatória e que a liberdade só será restringida durante procedimento persecutório mediante o devido processo legal.

Também como garantia de preservação do estado natural de liberdade do acusado – com fruição de seus direitos fundamentais durante a persecução –, encontra-se a proibição de provas ilícitas, averbada no art. 5º, LVI, da CF: "são inadmissíveis, no processo, as provas obtidas por meios ilícitos". Essa disposição constitucional impede o tratamento do acusado como instrumento ou objeto de prova, com desrespeito a seus direitos fundamentais.

Embora o texto constitucional brasileiro não disponha expressamente sobre a presunção de inocência e a garantia do estado de liberdade no processo penal, tal garantia pode ser inferida da sistemática constitucional. Qualquer dúvida, ainda, sobre a existência de verdadeira presunção de inocência no direito brasileiro foi resolvida com a ratificação pelo Brasil da Convenção Americana de Direitos Humanos de São José da Costa Rica. A Convenção, aprovada em 1969, foi ratificada pelo Decreto n. 678, de 6 de novembro de 1992 . Leia-se a disposição do art. 8º, 2: "Toda pessoa acusada de delito tem direito a que se presuma sua inocência enquanto não se comprove legalmente a sua culpa".

A sistemática do Código de Processo Penal de 1941, no entanto, era inversa, apontava a prisão como o estado natural do acusado em geral, prevendo as hipóteses em que o acusado livrar-se-ia solto. As disposições sobre a prisão preventiva obrigatória sofreram ao longo do tempo diversas modificações. Entre elas, a revogação do art. 312 do CPP, que previa a prisão preventiva forçada pela Lei n. 5.349/ 1967 e a autorização de concessão pelo juiz da liberdade provisória em casos de prisão em flagrante, em que não presentes os pressupos-

# PRESUNÇÃO DE INOCÊNCIA

tos e requisitos da prisão preventiva, introduzida pela Lei n. 6.416/1977.[94]

Antes da Constituição de 1988, doutrina e jurisprudência encarregavam-se de matizar com interpretação mais branda o rigor do Código de Processo Penal no que se referia às medidas cautelares, especialmente com relação à freqüência da utilização da prisão preventiva.[95]

Após a Constituição de 1988, porém, não restam dúvidas quanto ao estado natural de liberdade do acusado no direito processual brasileiro.[96]

Contudo, apesar da nova orientação implantada pela Constituição, a disciplina das liberdades vem sofrendo ataques constantes por parte dos legisladores e dos aplicadores do direito. O fenômeno, já se disse, não é peculiar à situação brasileira, pois corresponde a tendência mundial surgida em resposta à criminalidade organizada[97] e, agora, ao terrorismo.

---

94. Assinala Antônio Magalhães Gomes Filho, com fundamento em Hélio Pereira Bicudo, que tais modificações, na aparência liberalizantes, foram introduzidas mais a título de concessão do Poder Público em resposta ao envolvimento de funcionários da alta hierarquia policial em acusações de homicídio (*Presunção de Inocência e Prisão Cautelar*, cit., p. 62).

95. Em 1981, em prefácio a obra *Liberdade Provisória* de Weber Martins Batista, Frederico Marques manifestou contentamento em ver modificadas por doutrina e jurisprudência as normas rigorosas e draconianas do Código de Processo Penal atinentes às medidas cautelares, com relevo para a prisão preventiva obrigatória.

Hélio Tornaghi, de seu lado, afirmava: "Para resguardar o réu contra a prepotência ou o rigor demasiado, o caminho certo não é o de presumir-se a inocência em todos os casos, sempre, haja o que houver; mas o de considerá-lo sujeito de uma relação jurídica, com direitos subjetivos que lhe permitam defender-se amplamente e exigir do Estado o devido tratamento. Admitida a presunção de inocência, ficariam sem explicação e seriam até incoerentes as providências coercitivas, quer contra a pessoa do réu (busca pessoal, prisão), quer contra os coisas a ele pertencentes (seqüestro, arresto, apreensão, etc.) (*Compêndio de Processo Penal*, vol. III, p. 1.084).

96. Então, após a Constituição de 1988, Frederico Marques mais uma vez se manifestou: "A presunção de inocência decorrente do que está expresso no art. 5º, LVII – e que Vélez Mariconde prefere denominar de estado de inocência – cria para o acusado um *status* especial de respeito à sua liberdade. Não há proibição de medidas cautelares, como a prisão preventiva e a prisão em flagrante, como facilmente se infere do inciso LXI do art. 5º, em que há referências à prisão em flagrante e à prisão por ordem escrita e fundamentada de autoridade judiciária competente. Mas proscrita está a prisão cautelar obrigatória, até mesmo após sentença condenatória recorrível" ("O processo penal na atualidade", *Processo Penal e Constituição Federal*, p. 18).

97. Legislação infraconstitucional tem continuamente contrariado a Constituição. Doutrina e jurisprudência apontam as inconstitucionalidades e interpretam novas e antigas leis a partir da Constituição. São levantadas pela jurisprudência e doutrina, por exemplo, questões sobre a legitimidade das restrições impostas pelas leis dos crimes hediondos

102 A TUTELA DA LIBERDADE NO PROCESSO PENAL

É freqüente, entre os juristas brasileiros, a opinião de que a presunção de inocência é conceito destinado a amenizar o rigor da lei e a garantir ao acusado direitos durante a persecução penal. Pouco afastado do conceito que se lhe dava a doutrina italiana, esse entendimento da presunção de inocência conforma-se à natureza dúbia da fórmula encontrada nas Constituições brasileira e italiana (ninguém será considerado culpado até o trânsito em julgado de sentença penal condenatória). Essa interpretação da norma constitucional impede a aplicação do direito penal material (punição e reconhecimento da culpabilidade) antes de sentença condenatória irrecorrível, mas é insuficiente para garantir o estado de inocência e de liberdade frente às medidas persecutórias de natureza processual.

Antes de ser uma presunção de sentido técnico, a presunção de inocência, nessa acepção, estaria a tutelar o próprio resultado do processo, o direito material a ser afirmado em decisão irrecorrível.[98] Nesse enfoque, a presunção de inocência traduziria, apenas, a impossibilidade de se afirmar precocemente, isto é antes do trânsito em julgado, a existência de fato tido como crime.

Na atualidade, a presunção de inocência tem outro enfoque. É considerada como pressuposto mesmo da persecução penal, verdadeira garantia do cidadão na atividade jurisdicional persecutória, quando interpretada em conjunto com a previsão constitucional de que "ninguém será privado de sua liberdade sem o devido processo le-

---

(tortura, tráfico, terrorismo, falsificação de produtos medicinais), crimes contra a economia popular, sonegação fiscal (Lei n. 8.035/1990 nas hipóteses da Lei n. 9.034/1995) e crimes de lavagem de dinheiro (art. 3º da Lei n. 9.613/1998).

Leia-se a respeito Rogério Lauria Tucci: "Pior do que isso [*referindo-se às medidas provisórias*], todavia, são as sucessivas violações do *due process of law*, especificamente do devido processo penal, em leis infraconstitucionais, dado conterem dispositivos eivados de inconstitucionalidade, como, por exemplo, os arts. 7º, 8º e 9º da Lei 9.034, de 3.5.1995" ("Processo Penal e direitos humanos no Brasil", *Revista dos Tribunais* 755/472).

98. É o que afirma Aury Celso Lima Lopes Júnior: "A dúvida sobre a verdade jurídica exige a intervenção de instituições como a presunção de inocência do imputado até a sentença definitiva; o ônus da prova a cargo da acusação; o princípio *in dubio pro reo*; a absolvição em caso de incerteza sobre a verdade fática e, por outro lado, a analogia *bonam partem* e a interpretação restritiva dos pressupostos típicos penais e extensiva das circunstâncias eximentes e atenuantes" ("O fundamento da existência do processo penal: instrumentalidade garantista", disponível em http://www. ambito-juridico.com, acesso em 20.8.2001). Mas esta afirmativa é discutível. Sérgio Marques de Moraes Pitombo, por exemplo, afirma que "o Juiz não distribui favores, mas, justiça". O que existe no processo penal, diz o autor, não é dúvida, mas o suposto "estado de irresolução transitório, em que se encontra o magistrado, quanto aos fatos: *thema probandi*" ("Pronúncia e o *in dubio pro societate*", cit.).

PRESUNÇÃO DE INOCÊNCIA                                   103

gal".[99] Transcrevam-se, nesse sentido, as conclusões de Antonio Magalhães Gomes Filho: "O que parece mais relevante, quanto a esse ponto, é a constatação de que na atualidade o princípio da presunção de inocência insere-se num quadro mais amplo de garantias, não apenas do cidadão individualmente considerado, mas sobretudo do próprio exercício da atividade jurisdicional; sua aceitação como pressuposto indispensável da persecução penal no moderno Estado de Direito deve objetivar, fundamentalmente, a superação das desigualdades sociais que são naturalmente trazidas para o âmbito do processo, assegurando-se uma efetiva "paridade de armas", sem a qual a dignidade da pessoa humana não estaria preservada".[100]

Firma-se, internacionalmente, a presunção de inocência como verdadeiro sustentáculo da jurisdição penal. O sentido que se lhe dá é mais consistente. Pouco importa a dúvida existente, quanto ao fato e seu autor ou a probabilidade de condenação com fundamento em verdade, precocemente, obtida. A presunção de inocência, de natureza processual, garante a liberdade independentemente da probabilidade de condenação ou do resultado do processo, porque é válida para todas as fases do procedimento até sentença irrecorrível.[101] Insere-se como garantia tanto no contexto do direito material, como no contexto do direito processual, pois é postulado que diz com toda e qualquer medida restritiva de liberdade. Observe-se que, surgindo a notícia da existência de infração penal apurável oficialmente, surge para o Estado, concomitantemente, dever de apurar a materialidade do fato noticiado, sua relação com o possível autor e os demais requisitos que transformariam aquela suposição em crime.

A presunção de inocência é postulado que, junto à verdade material, orienta o processo penal em duas vertentes convergentes: na tutela da liberdade diante da coação penal, impondo a verificação da

---

99. Cf. Antonio Magalhães Gomes Filho, *Presunção de Inocência...*, cit., p. 85.

100. Idem, ibidem.

101. A observação é importante principalmente quando considerada no contexto de um processo de natureza mista, como o processo penal francês firmado no *Code d'Instruction Criminelle*, de 1808. Isto porque, tecnicamente, a presunção de inocência funcionava como contrapeso, na fase acusatória, à atividade investigatória, garantindo-se, assim, a proteção simultânea de dois interesses na essência contrapostos: o de punir e o de liberdade. Note-se que a persecução penal se inicia por um modelo de cascata da verdade, partindo, como hipótese de trabalho, da proposição de que o crime ocorreu. A presunção de inocência contorna a persecução penal à forma acusatória, fazendo com que se instaure a incerteza quanto à prática de crime como proposição. O crime não é uma realidade, mas hipótese provisória, cuja verdade só se alcança ao final do procedimento persecutório.

104 A TUTELA DA LIBERDADE NO PROCESSO PENAL

hipótese de incidência da lei penal, conforme Canuto Mendes de Almeida, e na tutela da liberdade perante as medidas de coação processual, garantindo restrição da liberdade na justa medida, conforme o devido processo legal e respeito aos direitos fundamentais do acusado. Na verdade, a presunção de inocência surge como direito fundamental desvinculado dos diversos graus de intensidade da imputação (suspeito, indiciado, acusado, pronunciado e condenado). É direito fundamental. Vale dentro e fora do processo penal como anteparo a qualquer coação que se pretenda penalmente justificada.

Os dois posicionamentos sobre a presunção de inocência não são contraditórios, pois são considerados no contexto de processo penal de estrutura acusatória, mas com natureza inquisitiva,[102] como o processo penal brasileiro.[103]

---

102. Antonio Manuel de Almeida Costa, referindo-se à aparente contradição, usa o termo "concordância prática" de dois vetores essenciais consubstanciados na procura da verdade material e, paralelamente, no respeito intransigente a direitos, liberdades e garantias dos diversos intervenientes. Sugere, no tocante ao processo penal europeu, uma solução encontrada numa estrutura acusatória, integrada por um princípio de investigação e atribuindo ao acusador o dever de objetividade e procura da verdade material ("Alguns princípios para um direito e processo penais europeus", *Revista Portuguesa de Ciência Criminal* 2).

103. Cf. Rogério Lauria Tucci ("Considerações acerca da inadmissibilidade de uma teoria geral do processo", *Revista do Advogado* 61/97).

# 3
## PROCESSO PENAL:
## SISTEMA DE PROTEÇÃO
## E DE GARANTIAS DA LIBERDADE

*3.1 Sistema Processual Penal: 3.1.1 Noção de sistema; 3.1.2 Sistema do processo penal: 3.1.2.1 Sistema acusatório e sistema inquisitório; 3.1.2.2 Composição entre os dois sistemas processuais penais. 3.1.3 Oficialidade no processo penal brasileiro: 3.1.3.1 Exteriorização da vontade estatal; 3.1.3.2 Vontade estatal e procedimento; 3.1.3.3 Estrita legalidade e presunção de legalidade; 3.1.3.4 Oficialidade no processo penal; 3.1.3.5 Presunção de legalidade e persecução penal. 3.2 Sistema processual penal de proteção e de garantia da liberdade: 3.2.1 Proteção e garantia; 3.2.2 Garantia jurisdicional e tutela jurisdicional; 3.2.3 Jurisdição penal; 3.2.4 Universalização da jurisdição e proteção da liberdade individual na jurisdição penal; 3.2.5 Verdade material: garantia de racionalidade; 3.2.6 Tipicidade dos atos processuais penais: garantia de legalidade; 3.2.7 Tipicidade formal e material no processo penal; 3.2.8 Pressupostos e supostos dos atos processuais; 3.2.9 Tipicidade e complexo de atos processuais: encadeados e não-encadeados; 3.2.10 Tipicidade e coação processual; 3.2.11 Nulidades processuais: garantia de efetividade dos mecanismos de tutela da liberdade; 3.2.12 Ampla defesa: 3.2.12.1 Origem; 3.2.12.2 Defesa: algumas concepções; 3.2.12.3 Indisponibilidade da defesa; 3.2.12.4 A impugnação como garantia de tutela efetiva da liberdade; 3.2.12.5 Indisponibilidade da impugnação "pro libertate". 3.3 Presunção de legalidade e lesão ou ameaça a direitos: um problema de liberdade: 3.3.1 Controle de constitucionalidade da lei e presunção de constitucionalidade; 3.3.2 Presunção de legalidade e dever de tutela jurisdicional da liberdade; 3.3.3 Compatibilidade entre estado de inocência e presunção de legalidade dos atos praticados por servidores públicos no processo penal brasileiro.*

# 106 A TUTELA DA LIBERDADE NO PROCESSO PENAL

## 3.1 Sistema Processual Penal

### 3.1.1 Noção de sistema

Tércio Sampaio Ferraz Júnior[1] afirma que o pensamento sistemático teve configuração básica no século XVII já no sentido em que é hoje empregado. A palavra sistema, após formulação desenvolvida por Christian Wolff, passou a ser utilizada em termos precisos como *nexus veritatum*, ordenado de verdades, que pressupõe a correção e a perfeição formal de uma dedução.

Em 1787, continua Tércio Sampaio Ferraz Júnior, Johan Heinrich Lambert identificou 3 aspectos, que devem ser considerados para a compreensão do conceito de sistema: a) *mecanismo* – partes ligadas uma a outra e dependentes entre si; b) *organismo* – princípio comum que liga partes com outras, numa totalidade; c) *ordenação* – intenção fundamental e geral, capaz de ligar e configurar as partes num todo.

A noção de sistema está, intimamente, ligada à racionalidade, à reflexão sobre os fundamentos de modelo de conhecimento e de decisão.

O sistema de conhecimento clássico (Descartes, Locke, Hume e Kant) procura a demarcação entre conhecimento certo e crença (opinião). É um modelo geral formado por conceitos, proposições, regras, critérios e métodos utilizados para resolver problemas e tomar decisões, por meio de descoberta e construção de provas. A sistematização desses elementos garante conhecimento certo. Isto significa que as decisões obtidas podem ser reproduzidas por qualquer um que o utilize. Trata-se de uma concepção cartesiana do conhecimento, em que inexiste lugar para o provável ou incerto.[2]

No século XIX, o sistema clássico de conhecimento tem desdobramento peculiar. A verdade não é mais ponto de partida, proposição que deve ser testada mediante métodos e provas. A verdade deslocou-se da base do sistema para ocupar lugar no resultado da dinâmica do conhecimento (Duhem). Substituiu-se o modelo de "cascata da verdade" por uma teoria da convergência da verdade. O ponto de partida para o conhecimento é ocupado por hipóteses, bases provisó-

---

1. Cf. Tércio Sampaio Ferraz Júnior, *A Ciência do Direito*, p. 23.
2. José R. Novaes Chiappin, "Racionalidade, decisão, solução de problemas e o programa racionalista", *Revista Ciência e Filosofia* 5/155-165.

PROCESSO PENAL 107

rias, mas a convergência final tem único direcionamento: a verdade. Várias teorias em busca da verdade podem ser utilizadas sistematicamente, sucedendo-se uma às outras. Esse modelo foi utilizado por Popper para a formação de um racionalismo crítico.[3]

A partir de Rudolf Carnap, o racionalismo clássico foi substituído pelo racionalismo moderno. Com a utilização do cálculo das probabilidades,[4] o sistema de conhecimento passou a trabalhar com a incerteza, admitindo-se decisão fundada em "conhecimento incerto". Legitimaram-se decisões com fundamento na crença/opinião.

Tanto a sistemática que busca um conhecimento certo, quanto a sistemática que se conforma com um conhecimento provável, mas incerto, têm em comum o fato de justificarem suas decisões por meio dos procedimentos adotados. Contudo, no primeiro sistema, todas as conexões são necessárias para garantir um resultado certo. No segundo, bastam conexões prováveis, intuídas, para se formar a crença ou opinião.

O importante, nesse tópico, é que fique clara a existência de dois modelos de decisão, um com certeza, outro com incerteza, que dão origem a duas formas de conhecimento, uma racional, outra irracional. A primeira com normas e critérios institucionalizados, a outra sem regras rígidas, mas capacitada a obter os mesmos resultados almejados pela outra.[5]

Fixe-se que racionalidade e verdade são, no dizer de José R. Novaes Chiappin, "valores fundamentais com os quais a maioria dos sistemas de conhecimento está comprometida".[6] O que distingue o racional do irracional, segundo o mesmo autor, não é a positividade lógica, mas o compromisso com a verdade e a certeza da decisão junto a normas e critérios que definam o que é aceitável ou não racionalmente. Preserva-se no entendimento do que é racional a noção de que além de um valor pragmático da sistemática, existe um valor cognitivo. O conhecimento pode se desenvolver por substituições sistemáticas em que cada sistema sucessivo contém o sistema antecedente.

Vários métodos podem ser utilizados, sucessivamente, para compor uma sistemática ideal do conhecimento, mesmo os métodos fun-

---

3. Idem, ibidem, p. 205.
4. Método não dedutivo desenvolvido desde Pascal, Locke, Hume e Leibniz (cf. José R. Novaes Chiappin, ob. cit., p. 173).
5. Idem, ibidem, pp. 208-210.
6. Idem, p. 203.

## 108 A TUTELA DA LIBERDADE NO PROCESSO PENAL

dados em conhecimento provável, desde que integrem uma sistemática maior que faça com que todos convirjam à verdade, à realidade. Nestes termos, o método empírico e o probabilístico não são paralelos ao racional. Manifestam-se como um de seus componentes.[7]

Transposto o raciocínio para o processo penal, verifica-se um modelo de "cascata da verdade" empirista (do particular ao universal) materializado na persecução penal oficial, na comprovação do fato tido como crime. O processo, de seu lado, manifesta-se como um modelo de "cascata da verdade" intelectualista, dada a utilização de elementos normativos, seja do processo, seja do direito penal, que impõem a inocência como proposição inicial. Existe, ainda, um componente irracional quando se prevê a solução das causas penais por meio de negócio jurídico processual. Há, outrossim, modelo probabilístico, em que se antecipam decisões com base em dados da realidade que indicam um acontecimento futuro. É o caso, por exemplo, da suspensão condicional do processo. Todos esses métodos integram a sistemática maior do processo penal, que busca a verdade possível, ou seja, limitada pelos direitos e liberdades.

### 3.1.2 Sistema do processo penal

#### 3.1.2.1 Sistema acusatório e sistema inquisitório

Hélio Tornaghi[8] esclarece que a estrutura externa do processo se apresentou sob três formas diferentes ao longo da história: acusatória, inquisitória e mista. Na primeira, as funções de acusar, defender e julgar eram atribuídas a diferentes órgãos (acusador, defensor e juiz); na segunda, as três funções eram atribuídas a um único órgão; e na mista, em que a instrução é inquisitória e o julgamento é acusatório, existe divisão entre as tarefas de acusador, acusado e juiz, mas a função de acusar é reservada a um órgão do Estado, o Ministério Público.

Na Antiguidade, a forma de processo conhecida foi, preponderantemente, a acusatória. Tomando como exemplo o processo romano, Hélio Tornaghi afirma que, em princípio, a *accusatio* era exercida pelo ofendido ou por seus parentes. Posteriormente, com a compreen-

---

7. Idem, p. 213.
8. *Instituições de Processo Penal*, vol. III, pp. 468 e ss.

PROCESSO PENAL 109

são de que o delito ofendia a coletividade, qualquer pessoa do povo podia exercitar a ação penal. Posteriormente à *accusatio*, tinha lugar um verdadeiro inquérito promovido pelo acusador na presença facultativa do acusado. O processo era verdadeira luta de partes, caracterizado pela presença do contraditório em todos os momentos. Acusador e acusado eram acompanhados de amigos (*comesmis*) que fiscalizavam um os atos do outro. As partes dispunham do conteúdo do processo e o acusado dispunha totalmente do exercício de sua defesa. Apresentava-se como falha do processo penal acusatório, ainda conforme Tornaghi, a impunidade, a possibilidade de falsas acusações, o desamparo dos fracos, a deturpação da verdade, a impossibilidade de julgamento (por ausência de instrução prévia) e a inexeqüibilidade da sentença em alguns casos.[9]

O processo inquisitório, de seu lado, surgiu como complemento do processo acusatório. Embora fossem ambos públicos, coexistiram durante séculos.

Afirma Rogério Lauria Tucci que, paralelamente às *quaestiones*, surgiu a *cognitio extra ordinem*, para reprimir todos os fatos merecedores de punição, que não eram contemplados pelas *leges publicae* e, portanto, não reprimidos pelas *quaestiones*. Em evolução tremendamente complexa, o procedimento das *quaestiones* foi absorvido pelo da *cognitio*, dando lugar a formulação única, prevalentemente inquisitória, gradativamente interposta a partir do primeiro século da era cristã.[10]

Antes da formulação de procedimento para o processo penal, acusatório ou inquisitório, a *coercitio*, poder dos detentores do *imperium* de perseguição penal, era limitada apenas pela *provocatio ad populum*,[11] nos casos de condenação à pena de morte e à multa grave. O poder da *coercitio* era preservado, sem submissão à *provocatio ad populum*, apenas nos casos de absolvição.[12] A *provocatio ad populum* destinava-se a referendar ou a anular a decisão, proferida pelo órgão judicante, funcionando mais como uma "instância de graça"[13] e não como recurso.

---

9. Idem, p. 471.

10. *Lineamentos do Processo Penal Romano*, pp. 85 e 161.

11. A *provocatio ad populum* foi introduzida após a Lei das XII Tábuas, por volta de 450 a.C., como direito fundamental do cidadão de reclamar ao povo a anulação da condenação (cf. Rogério Lauria Tucci, *Lineamentos...*, cit., p. 32).

12. Idem, ibidem, p. 119.

13. Idem, p. 136.

110 A TUTELA DA LIBERDADE NO PROCESSO PENAL

À época das *quaestiones perpetue*, forma procedimental acusatória que predominou na República, as decisões não eram apeláveis, pois fundadas na soberania do povo e decididas por jurados, juízes populares.[14] Parece ter existido, conforme estudo de José Rogério Cruz e Tucci, àquela época, mais exatamente no último século da República, a *restitutio in integrum*, instituto que servia no processo civil para reformar sentenças eivadas de nulidade, viciadas ou contrárias à Constituição romana também no âmbito do processo penal.[15]

Com a *cognitio extra ordinem*, sistema, predominantemente, inquisitório utilizado por funcionários imperiais, o processo tornou-se público e as sentenças, comandos vinculantes. Também a possibilidade da *appellatio* surgiu como forma de reexame das decisões, tendo sido firmada como recurso ordinário estabelecido contra a injustiça de decisões, formalmente, válidas.[16]

Interessante notar que apesar do autoritarismo do direito romano, era proibido ao magistrado cometer atos ilegais. Contra a ordem injusta de autoridade, previa-se o direito de desobediência, exercido por meio de impugnação e visando à nulidade do ato. Por força desse princípio, admitia-se, excepcionalmente, a resistência contra órgãos do Estado.[17] Afirma-se também a existência, além da *appellatio*, das *supplicationes*, instrumentos não estruturados, dirigidos a evocar a proteção do soberano contra ato de magistrado inferior. Tratava-se de remédios que eram dirigidos ao tribunal imperial contra ilegalidades cometidas pelo magistrado. Restringiam-se, na maior parte das vezes, a questões de direito, à declaração do direito a ser aplicável, embora não fosse completamente afastada a possibilidade de exame do mérito.[18]

Conforme Hélio Tornaghi, o sistema inquisitório surgiu para amparar os fracos (vítimas dos poderosos que ficavam impunes), impedir que se atentasse, injustamente, contra a fama de homens de bem e

14. Cf. João Mendes de Almeida Júnior, *O Processo Criminal Brasileiro*, vol. I, p. 43.

15. *Contribuição ao Estudo Histórico do Direito Processual Penal (Direito Romano I)*, p. 13.

16. José Rogério Cruz e Tucci, *Jurisdição e Poder*, p. 39.

17. Attilio Brunialti, *Enciclopedia Giuridica Italiana*, vol. XIV, Parte II, p. 132, verbete "Resistenza individuale". Consulte-se Jacques Verhaegen, sobre a existência de sentenças manifestamente inválidas no direito romano e sobre a faculdade de não obedecê-las, *La Protection Pénale Contre les Excès de Pouvoir et la Résistence Légitime à l'Autorité*, p. 191.

18. Cf. José Rogério Cruz e Tucci, *Jurisdição e Poder*, cit., p. 43.

PROCESSO PENAL                                    111

para possibilitar o bom êxito das investigações (daí o procedimento ser escrito, mas secreto e documentado). O juiz passou no sistema inquisitório a perquirir a verdade a respeito dos fatos, a ouvir testemunhas, a realizar buscas e apreensões, a colher documentos e a determinar perícias.

Afirma Tornaghi que se de um lado, sob a égide do sistema inquisitório, inúmeras atrocidades foram cometidas à época das inquisições, de outro, o Cristianismo por séculos lutou contra os juízos de Deus, os duelos e as superstições que cegavam os povos germanos, pregando a dignidade pessoal e a igualdade entre os homens. Basta como exemplo afirmar que se batiam em duelo não apenas as partes, mas testemunhas e juízes, instigados pelo acusado a fim de questionar testemunhos ou impugnar sentenças consideradas injustas. Essa era forma de justiça corriqueira na Idade Média, época em que a *appellatio* do direito romano caiu em desuso, tendo sido conservada apenas no direito canônico.[19]

No presente, em linhas gerais, o processo acusatório tem como características:[20]

a) a liberdade para acusar;

b) a passividade do juiz frente à colheita de provas; faz-se o juiz mero observador das provas produzidas pelas partes;

c) a publicidade de todo o processo;

d) a paridade de posições entre as partes;

e) a liberdade como princípio, até a sentença irrecorrível.

São elementos que caracterizam o processo inquisitório:[21]

a) a atuação *ex officio* do juiz, responsável ele mesmo pela iniciativa do processo;

b) a liberdade do juiz de recolher e promover a prova que entender pertinente;

c) o processo secreto, tanto para terceiros não envolvidos, como para as partes, especialmente para o acusado, que desconhecia o conteúdo da acusação e não era assistido por advogado;

d) a disparidade entre acusador e acusado no que diz respeito à produção da prova;

---

19. *Instituições...*, cit., vol. IV, p. 211, nota 16.
20. Cf. Giulio Ubertis, *Principi di Procedura Penale Europea. Le Regole del Giusto Processo*, p. 2.
21. Idem, ibidem, p. 4.

112 A TUTELA DA LIBERDADE NO PROCESSO PENAL

e) a previsão da prisão preventiva, o tratamento do acusado como objeto de prova e a utilização de coações físicas e psíquicas para a eficácia do processo.

Importante é fixar que no sistema acusatório, embora se desse maior importância à liberdade do acusado, a defesa assumia a forma de resistência, sem nenhum amparo ou proteção estatal. No sistema inquisitório, embora existisse persecução de ofício, a busca da verdade e a previsão de recursos e fórmulas de anulação de decisões traziam incorporados resistência oficial e direito de resistência individual, excepcional, em oposição a atos ilegais.

Quanto ao procedimento misto, inúmeras podem ser as variações. Contudo, prepondera a preocupação em se equilibrar a inquisitividade própria a toda persecução com os direitos do acusado, direitos de defesa. Daí, a formulação do procedimento na forma acusatória, na segunda fase da persecução, e a previsão de diversos recursos e formas de impugnação, reservadas apenas à proteção e garantia do direito de liberdade.

### 3.1.2.2 Composição entre os dois sistemas processuais penais

António Manuel de Almeida Costa, no contexto do direito português, sintetiza o que se tem considerado no presente como integrante da sistemática processual penal. Procura-se, ali, uma concordância prática entre dois vetores essenciais: a pesquisa da verdade material e o respeito acendrado aos direitos, liberdades e garantias dos intervenientes. A verdade deverá ser procurada sem prejuízo dos direitos fundamentais do acusado. Transcreve-se:

"No presente contexto, todos os elementos apontam no sentido de que o processo penal europeu terá de consubstanciar o ponto de encontro ou 'concordância prática' de dois vetores essenciais: a procura da verdade material e, de outra parte, o respeito intransigente dos direitos, liberdades e garantias dos diversos intervenientes na ação. Por oposição ao velho processo inquisitório, a combinação destes aspectos sintetiza-se na idéia de que a meta a atingir deverá residir não numa verdade conseguida a qualquer preço, mas numa 'verdade intraprocessualmente válida', obtida sem violação dos direitos fundamentais do argüido. Perspectivada deste ângulo, a questão relaciona-se, desde logo, com a moderna temática das 'proibições de prova' (*Beweisverbote*). No plano mais vasto da arquitetura global do processo, a articulação dos dois assinalados objetivos impõe, contudo, uma superação da tradicional antinomia entre os modelos 'inquisitório' e

PROCESSO PENAL 113

'acusatório' que, sem cair no nominalismo do processo 'reformado' ou 'inquisitório mitigado', corresponda, de modo efectivo, às exigências que se colocam à justiça criminal no quadro de um Estado-de-Direito. "Seguindo uma doutrina de há muito defendida por J. Figueiredo Dias e hoje do Código de Processo Penal Português de 1987, a solução deverá encontrar-se numa estrutura basicamente acusatória, integrada por um princípio de investigação, ao impor ao juiz e ao acusador o dever de objectividade e de procura da verdade material, afasta o 'princípio do dispositivo' e confere ao processo penal o caráter público que lhe compete, atenta à natureza dos interesses em jogo."[22]

Quanto à situação atual da sistemática processual brasileira, leia-se Rogério Lauria Tucci:

"Em nosso País, a recepção do sistema *misto* (obviamente contemplativo da ação penal de conhecimento de caráter condenatório) compreende a divisão da *persecutio criminis* em duas fases, a saber: a) a investigatória, da *informatio delicti*, consubstanciada, geralmente, no inquérito policial, mas abrangente, também, de outras formas (inquérito administrativo, inquérito judicial); e, b) a subseqüente, denominada da ação penal, em que se desenrola a ação judiciária, por meio do respectivo processo, no qual têm lugar a instrução e o julgamento da causa.

"Trata-se, na realidade, de um sistema *misto*, não somente por essa divisão bifásica, mas, precipuamente, por nele mesclarem-se a *inquisitividade*, ínsita, substancialmente, toda persecução penal, na sua inteireza; e a *acusatoriedade*, de que, formalmente, se impregna a segunda fase."[23]

### 3.1.3 Oficialidade no processo penal brasileiro

### 3.1.3.1 Exteriorização da vontade estatal

Dissertando sobre os agentes e órgãos públicos, Celso Antônio Bandeira de Mello[24] explica que o Estado não tem vontade nem se

---

22. "Alguns princípios para um direito e processo penais europeus", *Revista Portuguesa de Ciência Criminal*, Fascículo 2.

23. "Considerações acerca da inadmissibilidade de uma teoria geral do processo", *Revista do Advogado* 61/97.

24. *Apontamentos sobre os Agentes e Órgãos Públicos. Regime Jurídico dos Funcionários Públicos*, pp. 60-66.

114 A TUTELA DA LIBERDADE NO PROCESSO PENAL

expressa por meio de condutas (agir psíquico e físico). Isto não significa que sob o ponto de vista do direito, sob a ótica jurídica, o Estado não se manifeste no mundo físico orientado por uma vontade. O Estado realiza suas vontades utilizando-se da conduta de seus agentes. A vontade e o agir do Estado, entretanto, não são expressão da vontade e agir das pessoas físicas. Há "feixe de funções" ou complexo de funções abstratas que devem ser expressados pelos agentes investidos de poderes funcionais. Define-se, então, figura intermediária, que não é a pessoa física e não é o Estado em sua totalidade. Trata-se de feixe de poder sintetizador da conduta, que deve ser empreendida pelo agente. Traduz essa noção abstrata e segmentada de poder o conceito de "órgão", correspondente ao conceito de *ufficio* da doutrina italiana.

Três teorias explicam a transmissão da vontade estatal às pessoas físicas. A primeira, teoria subjetiva, identifica a pessoa física com o Estado. Órgãos seriam pessoas físicas titulares de poder. Essa teoria não explica a independência do poder em relação ao seu titular nem serve para sintetizar o mecanismo de atribuição e repartição do poder. Uma segunda, a teoria objetiva, de seu lado, tem como referência a atividade funcional, *ufficio*, e não a titularidade para exercer o poder. Continua, nessa teoria, inexplicado o fenômeno da transmissão da vontade estatal aos agentes públicos, pois uma unidade abstrata não pode querer nem agir. A terceira teoria, eclética, considera o aspecto subjetivo e o objetivo do órgão ou ofício. A palavra órgão representaria, ao mesmo tempo, a atividade e a titularidade para o exercício das funções.

Essa última teoria explica a transmissão da vontade estatal para os órgãos públicos, mas não garante que a vontade seja concretizada, pois, não reconhece que a função pública é executada por pessoas físicas, únicas capazes de agir conforme uma vontade, seja própria, seja de outrem.

Apesar da noção de órgão, ofício, não subsistir sem a noção de agente público, ambas as concepções não precisam integrar única formulação incindível, mesmo porque se pode falar em divisão de funções em termos abstratos, sem que se considere o exercício das funções, concretizado por agentes públicos. Assim, conforme Celso Antônio Bandeira de Mello, ofício e agente são expressões que têm significados distintos.[25]

25. Idem, p. 68.

PROCESSO PENAL                                    115

De um lado, a vontade do agente é expressão da vontade do Estado, em relação direta de imputação, na qual não se questiona se a função foi bem ou mal desempenhada para que se tenha a conduta como expressão da vontade estatal. De outro lado, no relacionamento do Estado com os indivíduos, a assertiva de que ofício e agentes não formam uma unidade orgânica permite confrontar a vontade concretizada em ato com a vontade do Estado em projeção ideal.

O importante é fixar que mesmo sendo o exercício da atividade estatal, estritamente, regulamentado, existe a possibilidade de o ato praticado por seus agentes estatais não ser expressão da vontade do Estado, previamente, idealizada, seja quanto à forma seja quanto ao conteúdo. No Estado Democrático de Direito, esse questionamento tem enorme importância, não só para que se verifique o real cumprimento pelo Estado da vontade de todos, mas também para que se controlem e se evitem lesões ou ameaças a direitos individuais injustificadas e não previstas em lei.

### 3.1.3.2 Vontade estatal e procedimento

Utilizando-se da palavra "processo" como sinônima de procedimento, Alberto Xavier desenvolve conceito amplo do termo. Para tanto, utiliza tese desenvolvida por Sandulli, segundo a qual o processo é uma *fattispecie* de formação sucessiva. Embora, excessivamente, ampla, pois despreza a natureza e a função substancial dos atos e fatos que integram o processo (ou procedimento), a formulação serve para explicar fenômeno próprio a vários setores da ordem jurídica. Processo (ou procedimento), genericamente, pode ser definido como: "sucessão ordenada de formalidades tendentes à formação ou à execução de uma vontade funcional".[26] Entre o início do procedimento e a expressão da vontade funcional, existe uma série de atos e fatos que se denominam função.[27] O processo (ou procedimento), diz Alberto Xavier, é a via jurídica pela qual se garante correta formação e expressão de uma vontade funcional.[28]

Não se confunde processo com procedimento. Levando em consideração o vínculo entre pessoas e seus respectivos atos em juízo,

---

26. Cf. Alberto Xavier, *Do Procedimento Administrativo*, p. 21.
27. Alberto Xavier utiliza-se da teoria de Feliciano Bevenuti para explicar a transformação de um poder em ato por meio da função (ob. cit., p. 27).
28. Ob. cit., p. 30.

116  A TUTELA DA LIBERDADE NO PROCESSO PENAL

Sérgio Marcos de Moraes Pitombo compreende o processo como um fluxo conformado por uma sucessão de atos em movimento que se justapõem num espaço ideal, ou num procedimento.[29] Enquanto processo é hoje entendido como termo intimamente ligado à atividade jurisdicional, procedimento é termo genericamente utilizado para designar seqüência de atos encadeados necessários ao exercício de determinada atividade funcional, seja na atuação legislativa, judicial ou administrativa.[30]

A explicação ofertada por Alberto Xavier, contudo, permite constatar a existência de certos mecanismos ou fórmulas que devem ser utilizados, em casos específicos, para que se tenha formada vontade estatal. Não basta a prática de atos isolados. Todos, em seqüência, formam unidade e expressam uma vontade uníssona, apesar de cada qual ter finalidade específica.

### 3.1.3.3 Estrita legalidade e presunção de legalidade

No Estado de Direito, os servidores públicos devem obediência à lei. O poder tem limites. Deve ser utilizado na forma prevista.

Hely Lopes Meirelles afirma que a eficácia de toda atividade funcional está condicionada aos mandamentos da lei, sob pena de atuação inválida, responsabilidade disciplinar, civil e criminal. Assenta, ainda, que no exercício de função pública, referindo-se à atividade administrativa, não existe vontade pessoal do agente público e sim dever de atuar conforme a lei. Leis de ordem pública não podem ser descumpridas pelos agentes estatais, porque contêm poderes-deveres indisponíveis.[31] Adiante, o autor afirma que os atos administrativos já nascem com presunção de legitimidade, independentemente de previsão legal a respeito. Tal presunção de legitimidade decorre da legalidade que, no Estado de Direito, regula a atuação administrati-

---

29. Cf. citação de José Rogério Cruz e Tucci, *Tempo e Processo: uma Análise Empírica das Repercussões do Tempo na Fenomenologia Processual (Civil e Penal)*, p. 24.

30. Cândido Dinamarco explica que a caracterização do processo como todo procedimento realizado em contraditório permite a utilização do conceito para a jurisdição voluntária, para a administração e, até mesmo, para atividades da qual o Estado não participa (*A Instrumentalidade do Processo*, p. 160).

31. *Direito Administrativo Brasileiro*, p. 61. A maior parte da doutrina refere-se à presunção de legitimidade e não de legalidade. Utilizar-se-á, aqui, da terminologia "presunção da legalidade", levando-se em consideração, contudo, tanto o aspecto formal como o substancial da legalidade.

PROCESSO PENAL 117

va. Assim, todo ato administrativo deve ser cumprido ou obedecido, mesmo antes de declarado materialmente válido, porque é manifestação de vontade do Poder Público revestida de presunção de conformidade à lei. Isto significa que o ato terá plena eficácia para produzir seus efeitos específicos, após procedimento formativo acabado, enquanto não for revogado, embora ainda suspensa condição de exeqüibilidade.

Leia-se também José Cretella Júnior: "Há um Princípio do direito administrativo que proclama: 'Os atos administrativos presumem-se legítimos', até prova em contrário. É o denominado *princípio da legitimidade* do ato administrativo".[32]

Complementando o tema da legalidade na atividade funcional, José Afonso da Silva explica que o regime de garantias constitucionais prescreve série de normas, que sujeitam a atividade administrativa à legalidade. Tais normas condicionam, externamente, os atos e procedimentos administrativos a modelo legal previamente estabelecido. Afirmam-se, assim, a tipicidade dos atos e procedimentos, o devido processo legal, o ato formal e a nominatividade dos atos.[33]

Celso Antônio Bandeira de Mello entende que no Brasil, contrariamente a países europeus como a França, Alemanha, Itália, Portugal e Espanha, o princípio da legalidade é estrito e rigoroso, não se admitindo regulamentos "executivos" ou regulamentos que deleguem à Administração a disciplina de certas matérias, seja em razão de omissão legal, seja por verdadeira delegação legal. Assim, a função do ato administrativo é concretizar a lei e nunca instaurar, originariamente, forma de cercear direitos de terceiros. No Brasil, o princípio da legalidade significa que a Administração nada pode fazer senão o que a lei, antecipadamente, autorize, agindo conforme meios e formas também legalmente estabelecidos. Conclui Celso Antônio Bandeira de Mello: "Segue-se que a atividade administrativa consiste na produção de decisões e comportamentos que, na formação escalonada do direito, agregam níveis maiores de concreção ao que já se contém abstratamente nas leis".[34]

Lúcia Valle Figueiredo entende que se os atos administrativos são desde logo imperativos e podem ser exigíveis, tornando-se obriga-

---

32. *Manual de Direito Administrativo* p. 179.
33. *Curso de Direito Constitucional Positivo*, p. 573. A redação e a assertiva foram alteradas nas edições posteriores à Constituição de 1988, com a previsão explícita do princípio da legalidade na Administração.
34. *Curso de Direito Administrativo*, p. 95.

118    A TUTELA DA LIBERDADE NO PROCESSO PENAL

tórios e executórios, existe em seu favor a presunção *iuris tantum* de legalidade, presunção esta que se inverte quando os atos forem contestados em juízo.[35]

A Constituição de 1988 prevê, expressamente, que a Administração Pública de qualquer dos Poderes da União, do Distrito Federal, dos Estados e dos Municípios obedecerá, entre outros princípios, ao da legalidade (art. 37). Também afirma em disposições anteriores que "ninguém será obrigado a fazer ou deixar de fazer alguma coisa senão em virtude de lei" (art. 5º, II) e que "ninguém será privado da liberdade ou de seus bens sem o devido processo legal" (art. 5º, LIV). Garante, por fim, que nenhuma lesão ou ameaça a direito será excluída da apreciação do Poder Judiciário, sem exceção prevista quanto à própria atuação judiciária (art. 5º, XXXV).

Vicente Greco Filho sustenta a presunção de legalidade no direito brasileiro, sob o seguinte enfoque:

"Interessante notar a posição de Augustin Gordillo, que nega a própria presunção de legitimidade do ato administrativo e conseqüentemente a executoriedade, que fica reduzida aos casos expressos em lei, com fundamento no sistema administrativo anglo-saxão, e as garantias individuais. Esta posição, porém parece-nos extremada e mesmo inaceitável. A Administração, porque tutela interesses públicos, está em situação de desequilíbrio jurídico em face dos particulares que se encontram resguardados pelas garantias e direitos individuais. Em tudo o que não afetar esses direitos e garantias, predomina o interesse geral de que o Estado é instrumento, em relação ao qual vigora o princípio da isonomia, aplicável entre particulares. Como bem diz José Cretella Júnior, a Administração assume posição de privilégio perante o administrado, podendo, por isso, executar seus próprios atos, coativamente, sem apoio em título prévio expedido pelo judiciário. E, acrescentamos, esse privilégio é a regra, presume-se, ressalvados certos limites que a seguir veremos. Além disso, quando se fala em presunção de legitimidade não se exclui a possibilidade de existência de atos nulos, justamente porque a natureza da presunção é relativa (*juris tantum*) e não absoluta (*juris et de jure*). Os casos de ilegitimidade, portanto, ao contrário de destruir, somente afirmam a presunção e as conseqüências dela decorrentes.

"Endossamos, pois, as palavras de Manuel Maria Diez, aplicáveis ao sistema brasileiro: entre nós o ato administrativo emanado do

---

35. *Curso de Direito Administrativo*, p. 174.

PROCESSO PENAL 119

poder executivo tem, como a própria lei, presunção de validade constitucional."[36]

Também Cândido Rangel Dinamarco afirma: "É regra inerente ao direito público, em todas as suas manifestações, que todo ato estatal permanece eficaz até que alguma autoridade estatal lhe retire a eficácia que tem. Tal é o substrato político da Súmula n. 473 do Supremo Tribunal Federal, pela qual os atos administrativos só podem tornar-se ineficazes por determinação da própria Administração Pública ou do Poder Judiciário – aqui só em caso de nulidade. (...) Como também venho dizendo e disse mais acima, (...) os atos estatais, precisamente porque fundados no poder e porque a posição dos indivíduos em face do exercício do poder estatal é de sujeição, não podem ser desconsiderados, invalidados ou retirados do mundo jurídico senão por outro ato do próprio Estado. Assim como os atos da Administração serão invalidados por ela própria ou pelo Poder Judiciário (Súmula n. 473 STF) e as leis prevalecem até que revogadas ou dadas por inconstitucionais mediante regular processo, também os atos jurisdicionais têm a sua permanência na ordem jurídica assegurada até que, pelas vias regulares, os desconstitua o próprio Poder Judiciário. Enquanto isso não for feito, ou se isso não for feito, eles permanecem".[37]

No mesmo sentido é o entendimento de Luís Eulálio de Bueno Vidigal: "Na verdade, tendo a administração por si só a presunção de legalidade e tendo o poder de, sem intervenção do Poder Judiciário, executar as suas próprias decisões, não tem necessidade de medidas judiciais preventivas. Quando a administração faz justiça por suas próprias mãos, passa a encontrar-se na situação do particular favorecido por medida executiva, possessória ou acautelatória".[38]

Mesmo que se não considere a presunção de legalidade como conseqüência inafastável do postulado da estrita legalidade no direito público, há que se admitir que os atos de poder, executados administrativamente, produzem efeitos até que sejam revogados, invalidados, ou reformados, por outro ato de poder, seja do executivo, seja do judiciário. Esse pensamento é importante para que se tenha como uma constante possível a prática de atos em desconformidade com a ordem jurídica. Admitir-se a falibilidade da concretude do direito posto no plano abstrato é um passo para evitar que lesões ou ameaças

---

36. *Os Direitos Individuais e o Processo Judicial*, p. 72.
37. *Fundamentos do Processo Civil Moderno*, vol. II, pp. 1.376 e 1.380.
38. *Do Mandado de Segurança*, p. 199.

120 A TUTELA DA LIBERDADE NO PROCESSO PENAL

a direitos sejam muitas vezes toleradas sob a aparência de legalidade. Tais considerações estendem-se, é claro, ao processo penal, informado pelas regras da administratividade e da judiciariedade, e materializado, também, por meio de atividades juris-administrativas.

Fixe-se, no entanto, que a presunção de legalidade ou de constitucionalidade do ato administrativo está mais ligada à noção de autoridade, de delimitação legal da atividade funcional e não à justificação do poder exercido. Em nosso país, onde existe vasta oferta de instrumentos processuais de impugnação, ágeis e eficazes, a presunção de legalidade dos atos administrativos tem um significado efêmero, pois pode ser a todo momento questionada. Não se trata, pois, de privilégio ou de um princípio *favor potestade*, construído a encobrir ilegalidades ou tornar inquestionável a conduta do servidor estatal, já que nossa Constituição determina que lesão ou ameaça a direito deverão ser conhecidas pelo Poder Judiciário. Assim, a presunção de legalidade, na nossa sistemática, tem curta duração e pouca intensidade, pois se dissolve perante o crivo do judiciário.

### 3.1.3.4 Oficialidade no processo penal

O procedimento persecutório inicia-se e se desenvolve por impulso oficial, sem que haja sobre ele disponibilidade dos servidores públicos. Pode-se falar, inclusive, em *automaticismo jurisdicional penal*.[39]

Discorrendo sobre princípio e regras no processo penal, Rogério Lauria Tucci e Sérgio Marcos de Moraes Pitombo constatam a existência da regra da oficialidade.[40] Em síntese oferecida por Rogério Lauria Tucci, a regra da oficialidade "diz respeito à incoação da ação judiciária penal (seja ela de conhecimento, seja de execução) e à movimentação do respectivo procedimento pelos órgãos estatais da persecução penal ou do Poder Judiciário, até quando da extinção do processo numa das formas em lei previstas. E isso, sem dúvida, como dever funcional (de ordem pública) indeclinável".[41]

---

39. A expressão é de Joaquim Canuto Mendes de Almeida. Referido autor afirma ser preciso reconhecer que, secularmente, o juiz penal foi e é automático, mesmo no processo penal acusatório porque o contraditório é indispensável pelas partes (*Processo Penal, Ação e Jurisdição*, cit., p. 10).

40. *Princípio e Regras Orientadoras do Novo Processo Penal Brasileiro*, pp. 71-107.

41. "Princípio e regras da execução de sentença penal", *Revista do Centro de Estudos Judiciários do Conselho da Justiça Federal* 7/64.

PROCESSO PENAL

Em termos genéricos, toda atividade dos agentes estatais na persecução penal desenvolve-se por exercício de dever funcional, independentemente da vontade dos particulares ofendidos ou dos funcionários públicos encarregados da persecução.[42-43] A *persecutio criminis* exerce-se de ofício, sem que haja necessidade de provocação para que os órgãos públicos dêem início à atividade persecutória. Basta a notícia de crime para que tenha início a perseguição penal.

Esclarecendo a regra da oficialidade no processo penal, expõe Canuto Mendes de Almeida: "Desde que a função penal é, por índole, eminentemente estatal, a pretensão punitiva (*pretesa punitiva*) do Estado derivante do crime (*reato*) deve fazer-se valer por um órgão público, e este deve agir por iniciativa própria, sem necessidade de qualquer estímulo exterior para adimplemento de seu dever funcional".[44] Ressalve-se que Canuto, mais tarde, rejeitou a idéia de pretensão punitiva.

Não se distinguem, nesse particular, as ações da autoridade policial, do Ministério Público e do juiz penal. Todos são servidores públicos no exercício de função pública e todos têm o dever de persecução penal, movimentando-a, de ofício, conforme atribuição ou competência específica de cada órgão do Estado.

Afirmam Rogério Lauria Tucci e Sérgio Marcos de Moraes Pitombo, entre outros, que, no tocante ao inquérito policial, a atuação administrativa faz-se também judiciária. Os atos da Polícia Judiciária são administrativos na forma e substância e judiciários quanto à finalidade preparatória da ação penal. Esclarecem, ainda, os autores referidos, que: "não há distinguir, no particular ora focado, entre a ação judiciária e a ação do Ministério Público (parte), pois, tanto os órgãos deste, como os juízes e tribunais, têm o dever funcional de

42. Leia-se Alberto Domenico Tolomei: "Per la pretesa di diritto penale il problema sorge da ció che titolare di essa è un ente colletivo come tale sprovvisto di una volontà fisiopsicologica" (*I Principi Fondamentali del Processo Penale*, p. 31).

43. A Lei n. 9.099, de setembro de 1995, que instituiu procedimento especial para os crimes de menor potencial ofensivo, não é exceção à indisponibilidade da persecução penal, mas condiciona a continuidade do procedimento persecutório à representação do ofendido. Constate-se que o início do procedimento é obrigatório para a autoridade policial que, informada da prática da infração penal, deverá encaminhar o "termo circunstanciado" (auto de autoria e materialidade) a juízo competente para que se providencie a intimação do ofendido a fim de que manifeste a vontade de dar continuidade à persecução. O procedimento continua espontâneo, automático a partir do conhecimento do fato hipoteticamente criminoso pelos funcionários públicos, apesar de ter sua continuidade condicionada à representação do ofendido.

44. *Princípios Fundamentais do Processo Penal*, p. 87.

# 122 A TUTELA DA LIBERDADE NO PROCESSO PENAL

atuar com vistas à finalidade do processo penal".[45] Ainda: "Tenha-se presente, outrossim, que tal dever funcional, ao contrário do imaginado por inúmeros autores, não se adstringe à atuação do Ministério Público no exercício do direito à jurisdição, mas, na realidade, faz-se abrangente de todos os agentes estatais integrantes do processo penal, inclusive, portanto, a autoridade policial e o órgão jurisdicional".[46]

A Lei n. 9.099/1995, ao introduzir, no sistema processual, extravagante procedimento sumaríssimo para as infrações de menor potencial ofensivo, não é exceção à regra da oficialidade. Mesmo prevendo hipóteses de autocomposição em matéria penal, renúncia ao direito de representação, composição de danos e transação penal (concessões recíprocas), não se permite na lei disponibilidade pelos agentes públicos do procedimento previsto. Existe o dever de impulsionar o procedimento às fases sucessivas. Havendo representação, não obtida a composição e não sendo caso de arquivamento (presente portanto a justa causa para virtual ação penal e formada a *opinio delicti*), poderá haver proposta de aplicação de restrições de direitos ou multa. Negada a transação, haverá inquérito policial ou ação penal.

Há, na Lei n. 9.099/1995, oficialidade nas atividades desenvolvidas pela polícia, pelo Ministério Público e pelo juiz, pois a autoridade policial deverá tomar conhecimento da ocorrência, lavrar termo circunstanciado e encaminhar ao juizado o autor e a vítima, bem como providenciar requisições para exames periciais (art. 69). O autor do fato, de seu lado, após lavratura do termo e compromisso de comparecer em juízo, não será preso em flagrante nem se lhe exigirá fiança. A autoridade policial informará a ocorrência sem investigação, mas iniciada a persecução penal de ofício, mesmo que infundada, pois carece de exame sobre a verdade material, ela poderá, em tese, dar origem a inquérito policial e ação penal.[47]

Significa dizer que a atuação de agentes estatais, iniciada e desenvolvida de ofício, é espontânea, mesmo que concretizada em atos

---

45. *Princípio e Regras Orientadoras do Novo Processo Penal Brasileiro*, cit., pp. 126 e 74, respectivamente quanto aos trechos comentados.

46. Idem, p. 83.

47. Paula Bajer Fernandes Martins da Costa conclui que, na verdade, a Lei n. 9.099/ 1995 não introduziu um critério de oportunidade ou discricionariedade na propositura da ação penal pelo Ministério Público, pois quando a própria lei afirma que em determinadas hipóteses o Ministério Público não agirá, este não-agir estará imposto na norma, não se podendo falar em discricionariedade, mas em cumprimento da lei (*Ação Penal Condenatória*, p. 112).

PROCESSO PENAL    123

entrelaçados que muitas vezes se realizam com a complementação da atuação de um órgão público pela de outro.[48]

Apreende-se de todo o exposto que a atividade desenvolvida por servidores públicos, no exercício da função pública, é, previamente, tida como legal porque a legalidade é intrínseca ao conceito de dever. Mesmo que se possa constatar no caso concreto vontade individual do funcionário na consecução do direito objetivo, ela é desimportante em primeiro momento, posto que não só o ato do servidor como seus efeitos no procedimento vêm predeterminados na lei.[49] Daí, a presunção de legalidade.

Em conotação abstrata, ideal, a regra de procedimento, deduzida dos princípios gerais de direito, da sistemática processual penal e da Constituição da República, integra o sistema jurídico e tem aptidão para materializar o processo penal, tanto no que diz respeito à tutela do direito de punir, como no que se refere à tutela do direito de liberdade. Contudo, não se pode desprezar que sob o manto de legalidade, muitas vezes de forma anômala, viola-se a liberdade sob o pretexto de a tutelar.

Quanto aos atos processuais, Vicente Greco afirma: "O ato, uma vez praticado, ainda que de forma defeituosa, desde que existente, passa a produzir efeitos e os produzirá até que seja declarado inválido. Não é correto, pois, em matéria de direito processual dizer que o ato nulo não produz efeitos. Produz sim, até que seja declarado como tal, oportunidade em que serão desfeitos os seus efeitos pelo mesmo ato declaratório. Podemos chamar a esse princípio de *princípio da*

---

48. *Princípio e Regras...*, cit., p. 92. São exemplos os atos praticados pelo promotor público e pelo juiz.

49. Leia-se Luis Alberto Warat: "Para Kelsen, a validade objetiva não surge da correspondência com a 'norma' de justiça e sim em última instância da conformidade com a norma hipotética ou fundamental da ordem jurídica. Esta norma pressuposta pelo conhecimento, com regra de formação dos enunciados da teoria do Direito, menciona condutas como devidas, sem que este dever tenha íntima relação com algum valor ou com intuições transcendentais. Simplesmente ela constitui a exteriorização de uma conexão lógica, a partir da qual formam-se os enunciados da ciência jurídica. Desta forma o 'dever exteriorizado' pela norma básica não precisa apelar para qualquer intuição sobre valores intrínsecos para expressar as condições de significação das normas jurídicas positivas. Mediante a utilização da norma básica, a expressão 'dever' deixa de ser um conceito que se refere a valores, para tornar-se um conceito que expressa uma idéia lógica. Na verdade, o 'dever' como idéia lógica, exige a apelação para outra categoria reguladora do pensamento: a imputação. Esta relação de imputação não se baseia em qualquer observação efetiva da conduta humana, senão sobre o conhecimento de uma norma jurídica que estabelece tal relação enquanto conteúdo da mesma" (*Introdução Geral ao Direito – Epistemologia Jurídica da Modernidade*, vol. II, pp. 139-140).

124 A TUTELA DA LIBERDADE NO PROCESSO PENAL

*permanência da eficácia dos atos processuais* e pode assim ser resumido: o ato processual, desde que existente, ainda que defeituoso, produz os efeitos que a lei prevê para aquele tipo de ato, e os produzirá até que haja outro ato que declare aquele defeito e a ineficácia dos efeitos".[50]

Como a execução da função pública dos órgãos encarregados da persecução penal se exerce por cumprimento de dever previamente estabelecido e regulamentado em lei, desde a investigação até julgamento, reveste-se ela de presunção de legalidade.[51]

A presunção de legalidade em favor dos atos praticados por servidores públicos na persecução penal é presunção *iuris tantum*. Admite-se, ou mesmo impõe-se, verificação jurisdicional da legalidade do ato praticado.

Leia-se Attilio Brunialti, insubordinando-se contra a admissão da infalibilidade dos servidores públicos: "Quanto alla presunzione di legalità, non potrei respondere meglio che ricordando quanto scrive V. E. Orlando. È presunzione *juiris tantum* codesta? In questo caso à ammesa la prova del contrario, prova che sarà valutata dal magistrato. Si intende forse parlare di presunzione *juris et de jure*? Non è possibile concepirla perchà bisognerebbe ammmettere aprioristicamente la perfezione e l'infallibilità del funzionario, ed à questa una monstruosità".[52]

## 3.1.3.5 Presunção de legalidade e persecução penal

Destaque-se que a presunção de legalidade dos atos funcionais pode privilegiar a auto-executividade dos atos administrativos. Tal atributo, conferido às atividades empreendidas pelos servidores públicos, provoca conseqüências extremamente sérias quando transpostas ao processo penal, especialmente à persecução penal, pois é a autoridade policial, na maioria das vezes, o órgão estatal encarregado de executar as coações processuais, seja, indiretamente, por determinação judicial, ou, diretamente, quando os poderes de coação se transferem por lei à autoridade policial no interesse da investigação,

---

50. *Manual de Processo Penal*, p. 301.

51. Dever na teoria de Kelsen não se diferencia da norma. O dever é a própria norma vista em relação ao sujeito realizador da conduta imposta. A autoridade que cumpre o dever não pode ao mesmo tempo, em único ato, descumpri-lo. Assim, o ato de cumprimento da lei corresponde necessariamente à lei cumprida. A legalidade do ato cumprido é deduzida da norma geral (*Teoria Geral das Normas*, p. 170).

52. Attilio Brunialti, *Enciclopedia Giuridica Italiana*, cit., p. 130, verbete "Resistenza individuale".

PROCESSO PENAL

permitindo-se à mesma, inclusive, emprego de força física dirigida a pessoas, quando necessária (arts. 284 e 292, do CPP).

Conforme Sérgio Marcos de Moraes Pitombo, "constituem, pois atos de coação processual-penal de autoridade-policial ou judiciária os de restrições de direitos, praticadas no interesse do processo, ou quanto ao asseguramento da instrução, ou quanto à garantia de possível e útil julgamento futuro, ou, ainda, quanto ao acautelamento da execução. Deve e pode a autoridade praticá-los, segundo a necessidade de segurança imponha e a utilidade permita, na forma da Constituição da República e das Leis".[53]

As coações processuais penais, medidas restritivas de direitos, dizem, diretamente, com a restrição de direitos fundamentais (liberdade física, inviolabilidade do domicílio, liberdade de consciência, integridade corporal, livre disposição de bens, direito à intimidade e outros direitos fundamentais, garantidos, especificamente, na Constituição ou não).

Enquanto medidas executadas por órgão do Estado, as restrições de direitos estariam cobertas pela presunção de legalidade no plano abstrato, mesmo que configurada lesão ou ameaça a direito no plano concreto.

Embora as medidas coercitivas tenham sido determinadas em conformidade à Constituição e às leis, podem assim mesmo, ao arrepio da proibição legal, ser executadas de forma anômala, com violação de direitos fundamentais absolutos, que não cedem à relativização.

Não se pode olvidar que as autorizações de restrição de direitos individuais por parte do Estado e a proibição de violação dos direitos fundamentais encontram-se em plano abstrato. Na realidade, o cumprimento do dever ou a violação de um dever ocorrem sempre no plano concreto. Por essa razão, a técnica de garantia da liberdade não pode desprezar as anomalias ocorridas na realidade, fora do âmbito jurídico, pois é justamente na existência dessas violações que as garantias processuais se fundamentam.[54]

---

53. "Breves notas em torno da coação processual penal", *Ciência Penal* 1/108.

54. Leia-se Gustav Radbruch: "Não é só do direito que o direito nasce. Pelo contrário, vêmo-lo nascer muitas vezes das mais frustres raízes. Há uma criação originária do direito, uma constante emanação dele dos factos, e não é um paradoxo dizer que há, inclusivamente, uma formação *anti-jurídica* do direito. Há direito que brota da violação do direito, e novos 'terrenos' jurídicos que assentam, por assim dizer, como os da terra, sobre uma lava revolucionária já fria" (*Filosofia do Direito*, pp. 194-195 – observada a grafia original).

# 126 A TUTELA DA LIBERDADE NO PROCESSO PENAL

Conforme Jacques Robert as violações da liberdade no processo penal pela autoridade administrativa podem ocorrer em três diferentes graduações de intensidade: "brutalmente e isoladas", em colaboração com o poder judiciário, mediante completa apreciação jurisdicional ou quando realizadas dentro de estritos limites e submetidas a posterior reexame pela autoridade judiciária.[55]

As garantias jurídicas da liberdade devem ter alcance no processo penal sobre os abusos estranhos ao próprio processo e à atividade judiciária, principalmente quando realizados automaticamente e executados sem prévia supervisão jurisdicional.[56]

Assevera Joaquim Canuto Mendes de Almeida que mesmo havendo risco de atentado a direitos individuais, algumas medidas cautelares restritivas de direitos são realizadas a critério da autoridade policial, justificando-se atuação rápida, sem submissão prévia de seus atos ao judiciário, porque a garantia da prévia ação judiciária poderia sacrificar a própria eficácia das atividades de investigação.[57] A polícia judiciária age, então, mediante coação direta, sem prévia análise quanto ao cabimento da medida sob o ponto de vista da liberdade. Seus atos são auto-executáveis, sem necessidade de submissão prévia ao poder judiciário. O controle sobrevém após efetivação do ato, quando o ato já atingiu sua finalidade específica.[58]

Desenvolvem-se, ainda, atividades intermediárias (*juris-administrativas ou administrativo-judiciárias*[59]) que, apesar de realizadas fora do processo, em fase investigatória, devem ser previamente submetidas ao Poder Judiciário para que se verifiquem cabimento, necessidade e legalidade da medida.[60] Realizam-se, pois, mediante coação indireta porque submetidas à verificação de pressupostos, supostos e requisitos pelo Poder Judiciário, embora não precedidas de contraditório.[61]

Note-se, ainda, que em processo penal inexistem medidas cautelares juris-satisfativas, no sentido de antecipação dos efeitos de um

---

55. *Les Violations de la Liberté...*, cit., p. 126.

56. Leia-se Manuel Cavaleiro Ferreira, *Curso de Processo Penal*, cit., p. 255.

57. "A atividade policial criminal", *Noções de Processo Penal*, p. 36.

58. Exemplifica-se com a prisão em flagrante.

59. "Juris-administrativa" é termo utilizado por Sérgio Marcos de Moraes Pitombo. Rogério Lauria Tucci, de seu lado, prefere a expressão "ato administrativo-judiciário".

60. Por exemplo, medidas cautelares anteriores à ação penal, realizadas mediante autorização do juiz. Seus pressupostos devem ser aferidos com maior acuidade, levando-se em consideração também, projeção quanto aos pressupostos de existência do processo ainda não iniciado.

61. É comum se falar, nesses casos, de contraditório diferido, retardado ou mitigado.

PROCESSO PENAL 127

provimento jurisdicional condenatório.[62] A existência de tais medidas contrariaria o próprio sentido da existência do processo penal como instrumento de coação indireta.

Restrições de direitos não previstas na legislação nem autorizadas pela Constituição não deverão ser realizadas.

### 3.2 Sistema processual penal de proteção e de garantia da liberdade

#### 3.2.1 Proteção e garantia

A proteção da liberdade jurídica, no processo penal, é imposta como regulamentação do poder-dever de punir, é protegida como direito público subjetivo à legalidade e à jurisdição e projetada sobre a idéia de garantia, contra violações e abusos de poder.

A distinção entre garantia e direito foi desenvolvida, há tempos, por Rui Barbosa. Transcreve-se: "Ora, uma coisa são garantias constitucionais, outra coisa os direitos, de que essas garantias traduzem, em parte, a condição de segurança, política ou judicial. Os direitos são aspectos, manifestações de personalidade humana em sua existência subjetiva, ou nas suas situações de relação com a sociedade, ou os indivíduos, que a compõem. As garantias constitucionais *stricto sensu* são as solenidades tutelares, de que a lei circunda alguns desses direitos contra os abusos de poder. (...) A confusão, que irrefletidamente se faz muitas vezes entre direitos e garantias, desvia-se sensivelmente do rigor científico, que deva presidir à interpretação dos textos, e adultera o sentido natural das palavras. Direito é a faculdade reconhecida, natural, ou legal, de praticar, ou não praticar certos atos. Garantia, ou segurança de um direito, é o requisito de legalidade, que o defende contra a ameaça de certas classes de atentados, de ocorrência mais ou menos fácil".[63]

Jorge Miranda afirma que os direitos representam por si só bens que se inserem, direta e imediatamente, nas esferas jurídicas das pes-

---

62. Essa terminologia é utilizada por Celso Neves para exprimir atividade exauriente da atividade jurisdicional, própria ao processo executório (*Estrutura Fundamental do Processo Civil*, pp. 34, 37-42).

63. *Os Atos Inconstitucionais do Congresso e do Executivo ante a Justiça Federal*, pp. 182-186.

128 A TUTELA DA LIBERDADE NO PROCESSO PENAL

soas, enquanto as garantias são acessórias, destinadas a assegurar a fruição dos direitos concretamente. As liberdades são próprias às pessoas, independentemente do Estado. Já as garantias dizem com a atuação estatal em relação às pessoas; servem à proteção das pessoas.[64]

José Afonso da Silva, de seu lado, afirma que nem sempre é possível distinguir os direitos das garantias, pois muitas vezes "o direito fundamental se exprime pela norma de garantia; está subentendido nesta".[65] Referido autor distingue em dois grupos as garantias dos direitos fundamentais: as garantias gerais destinadas a assegurar a eficácia social dos direitos fundamentais e as constitucionais, destinadas a tutelar a observância ou reintegração em caso de inobservância desses direitos (consistem em instituições, determinações e procedimentos). As garantias constitucionais dividem-se em constitucionais gerais e constitucionais especiais. As primeiras – pode-se dizer também institucionais – inserem-se no mecanismo de freios e contrapesos dos Poderes, impedindo arbitrariedades, ao mesmo tempo em que constituem técnicas de garantias e respeito aos direitos fundamentais (p. ex.: Constituição rígida com declaração de direitos fundamentais e garantias e com estruturação de órgãos jurisdicionais imparciais e independentes). São gerais porque instituem um regime de respeito à pessoa humana. As garantias constitucionais especiais, de outro lado, são prescrições constitucionais que estabelecem técnicas e mecanismos de limitação da atuação dos órgãos estatais ou de particulares com a finalidade de proteger a eficácia, a aplicabilidade e a inviolabilidade dos direitos fundamentais de forma especial. Nesse sentido, as garantias constitucionais são instrumentos de tutela, pois conferem aos titulares dos direitos fundamentais meios, técnicas, instrumentos ou procedimentos para impor respeito e exigibilidade de seus direitos. As garantias constitucionais especiais servem de instrumento aos direitos fundamentais, constituindo permissão constitucional para a defesa desses direitos.[66]

Nesses termos, as garantias são autênticos direitos públicos subjetivos, oponíveis contra o Estado para exigir respeito, observância e cumprimento dos direitos fundamentais em concreto. Todas as garantias caracterizam-se como limites à atuação estatal, por meio de imposição de prestações positivas ou negativas, por parte do Estado.

---

64. *Manual de Direito Constitucional*, p. 94.
65. *Curso de Direito Constitucional Positivo*, p. 412.
66. Idem, ibidem.

PROCESSO PENAL 129

A noção de garantia como direito público subjetivo é essencial para o entendimento da liberdade jurídica no âmbito do direito público, ainda mais na especialização penal. Assim, é apropriado o entendimento de José Roberto Dromi no sentido de que as garantias constitucionais são verdadeiro catálogo de direitos subjetivos, que as pessoas podem invocar contra o Poder Público.[67-68]

José Afonso da Silva considera pertinente a posição de Manoel Gonçalves Ferreira Filho quando este afirma que, rigorosamente, as garantias de direitos fundamentais são limitações ou vedações impostas pelo constituinte ao Poder Público,[69] que atuam, portanto, quando estas não foram suficientes para impedir a prática de atos ilegais.[70]

Ferrajoli afirma que, para a tutela dos direitos fundamentais, estão previstas duas formas de garantias: as liberais, direcionadas a assegurar a tutela dos direitos de liberdade (essencialmente mediante técnicas de invalidação ou de anulação de atos que as violem) e as sociais, relacionadas à tutela dos direitos sociais (mediante técnicas de coerção ou sanção contra a omissão de medidas obrigatórias para satisfazê-las).[71]

Ferrajoli entende como direitos de liberdade aqueles que comportam expectativas negativas por parte do Estado. Diferencia-os dos direitos sociais, que correspondem a expectativas de ações positivas

67. *Derecho Subjetivo y Responsabilidad Publica*, p. 83.

68. Sobre a existência no ordenamento jurídico de direitos públicos subjetivos, oponíveis contra o Estado, já perguntou Pontes de Miranda se a responsabilidade do Estado, os conflitos de jurisdição, a competência dos tribunais para verificar a legitimidade ou constitucionalidade das leis e demais atos do legislador e executivo não seriam prova da existência de direitos públicos subjetivos (*História e Prática do "Habeas Corpus"*, p. 246). Luis Eulálio Bueno Vidigal, de seu lado, estudou a possibilidade de se impetrar mandado de segurança contra as próprias autoridades judiciárias nos casos de sentença transitada em julgado contrária à lei, fora das hipóteses de nulidades legalmente previstas. Viu-a, apenas, na hipótese em que autoridades judiciárias praticam atos tipicamente administrativos. Luis Eulálio Bueno Vidigal afirma, com fundamento em Rui Barbosa, que no Brasil o princípio constitucional da separação de poderes do Estado deve ser conciliado com o princípio da supremacia do Poder Judiciário. Nestes termos, admite-se até exame de mérito do ato administrativo quando for evidente lesão de interesse particular protegido pela lei (*Do Mandado de Segurança*, pp. 61, 111 e 115).

69. Esta afirmação parece estar de acordo com a "técnica da liberdade" vista por Pontes de Miranda e desenvolvida neste trabalho. Segundo o autor, os textos jurídicos não limitam a liberdade, mas estabelecem poderes para limitá-la. Neste contexto, a técnica da liberdade desenvolve-se a partir da técnica das limitações e das limitações às limitações.

70. *Curso de Direito Constitucional Positivo*, cit., p. 440.

71. *Derechos y Garantías. La Ley del más Débil*, pp. 24-25.

130 A TUTELA DA LIBERDADE NO PROCESSO PENAL

por parte dos Poderes Públicos.[72] Não vê a hipótese de ações positivas do Estado direcionadas à proteção de direitos negativos.

Robert Alexy desvenda, por assim dizer, a estrutura da proteção da liberdade no direito. Diz que a liberdade jurídica é, basicamente, a liberdade negativa, de não interferência do Estado na vida individual, mas que se apresenta protegida pelo direito, quando estão juntos três elementos, quais sejam: a) a liberdade jurídica (previsão legal); b) o direito à não interferência do Estado (a proibição de interferir na vida individual); c) o poder para fazer valer, na jurisdição, direitos decorrentes da violação.

Presentes esses três elementos, existirá direito de liberdade negativo, perfeito, perante o Estado. Os direitos a ações negativas do Estado são os chamados direitos de defesa. De outro lado, encontram-se os direitos de proteção, que surgem da combinação entre uma liberdade e um direito a uma ação positiva protetora do direito de liberdade por parte do Estado.[73]

Alexy alerta para o fato de que a ação positiva de proteção é, muitas vezes, atividade estatal defensiva, que se insere no quadro de proteção ampla de liberdade negativa.[74]

O direito de defesa frente ao Estado surge nas hipóteses de direitos à não interferência estatal. O direito à proteção do Estado ocorre quando o Estado se encarrega de evitar que a liberdade seja violada. Tanto a tutela da liberdade como a defesa integram a ação defensiva, considerada em ampla dimensão.[75]

Acredita-se ser o entendimento de Alexy o mais adequado ao processo penal brasileiro, que não é concebido apenas como sistema de garantias da liberdade, mas também como um sistema de proteção da liberdade, pré-concebido para a tutela efetiva da liberdade e não apenas garantia residual, em caso de abusos, ameaças ou violações. O processo penal é, por si só, técnica de liberdade porque cria alternativas de liberdade e impõe critérios racionais de decisão, que evitam o antagonismo pleno e direto entre direito de punir e direito de liberdade. O confronto polarizado entre liberdade e punição não deixaria alternativa alguma à liberdade

---

72. Idem, p. 24.
73. *Teoría de los Derechos Fundamentales*, p. 226.
74. Idem, pp. 216 e 441.
75. Idem, p. 445.

## 3.2.2 Garantia jurisdicional e tutela jurisdicional

Couture,[76] explica que nos países latino-americanos a palavra jurisdição tem pelo menos quatro significados:

a) Circunscrição territorial – é utilizada nos textos legais para denominar a competência territorial.

b) Competência – até o século XIX os dois conceitos, jurisdição e competência, aparecem como sinônimos, mas a partir do século XX a competência passa a ser entendida como uma medida de jurisdição, como a relação entre o todo e a parte, em que o todo é a jurisdição e a competência é a parte. Nesse sentido a competência é um fragmento de jurisdição atribuído ao juiz.

c) Poder – a jurisdição como poder é utilizada nos textos jurídicos no sentido de prerrogativa, autoridade e poder reservados a alguns órgãos públicos, entre eles o Poder Judiciário. A jurisdição, nessa perspectiva, não seria compreendida como um dever, mas simplesmente como um poder. Assinalar-se-ia, com essa definição, apenas um dos aspectos da jurisdição.

d) Função – somente a formulação da jurisdição como função é compreendida como poder-dever, faculdade e dever de julgar, simultaneamente localizados na atividade jurisdicional

Para Couture, a melhor forma de enfrentamento do tema jurisdição é distinguir, no ato jurisdicional, três elementos: a forma, o conteúdo e a função. Forma diz com elementos externos: partes, juízes e procedimento (em forma de processo). Conteúdo tem a ver com a existência de um conflito, controvérsia ou divergência de relevância jurídica que deve ser solucionado por agentes da jurisdição mediante uma decisão transitada em julgado. Com freqüência, o conteúdo da jurisdição é identificado com a reparação de direito lesado, com a tutela de direito subjetivo, bens e outras situações. Entende-se, também, como conteúdo da jurisdição a característica de substitutividade. Por fim, constitui a função meio de assegurar a justiça, a paz social e valores jurídicos mediante a aplicação do direito, eventualmente coercitiva.[77]

Mesmo identificados todos esses elementos referidos, diz Couture, podem existir procedimentos com característica de jurisdição

---

76. *Fundamentos del Derecho...*, cit., pp. 30-31.
77. Idem, pp. 33-34.

132 A TUTELA DA LIBERDADE NO PROCESSO PENAL

que não o são por falta de conteúdo jurisdicional próprio. Também existe a possibilidade de atos jurisdicionais sem forma, mas com conteúdo jurisdicional.[78]

O tema da jurisdição é tratado por Couture, fundamentalmente, como problema de segurança individual e de tutela dos direitos humanos. A jurisdição é a máxima garantia que o ordenamento jurídico oferece aos indivíduos frente ao poder: a garantia de revisão de atos do poder executivo pelos juízes. Nestes termos, a jurisdição é tratada não só de forma dogmática (pelos países europeus) como política (Estados Unidos da América).[79-80]

É de Chiovenda a definição de jurisdição mais reconhecida pelos estudiosos do processo. Caracteriza-a a substitutividade como elemento central. Transcreva-se: "Pode-se definir a jurisdição como função do Estado que tem por escopo a atuação da vontade concreta da lei por meio da substituição, pela atividade de órgãos públicos, da atividade de particulares ou de outros órgãos públicos, já no afirmar a existência da vontade da lei, já no torná-la praticamente efetiva".[81]

Tenha-se em mente que Chiovenda considerou o fato de que é impossível divisão rigorosa entre as funções de cada poder estatal, tal como defendido na França.

O caráter substitutivo da jurisdição seria elemento distintivo da função jurisdicional, que substitui definitiva e obrigatoriamente a atividade intelectiva das partes e de todos os cidadãos, na afirmação do que se entende por vontade concreta da lei.[82]

Dada a substitutividade, Chiovenda considera perfeitamente possível o exercício da jurisdição sobre atos administrativos. São exemplos de atuação jurisdicional sobre a Administração hipóteses em que existe substituição de certos órgãos do Estado por outros para a afirmação da existência ou inexistência de uma vontade da lei ou para a execução da vontade da lei. Nessas hipóteses, é difícil, na

---

78. Idem, pp. 35-37.

79. Em edições anteriores à 3ª edição dos *Fundamentos del Derecho...*, cit., Couture não incluía a jurisdição como um fenômeno processual, pois a considerava compreendida no direito constitucional. Posteriormente, influenciado pelo pensamento de James Goldschmidt e pela justiça inglesa, percebeu a transcendência do fenômeno processual (conforme prefácio de Santiago Sentís Melendo à supracitada obra de Couture).

80. *Fundamentos del Derecho...*, cit., p. 31.

81. *Instituições de Direito Processual Civil*, vol. II, p. 11.

82. Adverte Chiovenda que a substitutividade é atividade pública exercida em lugar de outrem e não em representação de outrem (ob. cit., p. 22).

PROCESSO PENAL 133

prática, distinguir as duas funções. Importante será considerar a natureza da questão e a natureza do órgão que proveu em primeiro grau. Se foi órgão jurisdicional, a atividade de segundo grau será considerada jurisdicional, mesmo que o órgão jurisdicional de primeiro grau tenha atuado administrativamente. A jurisdição é concebida, no pensamento de Chiovenda, como uma atividade secundária e coordenada, enquanto a administração é entendida como atividade primária, originária.[83]

Canuto Mendes de Almeida, entre nós, distinguiu na função jurisdicional dupla dimensão. A jurisdição pode ser concebida em potência e em ato. Leia-se:

"A jurisdição – função específica do Poder Judiciário – encara-se em potência, como poder-dever de fazer justiça estatal, e em ato, como atividade mesma de a exercerem seus agentes, que são os juízes e tribunais.

"Essa atividade – conjunto de atos coordenados processualmente (isto é, em direção frontal) – é que manifesta a ação judiciária, a qual, assim sendo, se identifica, primacialmente, com a jurisdição, já entretanto, em ato.

"Sendo o movimento a passagem do ser em potência para o ser em ato, o processo judiciário, por sua vez, nada mais é senão o movimento forense, contemplável concretamente no curso dos atos da ação judiciária em sua frontal direção ao justo. O justo, em Direito Positivo, confunde-se com o legal."[84]

Levando em consideração todas as particularidades expostas, Celso Neves afirma que a jurisdição pode ser entendida como poder, quando se tem em referência a soberania estatal; como função, quando se consideram as atribuições que caracterizam o sistema orgânico do Estado e como atividade, no âmbito do processo. A jurisdição civil é função estatal que tem caráter substitutivo do juízo e da vontade das partes e é teleologicamente concebida para a realização do direito objetivo não penal.[85]

A jurisdição, ainda conforme Celso Neves, pode também ser entendida num contexto mais amplo, como tutela jurídica processual, categoria genérica para designar a atuação processual. Estão, nesse contexto, a jurisdição, a jurissatisfação, o juris-acautelamento e a

83. Idem, pp. 22-26.
84. *Processo Penal, Ação e Jurisdição*, p. 7.
85. *Estrutura Fundamental do Processo Civil*, pp. 27-28.

134 A TUTELA DA LIBERDADE NO PROCESSO PENAL

juris-integração.[86] Dessas espécies de tutela somente a juris-integrativa é primária, não substitutiva, privativa dos órgãos do Poder Judiciário.

O poder de tutela jurídica processual é complexo e compreende a cognição como elemento básico fundamental de sua estrutura. Cognição implica, ainda conforme o autor referido, via de percepção que possibilita, em sucessão lógica, o ato de inteligência, de juízo e de vontade, que estão compreendidos em toda decisão judicial.[87]

Rogério Lauria Tucci explica a jurisdição como poder-dever e como garantia. No primeiro aspecto ela é: "poder-dever concedido aos agentes do Poder Judiciário – juízes e tribunais – para, no exercício de função em lei definida, e mediante atividade substitutiva da dos membros da comunhão social, realizar o direito aplicável a uma pretensão (no processo civil) ou a um conflito de interesses de alta relevância social (no campo penal)".[88]

No segundo ponto de vista a jurisdição é garantia. Leia-se: "Essa garantia de tutela jurisdicional, aliás, consiste, por sua vez, num direito público subjetivo, universalmente consagrado, e decorrente da assunção pelo Estado, do monopólio da administração da Justiça: é conferida ao membro da comunhão social (inclusive, à evidência, ao próprio Estado); em contrapartida, o direito de invocar prestação ou providência jurisdicional, relativamente a determinado interesse, em conflito com o de outrem".

Ainda: "Denominada direito ao processo, ou, mais precisamente, direito à tutela jurisdicional do Estado, tem sido definida, sucessivamente, nas mais importantes 'declarações de direitos humanos' (Declaração Universal dos Direitos do Homem, proclamada pela Organização das Nações Unidas – ONU, em 10.12.1948, art. 10; Convenção Européia para Salvaguarda dos Direitos do Homem e das Liberdades Fundamentais, subscrita no dia 4.11.1950, art. 6º, n. 1; Pacto Internacional de Direitos Civis e Políticos, de 16.12.1966, art. 14, n. 1; Convenção Americana sobre Direitos Humanos, assinada em 22.11.1969, art. 8º, n. 1); e encontra-se na esteira das antecedentes, repristinada no art. 5º, XXXV, da vigente Carta Magna de nossa República Federativa".[89]

---

86. Lugar em que Celso Neves classifica a jurisdição voluntária.

87. *Estrutura Fundamental...*, cit., p. 49.

88. Em co-autoria com José Rogério Cruz e Tucci, *Constituição de 1988 e Processo – Regramentos e Garantias Constitucionais do Processo*, p. 12.

89. *Devido Processo Legal e Tutela Jurisdicional*, p. 17.

PROCESSO PENAL 135

Vicente Greco Filho enfatiza com primazia a jurisdição como garantia contra atos de poder. Leia-se:

"O direito estrutura-se, como da exposição histórica se depreende, de forma que, entre os direitos individuais e a vontade arbitrária de alguém, se interpõe a atuação da jurisdição, o poder de dizer o direito, garantido dentro do Estado, mas que pode controlar a própria atividade dos administradores públicos.

"A jurisdição atua através de um instrumento que é o processo, e aos interessados a ordem jurídica outorga o direito de ação, isto é o direito de pleitear em juízo a reparação das violações dos direitos."[90]

José Roberto dos Santos Bedaque explica que a utilização do termo tutela jurisdicional não é uniforme. Alguns processualistas concebem a tutela jurisdicional em sentido abstrato, desvinculada do direito material. Nesse enfoque, é a tutela jurisdicional o poder de provocar a atuação da jurisdição e a atividade do Poder Judiciário desenvolvida a partir da provocação.

Considerado o direito material, a tutela jurisdicional é a prestada a quem esteja amparado pelo direito material. Nesse sentido, tutela jurisdicional é expressão que não compreende apenas a prestação jurisdicional e o dever de prestá-la conseqüente ao poder de ação, mas, igualmente, o resultado almejado. Também é esse o significado da expressão italiana "tutela jurídica de direitos". Esta é utilizada para representar o direito de acesso ao Poder Judiciário e a garantia constitucional de tutela jurisdicional dos direitos subjetivos.[91]

Por fim, conclui Bedaque que a "tutela jurisdicional tem o significado de proteção de um direito ou de uma situação jurídica, pela via jurisdicional".[92]

Flávio Luiz Yarshell, de seu lado, afirma que a expressão "tutela de direitos" é mais utilizada para designar a defesa do direito diante de sua violação ou ameaça de violação. A expressão, nesse sentido, está vinculada aos meios de tutela, que se encontram disponíveis no ordenamento jurídico para as hipóteses de violação. Expõe, ainda, que a tutela de direitos pode se efetivar dentro ou fora do processo, pelo exercício da jurisdição ou não. Quando a tutela de direitos é obtida mediante a intervenção estatal e pelo exercício da atividade jurisdicional fala-se em tutela jurisdicional dos direitos.[93]

90. *Tutela Constitucional das Liberdades*, p. 53.
91. *Direito e Processo. Influência do Direito Material sobre o Processo*, p. 36.
92. Idem, p. 29.
93. *Tutela Jurisdicional*, p. 29.

136  A TUTELA DA LIBERDADE NO PROCESSO PENAL

Yarshell oferece, ainda, distinção entre jurisdição e tutela jurisdicional: "não há identidade entre jurisdição e tutela jurisdicional: enquanto a primeira designa a atividade – também função e poder-estatal –, a segunda designa a proteção (tutela) que se proporciona por meio do exercício dessa atividade; proteção que, como visto, reside não apenas no resultado final ('produto') da atividade, mas bem ainda no meio (processo) empregado para seu exercício".[94]

### 3.2.3 Jurisdição penal

A tutela da liberdade no processo penal é, modernamente, assimilada pela maior parte das codificações. Também em doutrina recente prepondera o estudo do processo penal a partir das garantias de direitos e liberdades individuais que por ele se veiculam, seja, por via indireta, com a previsão de procedimento estruturado de forma a suportar a tutela da liberdade, seja, por rumo direto, pela compreensão das normas processuais no quadro normativo conformador do ordenamento jurídico como um todo, no qual a tutela da liberdade deve inserir-se.

Leia-se, analisando em termos históricos a tutela jurisdicional da liberdade, Hélio Tornaghi: "Com a transferência da função de legislar para um órgão próprio e específico e com a atribuição ao Judiciário do cometimento de resolver toda matéria litigiosa, acentuam-se a independência e a separação dos poderes e as garantias do juiz. Como corolário, desaparece a justiça regalista, a justiça como função delegada pela liberalidade do César, e surge uma nova incumbência do Judiciário: a de tutelar a liberdade. Se a tarefa de resolver os conflitos era para o juiz uma necessidade lógica, a própria causa de seu aparecimento, a missão de proteger a liberdade lhe advém como uma contingência histórica, uma resultante de sua evolução. Mas também o reverso acontece: a jurisdição passa a exercer um papel frenador da liberdade e repressor do abuso. Não é outro fenômeno diverso do anterior. É o mesmo; são duas faces de uma mesma realidade. Por isso, muito de propósito, disse que aconteceu o reverso. A única maneira de resguardar inteiramente a liberdade é evitar que ela descambe para a licença, é fazer que ela vivifique a comunidade sem a dissolver".[95]

---

94. Idem, p. 125.
95. *Compêndio de Processo Penal*, t. I, p. 6.

PROCESSO PENAL 137

Leia-se Joaquim Canuto Mendes de Almeida: "O direito à restrição da liberdade já nasce gravado pelo encarrego dos juízes e tribunais denominado jurisdição. A meu ver – e por isso – a jurisdição enquanto *notio* e *iudicium* – tutela precisamente não a liberdade residual, ainda apenas enquanto restante liberdade natural (intocada pelo direito), mas a liberdade jurídica, isto é, enquanto já tutelável ou já tutelada pelo Poder Judiciário".[96]

Também Sérgio Marcos de Moraes Pitombo, enfatizando o processo penal como tutela da liberdade jurídica: "O conflito de alta relevância exsurge fixo, no processo penal. Não lide, no sentido carnelutiano. Não lide, no sentido de, tão-só, solução de conflito de interesses privados, ou litígio. Temos, repetindo, o antagonismo de alta relevância. E, sempre o mesmo, imutável. Exibindo, a todo tempo, a idéia de que o processo penal existe, porém, de modo prevalente, em tutela da liberdade jurídica do acusado".[97]

Mais especificamente Ana Maria Babette Bajer Fernandes: "O processo penal serve à liberdade jurídica do réu. O direito material também o faz, sendo maior o campo de sua atuação, pois tem por fundamento também o resguardo da liberdade jurídica". E ainda, referindo-se à verificação concreta dos limites da liberdade jurídica: "Esta verificação se faz em função de uma dupla garantia: a do processo regular e a dos parâmetros estabelecidos no tipo legal-penal".[98]

Por fim, Rogério Lauria Tucci:

"Abstração feita de certas impropriedades, como as cultivadas por eminentes processualistas, tendo a jurisdição como 'o poder de dizer o direito', consiste a penal, efetivamente, na atuação do Estado, por intermédio de órgãos do Poder Judiciário, integrantes da Justiça Criminal, com a finalidade de aplicação das normas jurídicas penais materiais positivas a um fato tido como típico, antijurídico e culpável, e das formais, disciplinadoras dos processos cognitivo e executivo nos quais essa atividade se concretiza. (...)

"De outra banda, e como, igualmente, já ressaltado, conferido a tais órgãos estatais esse poder de aplicação do Direito Penal material ao caso submetido à sua apreciação, essa atribuição consubstancia-

---

96. *Processo Penal, Ação e Jurisdição*, cit., p. 8.

97. "Constituição da República e processo penal", *Revista Especial do Tribunal Regional Federal da 3ª Região*, p. 134.

98. *O Fundamento Último do Processo Penal e sua Conexão com o Fundamento Último do Poder-Dever de Punir do Estado* – não publicado.

138  A TUTELA DA LIBERDADE NO PROCESSO PENAL

se, também, num dever (dever funcional); vale dizer, constitui-se num poder-dever de processar e julgar as causas criminais.

"Aduza-se que esse poder-dever não se restringe às causas atinentes à efetivação do *ius puniendi* do Estado, em processo de conhecimento de caráter condenatório; mas abrange, ainda, aquelas referenciadas à afirmação do *ius libertatis* do ser humano, membro da comunhão social. E concretiza-se, tanto na atividade jurisdicional dos agentes do Poder Judiciário *stricto sensu* concebida, isto é, relacionada com a *notio* e o *iudicium* (*iurisdictio = notio +iudicium*), correspondente à cognição, instrução e julgamento; como na concernente à coerção (*coertitio*), ou coação, estatal, sobrelevada no *imperium*, que encontra campo apropriado também no processo penal executivo."[99]

Tão importante quanto reconhecer como fundamento do processo penal a liberdade individual é instituir meios e fórmulas de tutela da liberdade no exercício da jurisdição penal.

Embora as garantias de liberdade se encontrem asseguradas fora do processo penal, na Constituição, é no processo penal e na lei penal que se encontram limites ao poder estatal de restringir a liberdade de alguém em razão da prática de crime. Assim, o processo penal é instrumento de tutela da liberdade, porque fixa limites aos limites estabelecidos pela Constituição ao poder estatal de restringir a liberdade. Na medida em que a lei processual regulamenta o dever de persecução penal e de realização do direito de punir, é ela garantia de liberdade.

A primeira garantia de liberdade, que se apresenta no ordenamento jurídico, sob o ponto de vista legislativo, no âmbito penal, é a previsão legal dos crimes e das penas e a irretroatividade da lei penal.[100]

---

99. "Considerações acerca da inadmissibilidade de uma teoria geral do processo", *Revista do Advogado* 61/101.

100. Cf. Manuel Cavaleiro Ferreira, *Curso de Processo Penal*, vol. 1º, p. 256, e Jacques Robert, *Les Violations de la Liberte Individuelle Commises par l'Administration*, p. 58.

Assinala Rogério Lauria Tucci que embora a regra *do nullum crimen nulla poena sine praevia lege*, tenha sido instituída por Feuerbach como limite de atuação estatal no plano do direito penal, foi conhecida entre os romanos, na segunda fase do processo penal romano, quando da instituição do procedimento acusatório das *quaestiones perpetue* (*Direitos e Garantias Individuais no Processo Penal Brasileiro*, p. 312). Afirma Reinhart Maurah que a prescrição legal dos crimes foi concebida inicialmente para garantir a aplicação da lei incriminadora pelo juiz. A tipicidade não significou num primeiro momento garantia individual contra o arbítrio estatal, mas imposição de cumprimento da lei (*Tratado de Direito Penal*, p. 114).

PROCESSO PENAL                                                        139

O tipo penal é a primeira garantia de liberdade, a de não ser alguém penalmente acusado senão em razão de fato tido pela lei como crime.

Defendendo a tipicidade das ações penais, Cândido Rangel Dinamarco esclarece:

"O princípio da reserva legal (*nullum crimen, nulla pœna sine lege*) é consagrado na lei penal e em nível de Constituição (art. 5º, XXXIX). Por força dele, não se admite, sequer em tese e em caso algum, a incriminação penal de alguém fora dos casos rigorosamente típicos dos crimes definidos em lei (*Tatbeständen*); e isso se traduz, em direito processual, como impossibilidade jurídica do pedido. Tal é o que se dá, sempre que fiquem sem importância os fatos descritos e as considerações feitas pelas partes, percebendo-se desde logo que *a priori* a lei exclui a concessão do provimento pedido no caso concreto."[101]

A segunda garantia é de tutela jurisdicional, pressuposto de todas as demais garantias de liberdade no processo penal. Essa garantia, tida como institucional, assegura a existência do Poder Judiciário, órgão do Estado independente e imparcial, com funções próprias e bem delimitadas: compor litígios e solucionar conflito de interesses de alta relevância, já mencionado.

Assinala Ferrajoli que a correlação entre as garantias penais e as processuais reflete o nexo específico entre lei e juízo em matéria penal. No plano lógico, estrita legalidade e estrita jurisdicionalidade pressupõem-se reciprocamente. No plano teórico, está implícita na jurisdição a garantia de materialidade, lesividade e culpabilidade como condições de prova da conduta ilícita. No plano teleológico, o princípio da legalidade assegura a prevenção de condutas previstas como delitos e o princípio da jurisdicionalidade assegura a prevenção de vinganças e de penas privadas.[102]

Com fundamento nessas duas garantias, da legalidade penal e da jurisdição, Rogério Lauria Tucci e Sérgio Marcos de Moraes Pitombo elegeram o caráter publicístico do processo penal como "super-regra", "regra mais geral", elevada a princípio norteador do direito processual penal.[103]

---

101. *Fundamentos do Processo Civil Moderno*, vol. I, p. 351. Dinamarco ressalva que Ada Pellegrini Grinover entende a tipicidade como matéria de mérito. Também Flávio Luiz Yarshell segue esse entendimento.

102. *Derecho y Razón*, p. 538.

103. Leia-se: "A regra mais geral, a super-regra de Direito Processual Penal é, inequivocamente, a correspondente ao caráter publicístico ostentado pelo processo penal.

140 A TUTELA DA LIBERDADE NO PROCESSO PENAL

A terceira garantia de liberdade no processo penal diz com o devido processo legal.[104] Não bastam a legalidade penal e a garantia jurisdicional para o resguardo da liberdade. É preciso que, no exercício da jurisdição, observem-se regras, formulações ou postulados asseguradores da liberdade.

Conforme Rogério Lauria Tucci, o devido processo legal consiste "numa garantia conferida pela Magna Carta, objetivando a consecução dos direitos denominados fundamentais mediante efetivação do direito ao processo, materializado num procedimento regularmente desenvolvido, com a imprescindível concretização de todos os seus respectivos corolários, e num prazo razoável".[105]

Afirma, ainda, esse Autor, que a expressão "devido processo penal", utilizada por Pedro J. Bertolino, é dotada de maior rigor técnico porque a garantia do devido processo legal tem especificidade no processo penal. As garantias do devido processo legal determinam "que uma pessoa física não pode ser privada de sua liberdade (ou de outros bens, a ela correlatos) sem o devido processo penal, em que se realize a ação judiciária, atrelada ao vigoroso e incindível relacionamento entre as preceituações constitucionais e as normas penais, quer de natureza substancial, quer de caráter instrumental, e de sorte a tornar efetiva a atuação da Justiça Criminal, tanto na inflição e na concretização da pena, ou da medida de segurança, como na afirmação do *ius libertatis*".[106]

---

"Com efeito, colocados neste, sempre lado a lado, o Estado, como catalisador do interesse da comunidade, cujo fim último é a paz social e, assim também, a prosperidade dos membros que a integram e o indivíduo, posto, já ao nascer, e perenemente, em condições de exercer, com amplitude, toda a atuação necessária à assecuração do *ius libertatis*, erige-se ele – processo penal – como elemento propulsor do anseio de realização de ambos os interesses, quando, por motivo em lei estabelecido, contrapostos.

"Tenha-se presente, a esse respeito, em primeiro lugar, a afirmação uníssona da doutrina penal e processual penal, de que o Estado é o titular absoluto, exclusivo, do *ius puniendi*, ao mesmo tempo um poder e um dever – poder-dever de punir. E, igualmente, que tal poder-dever encontra importante limitação na lei penal, determinante da inadmissibilidade de punição, ou seja, da preservação da liberdade, de qualquer pessoa que não tenha praticado, comissiva ou omissivamente, ato consubstanciado no tipo legal" (*Princípio e Regras Orientadoras do Novo Processo Penal Brasileiro*, p. 46).

104. Jacques Robert refere-se a regras de um processo penal guardião da liberdade (*Les Violations...*, cit., p. 73). Luigi Ferrajoli usa a terminologia jurisdicionalidade estrita para designar as garantias processuais (*Derecho y Razón*, cit., p. 539).

105. *Devido Processo Legal e Tutela Jurisdicional*, p. 19.

106. Idem, ibidem.

PROCESSO PENAL 141

San Tiago Dantas já visualizara, em seu tempo, a dimensão substancial do devido processo legal. Advertira, referindo-se ao procedimento legislativo, que a simples expedição de um ato legislativo, formalmente perfeito, não basta para que se cumpram os requisitos do devido processo legal. Transcreva-se:

"Nem todo ato legislativo, formalmente perfeito, é *due process of law*. Para que o seja, é necessário que esse ato, no seu conteúdo normativo, se revista do caráter de generalidade próprio da norma jurídica, o que exclui a validade de uma lei *ad personam*, a menos que seja conforme às normas gerais em vigor."[107]

Conclui, ainda, San Tiago Dantas que há necessidade de sujeição das leis também aos princípios gerais do direito. Nesse entendimento, o conteúdo normativo da lei, mesmo que formalmente decorrente de processo legislativo, não pode ser admitido, quando incompatível com a norma hierárquica superior (a Constituição).[108]

É inseparável da garantia do devido processo penal, ainda, uma regulamentação do exercício da atividade estatal na persecução penal de forma a comportar a tutela da liberdade. Regulamentação esta de caráter genérico e abstrato, necessariamente vinculada às disposições constitucionais, para que não se restrinjam a liberdade, direitos e garantias individuais a ela conexos, sem previsão legal e sem fundamento constitucional

O dever de processo penal comporta, então, constitucionalmente e necessariamente, o dever de tutela jurisdicional da liberdade. Transcreve-se Sérgio Marcos de Moraes Pitombo, ao discorrer sobre o processo penal como dever do Estado:

"O processo penal é, pois, obrigatório, não apenas no sentido de atender à sociedade, no interesse da qual se devem investigar os crimes, perseguir e punir os delinqüentes.

"Seria muito pouco o escopo. Aflora ele obrigatório, com grandeza, por ser a única maneira lícita de punir e vigiar o indivíduo. Não mero instrumento de liberação de penas, ou medidas de segurança,

---

107. *Problemas de Direito Positivo. Estudos e Pareceres*, p. 63.

108. Rogério Lauria Tucci assenta, de seu lado, que o devido processo legal pressupõe: a) um processo legislativo, previamente, definido e regular, com dispositivos razoáveis e senso de justiça, necessariamente enquadrados nos preceitos constitucionais; b) aplicação de normas jurídicas por instrumento hábil a interpretá-las e realizá-las; c) paridade de armas, igualdade substancial e equilíbrio de situações na realidade processual (*Direitos e Garantias Individuais no Processo Penal Brasileiro*, pp. 64-66).

142 A TUTELA DA LIBERDADE NO PROCESSO PENAL

mas forma de não punir, ou de só fazê-lo na justa medida, quantitativa e qualitativa, correlatas ambas à infração penal, se e quando antes lhe provada a existência fática e sua autoria.

"É a pretensão punitiva mesma do Estado que, em oposição, lhe faz nascer o dever de, apenas, exercê-la por via do processo em ação judiciária condenatória. Não se tutela, aqui, o interesse público, senão em momento posterior de execução, mas a liberdade jurídica dos réus nos processos penais."[109]

### 3.2.4 Universalização da jurisdição
#### e proteção da liberdade individual na jurisdição penal

O processo penal tem sido tratado no contexto das liberdades públicas. Todas as suas questões relevantes vêm sendo consideradas à luz das mesmas liberdades públicas, em formulação que também abrange as liberdades sociais.[110-111]

Essa é a tendência atual, a de se enquadrar o processo penal no próprio âmbito da Constituição e não como complemento dos direitos e garantias individuais.[112]

Esse enquadramento é louvável, mas exige cuidados, pois na Constituição se encontram positivados, muitas vezes, valores que se antagonizam, sem mediação ou regulamentação legal, sem enfim, critério de proporção.[113]

---

109. "Processo penal como dever do Estado", *Jornal do Advogado* 65 (ressalve-se que, mais tarde, Sérgio Marcos de Moraes Pitombo abandonou a idéia de pretensão punitiva).

110. É como pensa Ada Pellegrini Grinover (*Liberdades Públicas e Processo Penal: as Interceptações Telefônicas*, pp. 64-65).

111. A idéia de liberdade social, ou de liberdades, está ligada ao plano social e político. Surge com os ideais de democratização. Como contraponto às liberdades formais; são liberdades reais. Não se refere à propriedade do ato voluntário individual, autonomia, mas às relações entre pessoas ou grupos. Não é a soma das liberdades individuais e não depende da sua conduta privada. A liberdade individual não é condição para a social (cf. Joaquim de Souza Teixeira, *Polis – Enciclopédia Verbo da Sociedade e do Estado*, vol. 3, p. 368, verbete "Liberdade").

112. É expressão desse posicionamento a obra de Antonio Scarance Fernandes, *Processo Penal Constitucional*.

113. Há de se lembrar, outrossim, que nosso sistema de controle de constitucionalidade, difuso e concentrado, provocaria, nos tribunais, conflito potencializado entre os princípios ou regras que garantem a liberdade e aqueles que acautelam o direito de punir. O que significaria a supressão da própria garantia da legalidade.

PROCESSO PENAL

Serve a título de alerta a lição de Norberto Bobbio, no sentido de que a ordem jurídica, compreendida num Estado Social e Democrático de Direito, passou a tutelar direitos em si incompatíveis, de tal forma que a proteção de um pode implicar a exclusão da proteção do outro. A realização material desses direitos, simultaneamente, seria, conforme Bobbio, impossível, já que tais direitos têm por fim realizar valores que se antagonizam na origem.[114]

Não só isso. A operacionalização desses direitos, no plano concreto, comporta inúmeras hipóteses de solução para um mesmo conflito de interesses. Sem mediação da lei, impossível a formulação de critérios seguros de decisão.

Tranqüiliza constatar que a Constituição brasileira garante, como direitos fundamentais também, restrições à plena satisfação do interesse público. O processo penal e outros regramentos a ele específicos são positivados como limitações impostas ao Poder Público, ao mesmo tempo em que aderem ao rol de direitos fundamentais da pessoa. Nesse sentido é possível falar que o processo penal, enquanto forma para resolução de conflitos de interesses, já é critério de proporção e mediação entre direitos fundamentais de origem social ou coletiva, de um lado, e direitos fundamentais personalíssimos, de outro. Sua estrutura não pode ser desmantelada ou desconsiderada a título de satisfação do interesse de punir, ainda que este se trate de interesse público.

Assiste-se, nos dias de hoje, a tendência no direito brasileiro que vem atender, no dizer de Cândido Rangel Dinamarco, ao movimento social e político de universalização da jurisdição e de maximização dos conflitos e lesões a direitos jurisdicionalizáveis.[115]

Mais que isso, ainda conforme testemunho de Dinamarco, existe uma "onda renovatória" no sentido de conceber o processo como uma busca de resultados, fora do plano puramente técnico. Isto é, não como a vontade concreta da lei, como dizia Chiovenda, nem como a composição da lide, no dizer de Carnelutti, no sentido de criar norma antes inexistente, mas para buscar resultados no plano social e político.[116]

114. *A Era dos Direitos*, pp. 42-44.
115. *Fundamentos do Processo Civil Moderno*, cit., vol. II, p. 873.
116. "Instrumentalidade do processo", *Ciclo de Conferências para Juízes Federais* 8/115.

144 A TUTELA DA LIBERDADE NO PROCESSO PENAL

Esse movimento corresponde a uma publicização dos direitos individuais no processo civil brasileiro, fenômeno este tão presente que Cândido Rangel Dinamarco chega a afirmar a existência de uma "tutela coletiva de ofício" na competência civil, que corresponde à "coletivização de ofício" dos litígios individuais.[117]

Adapta-se a essa onda renovatória do processo expressivo aumento da legitimidade *ad causam* do Ministério Público e de entidades representativas da defesa de direitos e interesses coletivos e difusos na jurisdição, verdadeiros substitutos processuais das pessoas, individualmente interessadas, podendo-se falar, inclusive, em excepcionamento da regra do art. 6º do CPC (de que ninguém poderá pleitear em nome próprio direito alheio, senão quando a lei autorizar) para os direitos coletivos.[118] Também se prevê na legislação brasileira hipótese de tutela jurisdicional conjunta de interesses individuais homogêneos.[119]

O que preocupa não é a atribuição ao Ministério Público de poderes para defender, em juízo, os interesses transindividuais na competência civil, mas, sim, fixe-se bem, a reunião simultânea, em uma mesma instituição, de poderes para a defesa dos interesses coletivos, difusos e individuais homogêneos, além da titularidade da ação penal. Esse complexo de atribuições faz com que o Ministério Público se identifique, no processo penal, com a defesa do direito de punir e com o interesse individual da vítima. Vê-se que as suas atribuições acobertam, por assim dizer, quase toda a disciplina constitucional

---

117. Transcreve-se o art. 129, III, da CF: "São funções institucionais do Ministério Público: (...) III – promover o inquérito civil e a ação civil pública, para a proteção do patrimônio público e social, do meio ambiente e de outros interesses difusos e coletivos (...)".

118. *Fundamentos do Processo Civil Moderno*, cit., vol. II, p. 869.

119. Anota Pedro da Silva Dinamarco (em dissertação apresentada à Faculdade de Direito da Universidade de São Paulo, em 2000, intitulada *Ação Civil Pública e suas Condições de Ação*, sob orientação de Cândido Rangel Dinamarco), que existe resistência da doutrina e jurisprudência em se admitir a legitimidade *ad causam* do Ministério Público para a defesa dos interesses individuais homogêneos porque não previstos no art. 129, III, da CF. Na verdade, tais interesses foram compreendidos como passíveis de tutela somente a partir do Código de Defesa do Consumidor (art. 81, parágrafo único, III). Por essa razão, a doutrina aceita a legitimidade do Ministério Público na defesa desses interesses por meio de ação civil pública somente quando forem simultaneamente indisponíveis (p. 230). Nesses casos, ou seja, de interesses indisponíveis, o autor sustenta a legitimidade do Ministério Público para substituir até mesmo uma única pessoa, mas o faz com a ressalva, em nota de rodapé, de que existe balizada doutrina, representada por Miguel Reale, que entende o reconhecimento da legitimidade *ad causam* do Ministério Público, nesses casos, como verdadeira supressão da liberdade de escolha do titular do direito individual (pp. 230-231).

PROCESSO PENAL                                                   145

das liberdades públicas (liberdades sociais e liberdades individuais). Excluem-se da sua proteção apenas pequena parte dos interesses individuais. Toda a articulação democrática do direito, considerada no plano abstrato, ficou, no plano concreto, reduzida a uma só voz. Também a uma só voz ficou a apregoada institucionalização do processo como veículo de participação democrática e de reafirmação da autonomia individual.

Essa tendência do processo coexiste, ainda, com outro fenômeno, o da agilização e rapidez na prestação jurisdicional. Têm surgido, em resposta ao anseio de celeridade e eficácia do processo, novas modalidades de tutela jurisdicional: a antecipação dos efeitos da tutela jurisdicional no processo de conhecimento (art. 273 do CPC), bem como a existência de processo cautelar autônomo, de índole satisfativa, com cognição exauriente e sem necessidade de superveniência de processo principal.[120]

Novos instrumentos processuais foram criados para a tutela coletiva dos interesses difusos, coletivos e individuais homogêneos.[121] É fruto dessa tendência, inclusive, a admissão, em doutrina e jurisprudência brasileiras, do mandado de segurança contra atos jurisdicionais.[122]

A procura de proteção jurisdicional dos direitos de natureza coletiva constitucionalmente garantidos, tem provocado questionamentos rotineiros sobre a presunção de legalidade dos atos administrativos e da lei infraconstitucional em face da Constituição. Existe busca da legalidade, hierarquicamente, superior (Constituição) em detrimento de toda regulamentação ordinária, em reação a leis consideradas abusivas. Acena-se, ainda, com a possibilidade de afastar a presunção de legalidade das leis e dos atos administrativos por meio de liminar ou medida cautelar.[123]

Esse quadro foi apresentado não para ser criticado, mas para que se tenha presente que os direitos coletivos estão na Constituição

---

120. Cf. José Eduardo Carreira Alvim, "Medidas cautelares satisfativas", *Ciclo de Conferências para Juízes Federais* 8/93.

121. Na Constituição, foram previstos o mandado de segurança coletivo, a ação civil pública, o inquérito civil e a garantia de apreciação pelo Judiciário de lesão ou ameaça a direito sem exceção para os direitos coletivos. Também se verifica nova técnica de proteção de direitos coletivos trazida pela Lei da Ação Civil Pública, pelo Código de Defesa do Consumidor e pela Lei do Meio Ambiente, na qual se privilegiam, processualmente, os interesses coletivos (cf. Dinamarco, *Fundamentos do Processo Civil Moderno*, cit., vol. II, pp. 870 e 888).

122. *Fundamentos do Processo Civil Moderno*, cit., vol. II, p. 871.

123. Cf. José Eduardo Carreira Alvim, ob. cit., p. 107.

146 A TUTELA DA LIBERDADE NO PROCESSO PENAL

e na ordem processual garantidos em pé de igualdade com os direitos individuais. A garantia processual desses direitos é complementada, inclusive, com os instrumentos processuais constitucionais de tutela, antes reservados e concebidos apenas para a garantia de direitos individuais. A respeito da "jurisdição constitucional das liberdades", Cândido Rangel Dinamarco escreve:

"Em todo o campo coberto pela jurisdição constitucional das liberdades vê-se, pois, a obcecada preocupação em dar efetividade às garantias que a Constituição oferece, para que não fiquem em mera promessa. Isso é substancialmente assim também nos mecanismos de controle de constitucionalidade das leis e atos normativos da Administração, onde se trata de impedir que prevaleçam se e quando em conflito com a ordem constitucional. Conclui-se, portanto, que toda a jurisdição constitucional se caracteriza como conjunto de remédios processuais oferecidos pela Constituição, para a prevalência dos valores que ela própria abriga. Eis então, de modo visível, a relação de instrumentalidade desses remédios para com a Constituição. É lícito concluir, ainda, que todo direito processual constitucional constitui uma postura instrumentalista. (...) O constituinte tem por premissa a falibilidade do legislador e põe empenho em fazer valer em sua feição atual o binômio lei-liberdade, assim estruturado: [*citando Nicolò Trocker*] 'não mais direitos de liberdade na medida das leis, mas leis na medida dos direitos de liberdade' [*citando frase de Nicolò Trocker*]."[124]

Anota Frederico Marques que a jurisdição penal, no Brasil, pode ser hoje compreendida no quadro da jurisdição constitucional das liberdades, conforme defendido na Itália por Mauro Cappelletti, sem temor quanto às garantias de liberdade do cidadão, porque na Constituição brasileira existem regramentos suficientes para a tutela da liberdade individual frente a *persecutio criminis*, até mesmo contra o legislador, por meio do controle de constitucionalidade.[125]

Fixe-se, no entanto, que tal entendimento só se faz possível se o processo penal e seus regramentos constitucionais específicos, mais os direitos fundamentais conexos à personalidade humana, forem compreendidos como unidade indissociável, integrada, em bloco, ao patrimônio dos direitos subjetivos do acusado.

---

124. *A Instrumentalidade do Processo*, pp. 31 e 30, respectivamente.

125. "O processo penal na atualidade", *Processo Penal e Constituição Federal*, p. 16.

PROCESSO PENAL 147

Há, até, quem identifique a infração penal como agressão à liberdade social e considere o interesse do Ministério Público na persecução como um interesse difuso. Afrânio Silva Jardim enxerga na atividade punitiva estatal função libertadora. Leia-se: "A atividade punitiva estatal não deixa de ter uma função libertadora, pois a conduta criminosa atinge também a liberdade da vítima, que, quando legítima, deve ser tutelada pelo Estado. Em outras palavras, a supressão da liberdade de um pode ser a afirmação da liberdade de muitos. Isto fica mais claro nos chamados crimes econômicos".[126]

Mas o tratamento do direito de punir e do direito de liberdade como direitos coletivos, ou difusos, é tecnicamente inapropriado nos dias de hoje, em que comportam diferenciação. Além disso, desconsidera tanto a não correspondência que pode existir entre esses direitos e o interesse público,[127] como a titularidade do Estado, imparcial,[128] na defesa dos mesmos.

É preocupante o enfoque do processo penal direcionado à satisfação dos interesses coletivos, em termos genéricos.

Esse estado de coisas vem refletir-se na sistemática do processo penal e no sistema de proteção do indivíduo contra lesão ou ameaça ao direito de liberdade na esfera penal.[129]

---

126. Cf. Afrânio Silva Jardim, *Ação Penal Pública. Princípio da Obrigatoriedade*, pp. 5 e 24, e "Crítica à ação penal privada e popular subsidiárias", *Revista Forense* 293.

127. Encontram-se definidos no art. 81, parágrafo único, I, II e III, do CDC os interesses transindividuais: "I – interesses ou direitos difusos, assim entendidos, para efeitos deste Código, os transindividuais, de natureza indivisível, de que sejam titulares pessoas indeterminadas e ligadas por circunstâncias de fato; II – interesses ou direitos coletivos, assim entendidos, para efeitos deste Código, os transindividuais de natureza indivisível de que seja titular grupo, categoria ou classe de pessoas ligadas entre si ou com a parte contrária por uma relação jurídica base; III – interesses ou direitos individuais homogêneos, assim entendidos os decorrentes de origem comum". Pedro da Silva Dinamarco esclarece que a distinção entre interesses coletivos, difusos e individuais homogêneos não é usada na doutrina estrangeira. Interesses difusos e coletivos são usados como sinônimos e se encontram num novo patamar entre o interesse público e o privado. Ainda conforme o autor, nenhuma pessoa jurídica, nem mesmo o Estado, pode ser titular dos interesses difusos (*Ação Civil Pública...*, cit., pp. 54 e 238).

128. Imparcialidade, conforme Canuto Mendes de Almeida, é "a posição desinteressada do espírito entre duas soluções contrárias". A imparcialidade do Estado, ainda segundo Canuto, é qualificada porque o Poder Público ao procurar a justiça legitima uma das duas posições parciais (*Princípios Fundamentais do Processo Penal*, p. 100).

129. Verifica-se, dia após dia, verdadeira desarticulação da sistemática processual concebida em sua totalidade, na origem, de forma a comportar já no direito objetivo a tutela simultânea e proporcional de interesses públicos indisponíveis, direito de punir e direito de liberdade. Constata-se verdadeira confusão entre as técnicas de proteção de

# 148 A TUTELA DA LIBERDADE NO PROCESSO PENAL

Melhor acompanhar posição de Niceto Alcala-Zamorra y Castillo e Ricardo Levene, fundada no pensamento de Chiovenda: "Al Derecho

direitos na tutela coletiva e a técnica do processo penal. Há tentativa do Ministério Público de utilizar o *habeas corpus* para a defesa do interesse público de liberdade (social), contrariamente ao interesse individual de liberdade, de forma a acautelar não o interesse de liberdade do acusado, mas o direito de punir (concebido como expressão de tutela da liberdade social). Também a título de defesa de interesses individuais homogêneos, verifica-se tendência, no Ministério Público, de se auto-intitular defensor dos interesses da pessoa pobre na jurisdição penal, fora das hipóteses autorizadas pelo Código Penal. Tudo isso, sem contar com as investigações em inquérito civil público não regulamentadas, mas desviadas para complementação da atuação ministerial na competência penal. Também a utilização do *habeas corpus ex officio* vem sendo desviada para comportar tutela em desfavor do interesse de liberdade. Preocupa, ainda, a utilização pelo Ministério Público de mandado de segurança para desconstituir decisão jurisdicional. Consultem-se, como exemplo, as seguintes jurisprudências:

"*Habeas corpus* – Impetração originária no STF pelo Ministério Público em favor do réu – Não conhecimento – *Writ* que, além de desautorizado pelo próprio paciente, foi utilizado para satisfação dos interesses do órgão da acusação, o que descaracteriza a essência desse instrumento exclusivamente vocacionado à proteção da liberdade individual – Inteligência do art. 192, parágrafo único, do Regimento Interno do STF. Ementa oficial: *Não se conhece do pedido de "habeas corpus" quando este, ajuizado originariamente perante o Supremo Tribunal Federal, é expressamente utilizado pelo MP como instrumento de promoção dos interesses da acusação.* Esse *writ* constitucional há de ser considerado em função de sua específica destinação tutelar: a salvaguarda do estado de liberdade individual do paciente. A impetração do *habeas corpus*, com desvio de sua finalidade jurídico-constitucional, objetivando satisfazer os interesses da acusação, descaracteriza a essência desse instrumento exclusivamente vocacionado à proteção da liberdade individual. Doutrina e precedentes" (STF, 1ª T., Rel. Min. Celso de Mello, HC 69889-1, *RT* 709/398).

"*Habeas corpus* – Objetivo – Nulidade da sentença – Impetração por Promotor de Justiça 'em favor' do paciente – Alegação de falta de fundamentação do decreto condenatório – *Writ*, na verdade, impetrado como recurso da Acusação, não interposto no devido tempo – *Reformatio in pejus* indireta – Inadmissibilidade – Súmula n. 160 do Supremo Tribunal Federal – Ordem não conhecida" (TJSP, HC 233.400-3, *Julgados do Tribunal de Justiça* 202/322).

"*Habeas corpus*. 2. Extinção da punibilidade pela prescrição da pretensão punitiva, reconhecida no julgamento da apelação, em 11.3.1996, por maioria de votos, vencida a relatora. 3. Questão de ordem submetida pelo relator designado para lavratura do acórdão. Crime permanente. Termo *a quo* da prescrição somente ocorreu ao cessarem os atos delitivos continuados. Anulação do julgamento anterior. 4. Verifica-se, a partir do voto da Juíza relatora, que os fatos e fundamentos de direito foram deduzidos perante a Turma. As datas estão claramente referidas. Não há falar, assim, em mero error material. 5. Se equívoco sucedeu, esse concerne a *error in judicando*. Não se pode, de ofício, rejulgar a espécie. 6. *Habeas corpus* deferido, em parte, a) para cassar a decisão do Tribunal Regional Federal da 3ª Região que, acolhendo questão de ordem, anulou julgamento anterior da apelação no qual se decretara a extinção da punibilidade pela prescrição da pretensão punitiva, ficando, em conseqüência, anulados os demais atos e decisões no processo, a seguir, tomados pelo Tribunal; b) seja o acórdão relativo ao julgamento de 11 de março de 1996, publicado para todos os fins de direito; c) determinar seja o paciente

PROCESSO PENAL 149

constitucional pertenece la jurisdicción sólo en cuanto se la considere como emanación o atributo de la soberanía del Estado o, en otros términos, como manifestación de los poderes o funciones que le incumben, pero en modo alguno cuando se la contempla en actitud dinámica, ya que entonces, siendo jurisdicción y proceso conceptos correlativos, el segundo es el campo donde se desenvuelve la primera".[130]

Já foi dito, em momento anterior, que existe a necessidade de garantir a liberdade individual não só perante o Estado, mas também perante os interesses de grupos sociais e de outros indivíduos. Essa preocupação é intrínseca à jurisdição penal, porque sem a lei penal,

---

posto em liberdade, se porventura estiver preso em decorrência das decisões posteriores à questão de ordem" (STF, 2ª T., Rel. Min. Néri da Silveira, HC 75971/SP, *RTJ* 173/149).

"Ministério Público. Legitimação para promoção, no juízo cível, do ressarcimento do dano resultante de crime, pobre o titular do direito à reparação. C. Pr. Pen., art. 68, ainda constitucional (cf. RE 135.328): processo de inconstitucionalização das leis. 1. A alternativa radical da jurisdição constitucional ortodoxa entre a constitucionalidade plena e a declaração de inconstitucionalidade ou revogação por inconstitucionalidade da lei com fulminante eficácia *ex tunc* faz abstração da evidência de que a implementação de uma nova ordem constitucional não é um fato instantâneo, mas um processo, no qual a possibilidade de realização da norma da Constituição – ainda quando teoricamente não se cuide de preceito de eficácia limitada – subordina-se muitas vezes a alterações da realidade fáctica que a viabilizem. 2. No contexto da Constituição de 1988, a atribuição anteriormente dada ao Ministério Público pelo art. 68 do C. Pr. Pen. – constituindo modalidade de assistência judiciária – deve reputar-se transferida para a Defensoria Pública. Essa, porém, para esse fim, só se pode considerar existente, onde e quando organizada, de direito e de fato, nos moldes do art. 134 da própria Constituição e da lei complementar por ela ordenada. Até que – na União ou em cada Estado considerado – se implemente essa condição de viabilização da cogitada transferência constitucional de atribuições o art. 68 do C. Pr. Pen. será considerado ainda vigente. É o caso do Estado de São Paulo, como decidiu o Plenário no RE 135.328" (STF, 1ª T., Rel. Min. Sepúlveda Pertence, RE 147.776/SP, *RTJ* 175/09).

"O deferimento de liminar, em mandado de segurança impetrado pelo Ministério Público, para conferir efeito suspensivo a Recurso em Sentido Estrito tirado de decisão concessiva de liberdade provisória configura constrangimento ilegal, sanável em *habeas corpus*. Precedentes. *Habeas corpus* conhecido; pedido deferido" (STJ, 5ª T., Rel. Min. Edson Vidigal, HC 15.614, *DJU* 27.8.2001, p. 360).

Ainda: "O mandado de segurança é instrumento constitucional destinado à proteção de direito líqüido e certo, não se prestando para desconstituir decisão judicial em ação penal que assegura ao réu o direito de aguardar em liberdade o julgamento da apelação, seja pela inexistência de direito líqüido e certo, seja por ser passível de ataque por recurso próprio. As normas processuais penais, de interpretação restritiva, não autorizam a utilização da ação mandamental pelo Ministério Público para, no exercício de sua competência constitucional de *custos legis*, obter a decretação de prisão processual. Recurso ordinário desprovido" (STJ, 6ª T., Rel. Min. Vicente Leal, ROMS 9150, *DJU* 15.5.2000, p. 201).

130. *Derecho Procesal Penal*, t. I, p. 26.

150 A TUTELA DA LIBERDADE NO PROCESSO PENAL

sem o processo penal e seus regramentos e sem a jurisdição para garantir as disposições constitucionais no plano concreto, o indivíduo, sozinho, não teria forças para o enfrentamento da coletividade e do poder estatal ilimitado.[131]

É essencial, nesse ponto, a transcrição dos ensinamentos de Rogério Lauria Tucci e Sérgio Marcos de Moraes Pitombo, mais colaboradores, no sentido de circunscrever o direito de punir e o direito de liberdade entre os interesses públicos, indisponíveis e impessoais. Leia-se: "Tenha-se presente, a esse respeito, em primeiro lugar, a afirmação uníssona da doutrina penal e processual penal, de que o Estado é o titular absoluto, exclusivo, do *ius puniendi*, ao mesmo tempo um poder e um dever – poder-dever de punir. E, igualmente, que tal poder-dever encontra importante limitação na lei penal, determinante da inadmissibilidade de punição, ou seja, da preservação da liberdade, de qualquer pessoa que não tenha praticado, comissiva ou omissivamente, ato substanciado no tipo legal". Ainda: "O respeito à liberdade, destarte, integra a própria essencialidade do poder-dever de punir, que se faz exclusivo do Estado justamente por dever ser ele o guardião-mor das garantias individuais".[132]

Assim, o poder-dever de punir do Estado não se vincula à punição propriamente dita, sequer aos interesses da vítima e da sociedade em linha direta. Vincula-se, sim, à regulamentação da liberdade jurídica, no processo penal, nos limites traçados pelo direito penal.[133] Ambos os interesses, de punir e de liberdade, convergem na legalidade. Mais que isso, convergem no processo penal, único instrumento pro-

---

131. Serve nesse tópico a advertência de Canuto Mendes de Almeida: "Privar o indivíduo humano de agir pessoalmente na promoção dos próprios interesses, usando de inteligência, de vontade, dos próprios sentidos, dos próprios músculos – que são seus órgãos naturais – sob a alegação de que tais interesses, sendo comuns a outros homens, devem ser defendidos exclusivamente por estes, porque são em maior número, seria contrariar violentamente a natureza das coisas!". Ainda: "O interesse coletivo à vida ou à liberdade do indivíduo, que os órgãos do Ministério Público implicitamente defendem quando promovem a justiça penal, e tão-só justiça penal, não absorve o interesse que o indivíduo tem de viver e ser livre. O legislador que, adotando teoria contrária, pretendesse negar ação defensiva do indivíduo no procedimento penal, teria proclamado o absurdo do cancelamento, pelo Estado, de atributos que o homem possui porque é homem e não como membro da sociedade" (*Princípios Fundamentais...*, cit., p. 99).

132. *Princípio e Regras Orientadoras do Novo Processo Penal Brasileiro*, pp. 34-36.

133. Cf. Ana Maria Babette Bajer Fernandes e Paulo Sérgio Leite Fernandes, *Aspectos Jurídico-Penais da Tortura*, pp. 91 e 98.

PROCESSO PENAL
151

cessual habilitado pela Constituição para a tutela do direito de punir e de sua perseguição.[134]

Em processo penal, a liberdade jurídica tem regulamentação e conotação especiais em razão do próprio direito material tutelado, Direito Penal, já dimensionado para apontar, de forma taxativa, os nteresses sociais passíveis de tutela penal. Leia-se síntese de Ana Maria Babette Bajer Fernandes e Paulo Sérgio Leite Fernandes:

"O importante é salientar que o Direito Penal é um direito de garantia de liberdades individuais. É direito de garantia para aquele que delinqüiu. O réu tem sua liberdade jurídica tutelada pelo Direito Penal, utilizados os tipos descritos em lei

"Note-se que a chamada 'liberdade jurídica', regulamentada pelo Direito Penal, é, ao mesmo tempo, limitadora da conduta e da própria reação estatal. O extrapolamento desses limites há de ser tratado de forma mais ou menos determinada. Esse tratamento tem, no tocante ao delito, dois pontos fundamentais: a tipicidade e a culpabilidade. Se o primeiro atende ao princípio da reserva legal disciplinando, ao mesmo tempo, os limites máximo e mínimo da pena (cominação em abstrato), a segunda (culpabilidade) há de servir de pedra de toque para outra delimitação, esta concretizada em termos de maior ou menor responsabilidade."[135]

Quanto ao processo penal, anotam os autores referidos: "O processo penal preserva a liberdade jurídica do réu. É processo garantidor de liberdade, pois fora dos parâmetros estabelecidos pela lei processual, sequer se poderá cogitar de eventual restrição da referida liberdade jurídica. Se assim não fosse, estariam todos sujeitos a um arbítrio estatal, com conseqüentes abusos de autoridade. O processo é o caminho seguro por meio do qual o réu será julgado com o devido respeito à sua pessoa e com a devida adequação somente àquilo que praticou. Tudo o mais será resguardado, preservado".[136]

A garantia constitucional da liberdade está, intimamente, ligada aos direitos humanos, não só porque entre eles se encontra a garantia da legalidade da imputação penal, mas, também, a garantia do processo

---

134. Qualquer restrição da liberdade em razão de conduta criminal praticada só se justifica em razão do processo para acautelar o processo e seu resultado. Somente mediante o processo ou em razão dele se encontra a permissão para acautelar o direito de punir. Enquanto não reconhecido na sentença fato constitutivo deste, inexiste direito a assegurá-lo. Consulte-se, mais adiante, tópico reservado às medidas cautelares.

135. *Aspectos Jurídico-Penais...*, cit., pp. 87-88.

136. Idem, p. 82.

150 A TUTELA DA LIBERDADE NO PROCESSO PENAL

penal, com todos os seus regramentos específicos, ou seja, o devido processo penal.

Verifica-se, então, que não serve para o processo penal o conceito de liberdade social ou de tutela jurisdicional coletiva. A tutela dos interesses da coletividade, seja de punição, seja de liberdade, fundada em conduta criminosa, só é possível nos limites do direito penal e no contexto do poder-dever de processo penal.[137] A liberdade individual, de seu lado, admite tutela jurisdicional plena, independentemente da relação jurídica de direito material e dos fatos constitutivos do direito de punir.

O direito de punir exerce-se por coação indireta (*nullum crimen nulla poena sine lege* e *nullum crimen nulla poena sine judicio*).[138]

---

137. Os ensinamentos de James Goldschmidt, nesse particular, são, extremamente, importantes. Embora o autor se refira ao processo penal como situação jurídica e não como a maior parte da doutrina processual penal, que o estuda como relação jurídica, sua compreensão de processo penal permite a diferenciação entre este e o processo civil em termos de tutela jurisdicional, ou seja, de proteção jurisdicional do direito material, o que possibilita distinguir a tutela do direito material de punir da tutela de outros direitos materiais relevantes, necessária para a distinção entre a tutela jurisdicional coletiva, posta em termos atuais, e a tutela jurisdicional penal. Leia-se: "El derecho punitivo supone, en cuanto a su contenido, en su etapa inicial, un derecho constitutivo, dirigido a la constitución de la relación jurídica concreta entre el Estado y el imputado, mediante actos procesales a realizar desde la apertura de la instrucción hasta el momento de la condena penal definitiva (derecho de persecución penal). Sólo después, se modifica el contenido del derecho punitivo que entonces se convierte en un verdadero derecho dominativo, persecutorio de ejecución de la pena (derecho de ejecución de la condena)" (*Derecho Justicial Material*, p. 128).

138. Transcreve-se síntese de Vicente Greco: "No campo penal, por outro lado, em nenhuma hipótese se admite autotutela. Mesmo a legítima defesa não é caso de autotutela. Age em legítima defesa quem repele injusta agressão, atual ou iminente, a direito seu ou de outrem, usando moderadamente dos meios necessários. Quem detém o poder punitivo é sempre o Estado, daí não ser possível conceber, em hipótese alguma, que o indivíduo, ao repelir a agressão injusta, esteja exercendo esse poder punitivo. O direito admite a legítima defesa, consagrando a conduta *secundum jus* como uma forma de proteção especial da inviolabilidade dos direitos atacados por agressão injusta, mas não como substitutivo da atividade punitiva do Estado. Este, por sua vez, também, no direito penal, não pode exercer, jamais, a autotutela. Nenhuma pena pode ser aplicada sem o devido processo legal: *nulla poena sine judicio*. Somente ao Judiciário cabe a aplicação das sanções penais" (*Manual de Processo Penal*, p. 23).

Também Dinamarco: "o sistema estatal repressivo evoluiu no sentido da rígida imposição da regra *nulla poena sine judicio*, antepondo-se invariavelmente o processo entre a pretensão punitiva e o indigitado agente criminoso e assegurada ampla defesa em contraditório como condição indispensável para a eventual aplicação da pena. O processo aparece, aí, como algo sem o qual não terá vida prática o direito substancial, na sua imposição concreta e efetiva". Dinamarco continua afirmando que no processo criminal o direito ao processo é garantia de liberdade individual, enquanto no processo civil o

PROCESSO PENAL 153

Também a coação processual deve ser bem dimensionada, não somente conforme a lei e segundo as formalidades nela previstas, mas também em observância aos direitos fundamentais de natureza individual.[139] É mais do que necessário propugnar pela tutela do interesse público de liberdade e, simultaneamente, pela inviolabilidade dos direitos fundamentais de natureza individual. Esse anseio não mais corresponde, apenas, à limitação do poder estatal, mas à ampliação da jurisdicionalização de qualquer lesão ou ameaça a direito individual que se pretenda justificar em razão de persecução penal.[140]

Toda restrição da liberdade articula-se, no processo penal, como comando, poder-dever de processo penal, instituído a partir do direito objetivo. Anotam Rogério Lauria Tucci e Sérgio Marcos de Moraes Pitombo que o direito à jurisdição corresponde, no âmbito do Estado, ao dever de aplicar a lei.[141] Dever esse originário do direito objeti-

direito ao processo é garantia da oferta da via processual (*A Instrumentalidade do Processo*, p. 206).

139. É ensinamento antigo de João Mendes de Almeida Júnior: "Somente aos deveres de justiça corresponde a lei jurídica e portanto a sanção externa. A lei jurídica, sem esta sanção, não passaria de um aviso do legislador, sem eficácia para chegar ao seu fim, que é a conservação da ordem social; a pessoa humana não seria inviolável, se não pudesse reagir contra o agente da desordem. A lei jurídica é destinada a estabelecer a ordem social, usando para este fim ou da coação ou da penalidade. Quando a lei destina-se a estabelecer simplesmente a harmonia social no uso dos meios lícitos, tem lugar somente a coação. Outras vezes, a lei não pode usar da força compulsória, ou porque já não é possível a execução forçada do direito, ou por motivo de interesse social. Nestes casos tem lugar apenas a sanção penal. Mas a lei jurídica ainda pode ser sancionada juntamente pela coação e pela penalidade. Em suma, a pena é toda a reação da ordem contra a desordem; considerada sob esse ponto de vista, a própria coação não deixa de constituir uma penalidade" (*Direito Natural. A Sanção Penal é Essencial à Lei Jurídica? Em que se Distingue a Pena Jurídica da Pena Moral?*, pp. 6-7). Também compreende a coação como integrante da sanção: "Atuar a sanção quer naturalmente significar por em movimento a causalidade, determinando uma transformação do mundo exterior, empregando, assim, a força. Sem esta, nem se apreende ao ladrão o objeto roubado, nem se leva para a prisão. Por isso dizemos que a sanção implica a coação, significando com esta palavra a força empregada contra o homem para vencer a resistência" (*Teoria Geral do Direito*, cit., p. 103).

140. É interessante notar que na Carta dos Direitos Fundamentais da União Européia, aprovada e assinada pelos presidentes do Conselho e da Comissão Europeus em 17.12.2000, que institui a "cidadania da União", estabelece, no Capítulo VI, art. 47, que toda pessoa que tiver direitos fundamentais lesados, descritos na Carta, terá direito a uma ação perante um tribunal imparcial. O direito à ação vem grafado em espanhol como direito à tutela judicial efetiva, em francês e em italiano como recurso efetivo, em inglês como remédio efetivo e em alemão como tutela jurídica (Disponível em http://eu.eu.int/df/default.asp?lang=de, acesso em 30.10.2001).

141. *Princípio e Regras Orientadoras do Novo Processo Penal Brasileiro*, cit., p. 51.

154 A TUTELA DA LIBERDADE NO PROCESSO PENAL

vamente posto, já canalizado como expressão da vontade soberana. Inexiste, então, sob o ponto de vista do Estado e seus servidores, direito subjetivo algum à punição.[142] A garantia de liberdade segue o mesmo caminho até certo ponto. Projeta-se sobre o próprio direito material, não só como direito ao processo, mas também como direito público subjetivo à legalidade e à defesa de liberdade própria, direito subjetivo, portanto. Um é poder limitado; o outro é liberdade, ainda que limitada.

Assenta Homero Freire: "no campo do direito penal e do processo penal a importância do elemento fático na declaração do direito subjetivo de punir (*jus puniendi*) assume proporções tormentosas em face dos motivos político-sociais que informam a punibilidade e garantem a liberdade dos cidadãos. A procura da verdade substancial é ingente no procedimento criminal; e a matéria dessa verdade são os fatos de que participam a vítima e o indiciado agente à espera da definição e valoração jurídica do julgador".[143]

Luis Eulálio de Bueno Vidigal, em estudo sobre o mandado de segurança, não enxerga, na jurisdição penal, um direito subjetivo de punir.[144] Ao distingüir o mandado de segurança do *habeas corpus* esse autor estabelece como diferença fundamental o fato de que, no processo penal, apenas a sentença dispõe, definitivamente, sobre a existência de crime. Daí não existir qualquer direito potestativo do Estado em relação à punição, anteriormente ao ato decisório final condenatório. Quanto ao direito de liberdade, a situação é diferente. Existe verdadeira posse do direito de liberdade. Qualquer violação da lei ou coação abusiva corporifica-se como violação da liberdade, não somente como violação da ordem jurídica. Transcreve-se:

---

142. Cf. Paula Bajer Fernandes Martins da Costa, *Ação Penal Condenatória*, p. 87.

143. "Da pretensão ao direito subjetivo", *Estudos de Direito Processual "in Memoriam" do Ministro Costa Manso*, p. 73).

144. A inexistência de um direito subjetivo de punir, anterior à sentença condenatória transitada em julgado, não é aceita de maneira uniforme na doutrina. Jiménez de Asúa afirma que Binding defendeu a existência de um direito subjetivo do Estado, de punir, porque, para ele, a ação delitiva representava violação ao dever geral, de todo súdito, de obediência ao Estado. Jiménez de Asúa, de seu lado, entende existir uma pretensão de punir do Estado, ainda que não se queira reconhecer um direito subjetivo (*Tratado de Derecho Penal*, t. I, p. 58). Bettiol entende existir uma pretensão punitiva a favor do Estado que assume, também, a designação de um direito subjetivo de punir (*Instituições de Direito e Processo Penal*, p. 225). Tolomei entende que o direito penal não cria só direito subjetivo para o Estado, pois este tem direito de punir apenas nos casos, expressamente, determinados pelo direito objetivo. Em razão dessa limitação, surge o direito subjetivo de liberdade, tutelado implicitamente pela norma penal e explicitamente pela

PROCESSO PENAL 155

"Eis aí, pois, uma sensível diferença entre o *habeas-corpus* e o mandado de segurança. Aquele, a não ser nos casos de extinção da punibilidade que se dá por força de fato superveniente, restitui a liberdade a alguém que dela somente poderia ser privado em virtude de sentença, isto é, mantém situação que normalmente pode alterar-se apenas por sentença e que só excepcionalmente, e em caráter provisório, se altera independentemente dela. O mandado de segurança mantém situação que o Estado, sem ele, poderia alterar (ou por força de seus poderes discricionários ou do seu poder de execução). A atividade do Estado está evidentemente mais cerceada no caso de *habeas-corpus*."[145]

Note-se que, no processo penal, a garantia do direito de liberdade resolve se como tutela jurisdicional, propriamente dita, direito público subjetivo, antes mesmo que se reconheça o direito subjetivo de reclamar a proteção jurisdicional (direito à jurisdição).[146]

---

norma constitucional, o direito de não ser punido fora das hipóteses previstas em lei (*I Principii Fondamentali del Processo Penale*, p. 80). James Goldschmidt entende ser o direito de punir um direito constitutivo, dirigido à constituição de uma relação jurídica concreta entre Estado e imputado até condenação definitiva. Só depois existirá um direito de punir executável (*Derecho Judicial Material*, p. 128). Fernando Luso Soares entende que só a sentença constitui um juízo concreto sobre o *ius puniendi* (*O Processo Penal como Jurisdição Voluntária. Uma Introdução Crítica ao Estudo do Processo Penal*, p. 29). Entre nós, Canuto Mendes de Almeida afirmou que não existe direito subjetivo algum, seja do Estado seja do particular, o que existe no âmbito do direito público é um direito não subjetivo ou um mero interesse tutelado pela lei, na primeira expressão, conforme Pontes de Miranda, na segunda, conforme Carnelutti (*Processo Penal. Ação e Jurisdição*, p. 11). Frederico Marques, entre muitos outros, também se posicionou no sentido de ser o direito de punir um direito de coação indireta, não auto-executável e por isso condicionado ao pronunciamento jurisdicional sobre a legitimidade ou não de seu exercício (*Elementos de Direito Processual Penal*, vol. VI, p. 308).

145. *Do Mandado de Segurança*, p. 160.

146. Leiam-se, com relação à prevalência da jurisdição sobre a ação no processo penal, Ana Maria Babette Bajer Fernandes e outros: "Fixe-se desde logo, redundando, que a ação judiciária é direito do réu. A coação estatal só pode fazer-se por via indireta e de acordo com a obrigatoriedade de um processo regular. A atuação do autor encontra freio e delimitação na atividade jurisdicional. Assim, a jurisdição em ato (ação judiciária) subordina, isto é, sobrepõe-se, ou ainda supera a atividade do autor e do réu. Preside a tudo. Sua função é, sobretudo, aquela de encontrar dentro do conflito o conjunto de elementos que, independentemente de serem ou não controvertidos, conduzam à efetiva proteção da liberdade jurídica do cidadão". Ainda: "A ação judiciária, já se afirmou, sobrepõe-se à atuação das partes ou partícipes. Com ela e através dela, pesquisada a verdade material dentro da forma preestabelecida em lei, chega o Estado à regulamentação da liberdade jurídica do cidadão. Insista-se, aqui, no fato de não se obter a verdade no processo a não ser que se preserve, durante a tramitação, a liberdade jurídica do réu. A declaração de certeza sobre a controvérsia se faz a poder de um processo dentro do qual

156  A TUTELA DA LIBERDADE NO PROCESSO PENAL

É importante ressaltar que o interesse da coletividade, que se encontra por detrás do direito de punir do Estado, encontra limites já na Constituição, nas regras constitucionais atinentes ao processo penal e também no próprio processo penal, na forma em que constitucionalmente delimitado.

A própria jurisdição, ao mesmo tempo em que sofre limitações decorrentes dos regramentos constitucionais, é impulsionada a garanti-los todos e no plano concreto. Daí, serem os regramentos constitucionais verdadeiros direitos subjetivos individuais.[147]

O mesmo não acontece com a tutela do direito de punir. Ela surge antes de tudo, como poder-dever, nunca como direito subjetivo de alguém, individualmente interessado.[148]

A conclusão para este tópico vem de Carnelutti. O autor afirma que, quando o interesse coletivo é extremamente importante para a comunidade, pode ser considerado como um interesse público. A conexão entre esse interesse público e o poder dá lugar a um direito público subjetivo, que pode pertencer tanto ao particular como à coletividade. Daí não haver antítese entre direito público subjetivo e direito subjetivo. O primeiro constitui o poder atribuído a um dos vários interessados, não a um interessado, nem a um estranho desinteressado, para o exercitar conforme sua liberdade. O interesse público é condição para que exista o direito público subjetivo, mas não é só. É característica do direito público subjetivo poder ter, como sujeito do direito, tanto a coletividade, como o particular interessado. Trata-se,

---

a pesquisa da verdade se desenvolve. Há regras bem marcadas, regras estas tomadas, dentro dos limites da ação judiciária, como meios eficientes de se chegar àquela verdade. O descumprimento dos preceitos significa violação da forma estabelecida em garantia da liberdade jurídica, ao mesmo tempo em que prejudica a apuração da realidade" (*Prevalência da Jurisdição sobre a Ação no Processo Penal. Princípio da Verdade Material*. Trabalho apresentado na disciplina Direito Processual Penal do Curso de Pós-Graduação da Faculdade de Direito da Universidade de São Paulo, 1978).

147. Leia-se Rogério Lauria Tucci: "Tais regras, na essência de Direito Processual Constitucional, firmando direitos subjetivos individuais e as correspondentes garantias, são, exatamente, os por nós denominados *regramentos constitucionais do processo penal*" ("Devido processo penal e alguns de seus corolários", *Revista da Faculdade de Direito da Universidade de São Paulo* 88/463-464).

148. Leia-se estudo de Paula Bajer Fernandes Martins da Costa: "Não há o direito de reclamar à jurisdição a punição, mas tão-somente o poder-dever (o dever-poder) de o fazer, dever esse correlato ao direito – do praticante da ação típica – ao processo.

"Não se pode denominar direito a determinação, legal, constitucional, do agir da autoridade. Tal agir é dever à luz das regras do direito público – penal, processual penal e administrativo, inclusive" (*Ação Penal...*, cit., p. 85).

PROCESSO PENAL 157

no dizer de Carnelutti, de figura jurídica, que se encontra entre a *potestas* e o direito subjetivo. O direito subjetivo é liberdade de comandar para interesse próprio.

O poder-dever de punir se apresenta na ordem jurídica como *potestas* limitada, isto é potência de comandar para o interesse alheio. Mas como o poder-dever de punir está, intimamente, ligado a outro interesse público, o de liberdade, não existe livre disposição para comandar ou não a tutela do poder-dever de punir solitariamente.[149] Assim, impõe-se a tutela jurisdicional de ambos na forma do processo penal. Nele, a *potestas* é um poder de comandar, embora não seja liberdade de comandar.[150]

A liberdade, de outro lado, apresenta-se no processo penal em duas dimensões, como direito público subjetivo e como direito subjetivo. Significa dizer que pode ser protegida por interesse próprio e individual e por interesse público, sem que necessariamente se identifiquem ambos os interesses

Anote-se que a universalidade da jurisdição, no âmbito penal, segue caminho de mão única, pois se direciona a efetivar a ampla defesa, na qual se insere a inafastabilidade do controle jurisdicional de lesão ou ameaça a direito individual justificadas em razão da persecução penal, sendo certo que a restrição de direitos personalíssimos não permitida pela Constituição ou abusiva e desproporcionada é causa de invalidação ou ineficácia.

Nesse sentido, afirma Cândido Rangel Dinamarco que, no campo penal, a tutela constitucional do processo direciona-se à ampla defesa, sendo indispensável o processo com contraditório, igualdade, juiz natural, observadas as garantias do *due process of law*.[151]

Flávio Luiz Yarshell também tem esse entendimento. Afirma que, embora a jurisdição seja uma só, existe diferença entre jurisdição em

---

149. Leia-se, a respeito, Sérgio Marcos de Moraes Pitombo: "Pode-se, assim, falar em pretensão à tutela jurídica, mas do acusado, ínsita em toda atividade processual. A ação penal condenatória afloraria, portanto, como o preço necessário a ser pago pelo acusador público ou privado, para sujeitar, depois, o réu aos efeitos da coisa julgada, se tiver razão. O autor, no processo penal, suporta, em parte, a tutela jurisdicional de liberdade como ônus de demandar" – ressalve-se, novamente, que o autor, posteriormente, recusou a idéia de pretensão punitiva ("Processo penal como dever do Estado", *Jornal do Advogado* 65).

150. *Teoria Geral do Direito*, pp. 259-273. Clariá Olmedo também explica a jurisdição penal como *potestad*, um poder não concedido, nem reconhecido, como direito subjetivo, mas imposto (*Tratado de Derecho Procesal Penal*, vol. I, p. 284).

151. *A Instrumentalidade do Processo*, p. 27.

## 158 A TUTELA DA LIBERDADE NO PROCESSO PENAL

matéria penal e em matéria civil. Enquanto a tendência do processo civil é para o alargamento das formas e vias de acesso à jurisdição, no processo penal o alargamento ou a universalização não tem a mesma amplitude, eis que prepondera a preocupação com a pessoa do acusado e o repúdio da acusação injusta ou desprovida de "justa causa".[152]

O *habeas corpus*, provocado ou *ex officio*, já é instrumento processual perfeitamente adequado a esses propósitos de universalização da jurisdição no âmbito penal, relembrando-se a ausência de formalidades e a amplitude de legitimação para interpô-lo. Mas existe grande preconceito da doutrina e da jurisprudência em se admitir *habeas corpus* quando do exame de questão de fato. Admitem-no, com poucas exceções, apenas em questão de direito.

Acontece que toda a coação processual desenvolve-se a partir de fatos, não a partir de direitos. E é com base em fatos que se inicia a tutela dos interesses sociais no processo penal, ainda *ex officio*. O *habeas corpus*, instrumento processual reservado tão-só à defesa da liberdade individual, e por isso criticado como causa de desequilíbrio entre defesa e acusação, é, na verdade, o único instrumento de restituição imediata da liberdade, diante da força persecutória, desenvolvida desde o inquérito policial.

A esse respeito já se manifestou Canuto Mendes de Almeida, dizendo que, quando o juiz se recusa a usar seu poder inquisitivo para corrigir falta da defesa, sacrifica-se a verdade e se vicia a decisão. A sentença condenatória, transitada em julgado, pode ser anulada, nesse caso, por *habeas corpus*.

O autor disse mais. Afirmou que, somente resolvido o preconceito da jurisprudência e doutrina de que não se examina o mérito em *habeas corpus*, estarão resolvidas todas as dificuldades inerentes ao direito de defesa no processo penal.[153]

Entendeu-se importante, aqui, a elucidação, porque necessária à compreensão do lugar ocupado pela liberdade na sistemática do processo penal, formada por mecanismos, necessariamente racionais, articulados no tempo em busca da verdade criminal.

O processo penal, já se disse, é técnica de liberdade construída, no correr dos tempos, para perseguir e proteger o indivíduo acusado

---

152. *Tutela Jurisdicional*, p. 73.
153. "Ligeiras reflexões sobre o direito de defesa", *Arquivos da Polícia Civil de São Paulo*, vol. XIII.

PROCESSO PENAL 159

de infração penal, de forma a evitar injustiças e perseguições infundadas. O processo penal exsurge do ordenamento jurídico como regulamentação da atividade jurisdicional acionada em razão da prática de crime.

É instrumento que tem sistematicidade própria, porque se desenvolve por mecanismo e regras específicas, segundo princípio peculiar e é alinhado por uma intenção fundamental: proteger e garantir a liberdade jurídica do acusado. Leia-se Rogério Lauria Tucci:

"Em suma, a jurisdição penal exsurge no mundo do processo, autonomamente, despregada de todas as outras áreas do Direito Processual, dadas as suas características próprias, e a determinação conceptual fincada em princípio, regras e institutos específicos do Direito Processual Penal, com peculiaridades que a marcam com indelével exclusivismo".[154]

O princípio síntese do processo penal, conforme Rogério Lauria Tucci, Sérgio Marcos de Morais Pitombo e colaboradores, deve mostrar em única formulação a dupla finalidade a que se destina: assegurar a liberdade jurídica do indivíduo e garantir a sociedade contra a prática de crimes. A regra mais geral, não escrita, que se sobrepõe a todas as outras no processo penal e que explica essa ambivalência do processo penal é o princípio publicístico.

O princípio publicístico e as demais regras do sistema processual penal se comunicam por meio da legalidade.[155] Mas, não basta uma legalidade qualquer, há regramentos constitucionais que, no âmbito do processo penal, determinam o respeito à pessoa humana.

O sistema processual penal, então, é dimensionado para a tutela de dois interesses na origem antagônicos, de forma a que um, no percurso, no movimento processual, não prevaleça, irremediavelmente, sobre o outro.[156] Dada a indisponibilidade do poder-dever de punir e do direito de liberdade, convergem ambos para a legalidade,

---

154. "Considerações acerca da inadmissibilidade de uma teoria geral do processo", *Revista do Advogado*, 61/102.

155. Rogério Lauria Tucci e outros, *Princípio e Regras...*, cit., p. 37.

156. Cf. Dinamarco, a própria inexistência de título executório extrajudicial em matéria penal (*nulla poena sine judicio*) é regra de liberdade que se antepõe à execução forçada ("Processo de conhecimento e liberdade", *Estudos em Homenagem a Canuto Mendes de Almeida*, p. 256). Rogério Lauria Tucci, de seu lado, afirma que o título executivo, obtido com a preclusão dos prazos para recurso é pressuposto da ação judiciária executiva penal ("Princípio e regras da execução de sentença penal", *Revista do Centro de Estudos Judiciários do Conselho da Justiça Federal* 7/62).

160 A TUTELA DA LIBERDADE NO PROCESSO PENAL

para a verdade material, assegurados ampla defesa e contraditório, como instrumento de participação do processo decisório.

Rogério Lauria Tucci prefere utilizar a expressão "regras" e não princípios para se referir às disposições constitucionais referentes ao processo penal. Isto porque entende, ressalte-se novamente, que princípio existe só um, o princípio publicístico, regra maior não escrita, mas sintetizadora da própria natureza do processo penal que comporta proteção da liberdade e acautelamento do direito de punir, ao mesmo tempo, sem antagonismo.[157]

Mas outro motivo existe para a utilização de "regra" e não de princípio. Este, além de não estar, necessariamente, positivado, comporta interpretação ambígua e é relativizado perante outros princípios, apresentando-se, sobretudo, como diretriz para o legislador, administrador ou juiz (Canotilho), como mandados de otimização (Alexy); ou como diretrizes morais, com importância e valor superiores às regras (Dworkin).

Princípios e regras constitucionais têm força de lei, são direito positivo, de aplicação direta, diz Canotilho. Apresentam-se como limites negativos às ações que os contrariam, na ordem legislativa, administrativa ou jurisdicional, justificando eventual censura sob a forma de inconstitucionalidade.[158]

Diferenciam-se, contudo, na aplicação. A regra não admite exceção, é impositiva a qualquer situação concreta. Um conflito entre regras resolve-se pela exclusão ou invalidação de uma delas. O princípio sofre relativização, quando, confrontado com outro princípio. Nos países da *common law*, os princípios são utilizados para criar direito de forma a amparar os direitos individuais e impedir que diretrizes políticas, sociais ou coletivas prevaleçam sobre verdadeiros direitos naturais individuais. Os princípios, assim pensados, constituem instrumento para que o juiz não aplique uma regra jurídica, *rule of law*, utilizada não apenas como norma de direito positivo, mas, também, como postulado político-jurídico.[159] Por meio dos princípios, os pensadores dos países que adotam o sistema da *common law* procuram construir "teoria do direito" com critérios jurídicos, racionais e seguros de decisão para enfrentar situação de indeterminação jurídica, co-

---

157. "Devido processo penal e alguns de seus corolários", *Revista da Faculdade de Direito da Universidade de São Paulo* 88/463-464.

158. *Direito Constitucional*, p. 189.

159. Ronald Dworkin, *Taking Rights Seriously*, pp. 26-27 e 147, e Kelsen, *Teoria Geral das Normas*, p. 359.

PROCESSO PENAL

mum no direito anglo-saxão, estruturado sob o esquema de precedentes e, portanto, sistematicamente justificado por critérios políticos e princípios morais.[160]

No direito brasileiro, ilegalidade identifica-se com abuso de poder e violação de direitos, em termos amplos, inclusive sob a perspectiva constitucional, sendo que nenhuma lesão ou ameaça a direito poderá ser excluída de apreciação pelo Poder Judiciário. Daí não ser necessário qualquer recurso à ordem moral, para que se considere a existência de direitos individuais contra o Estado. A Constituição já os positiva todos, quando reconhece direitos fundamentais personalíssimos e prevê instrumentos processuais de controle jurisdicional da constitucionalidade das leis e dos atos administrativos e jurisdicionais, verdadeiras garantias de que serão respeitados no caso concreto.[161]

A proteção e a garantia da liberdade surgem como pressupostos para que a perseguição penal se realize. Dada a oficialidade da persecução penal, em suas duas dimensões, procedimental (inquérito policial) e processual (jurisdicional), a legalidade se interpõe como condição à perseguição válida e eficaz e a ampla defesa, como garantia de participação do ato decisório, nela incluído o contraditório, concebido na clássica formulação dada por Canuto Mendes de Almeida: "ciência bilateral dos atos e termos processuais e possibilidade de contrariá-los".[162]

O sistema processual de proteção da liberdade jurídica no processo penal conforma-se às características do sistema de persecução penal como um todo. Tendo-se por premissa que a persecução penal, no direito brasileiro, é informada pela inquisitividade, orientada, portanto, pela oficialidade, verdade material e legalidade estrita, e desenvolvida em procedimento acusatório, na segunda fase da persecução,[163] mostra-se imprescindível, para a tutela da liberdade, a observância

160. Cf. Jürgen Habermas, *Droit et Démocratie. Entre Faits et Normes*, p. 233.

161. Sobre a abrangência do *habeas corpus* e do mandado de segurança no direito brasileiro leia-se Luís Eulálio Bueno Vidigal, *Do Mandado de Segurança*, pp. 60-61 e 111 (ressalvando que o mandado de segurança só é possível contra autoridades judiciárias quando estiverem praticando ato meramente administrativo); Alfredo Buzaid, "'Juicio de Amparo' e mandado de segurança", *Estudos de Direito Processual "in Memoriam" ao Ministro Costa Manso*, pp. 52 e ss.; Alcalá-Zamorra y Castillo, "El mandato de seguridad brasileño", *Estudios de Teoría General e Historia del Proceso (1945-1972)*, t. II, pp. 656-657.

162. *Princípios Fundamentais...*, cit., p. 82.

163. Cf. Rogério Lauria Tucci, "Considerações acerca da inadmissibilidade de uma teoria geral do processo", *Revista do Advogado* 61/97.

162 A TUTELA DA LIBERDADE NO PROCESSO PENAL

das formas previstas em lei, a busca da verdade a respeito dos fatos, respeitados os direitos fundamentais do acusado e o contraditório efetivo, a fim de que se promova compreensão multidimensional dos fatos e do direito a ser aplicado, isto é, sob a perspectiva do direito de punir e do direito de liberdade.

A procura do conhecimento a respeito dos fatos, por meio de regras preestabelecidas e o contraditório como método crítico garantem a racionalidade das decisões judiciais, a proteção e a garantia da liberdade do acusado.

### 3.2.5 Verdade material: garantia de racionalidade

Assinala Julio Maier[164] que no século XIX o processo penal não sofreu transformações significativas. A persecução penal continuou pública e inquisitiva. A verdadeira mudança consistiu na relativização da persecução penal e da busca da verdade em razão da prevalência de outros valores jurídicos, conexos à dignidade humana, que foi então concebida como valor jurídico superior, com a função de limitar a meta persecutória. A partir desse entendimento o acusado deixou de ser objeto da persecução penal, convertendo-se em sujeito do procedimento penal, com direitos e faculdades assegurados, entre eles a possibilidade de se defender, o tratamento como inocente até sentença final, a excepcionalidade das medidas de coerção penal, a divisão do procedimento penal em três fases (investigatória, acusatória e contraditória) e o direito à impugnação do ato decisório final.

Ainda conforme o autor, no século XX, o processo sofreu modificação mais tênue. Após as duas Guerras Mundiais, além de se consolidar a dogmática jurídica desenvolvida no século anterior, buscaram-se meios racionais para delimitar a atuação do poder penal do Estado. Em resposta à desvirtualização da dogmática jurídico-penal, utilizada naquele período de guerra para perseguir pessoas injustamente, a persecução penal foi direcionada à busca da verdade sobre fatos, hipoteticamente praticados, o que resultou na proteção da pessoa apresentada como possível infratora.

A busca da verdade material passou a refletir no processo penal compromisso com a racionalidade, com formas de controle sobre as decisões a respeito das causas criminais.

---

164. "Balance y propuesta del enjuiciamiento penal del siglo XX", *El Poder Penal del Estado. Homenaje a Hilde Kaufmann*, pp. 276-287.

## PROCESSO PENAL 163

É importante a advertência de Sérgio Marcos de Moraes Pitombo no sentido de que o problema da verdade criminal nada tem a ver com o de utilidade do processo ou com seu custo-benefício. Segue em conclusão: "Daí, todos os perigos de se fazer prevalente a idéia de instrumentalidade, sobre a de justiça, enquanto juízo de valor, quando se cuida de liberdade jurídica".[165]

Rogério Lauria Tucci assinala, usando palavras de Pasquale Tuozzi, que existe no processo penal uma "busca constitutiva de certeza". Juiz, Ministério Público, assistente, querelante e imputado têm interesses que convergem para a verdade. Aos sujeitos parciais devem ser oferecidas iguais oportunidades para buscá-la ou torná-la evidente,[166] embora sempre exista, no processo penal, atuação de ofício do juiz, independente de provocação, para suprir a inércia dos interessados.[167]

Winfried Hassemer afirma que um sistema racional de obtenção de prova, voltado à busca da verdade material, é garantia de tutela da pessoa humana. O fato imputado deve ser verdadeiro e a sentença deve ser justa. Um fato apreendido mediante erro é causa de injustiça. A garantia de racionalidade está vinculada à garantia de tutela da pessoa.[168]

António Manuel de Almeida Costa apresenta, como diretrizes essenciais do processo penal europeu, a procura da verdade material e a indisponibilidade do respeito pelos direitos, liberdades e garantias de todos os intervenientes na ação judiciária. As duas diretrizes, de procura da verdade e de respeito aos direitos fundamentais, são sintetizadas na expressão de Figueiredo Dias: "verdade intraprocessualmente válida".[169]

Antonio Magalhães Gomes Filho afirma que no Estado Democrático de Direito o conhecimento sobre a realidade dos fatos é essencial às medidas restritivas de liberdade. Mas não basta o simples conhecimento da verdade, é preciso que a verdade seja aferida com imparcialidade, com participação e controle da defesa, mais a possibi-

---

165. "O juiz penal e a pesquisa da verdade material", *Processo Penal e Constituição Federal*, p. 73.

166. "Devido processo penal e atuação dos sujeitos parciais", *Revista de Processo* 18/97.

167. Daí afirmar Sérgio Marcos de Moraes Pitombo que a inquisitividade está sempre presente em qualquer processo penal, inclusive o de execução ("O juiz penal e a pesquisa da verdade material", cit., p. 75).

168. *Fundamentos del Derecho Penal*, p. 191.

169. Consulte-se Jorge de Figueiredo Dias, *Direito Processual Penal*, vol. I, p. 194.

164    A TUTELA DA LIBERDADE NO PROCESSO PENAL

lidade de contraprova. Existe no processo penal verdadeiro direito público subjetivo à prova.[170]

A busca da verdade, como garantia de liberdade, é regra que, se e quando não objetivada pelo juiz, por exercício de seu poder inquisitivo, para suprir ou corrigir a falta da defesa, dá causa a condenação irregular, anulável por *habeas corpus*.[171]

Sérgio Marcos de Moraes Pitombo, de seu lado, afirma que da regra da verdade material decorrem três deveres ao magistrado penal: impulsionar à verdade material, garantir o contraditório real e perseguir de modo espontâneo a verdade em momento de apreciação da prova. A inobservância desses deveres tem como conseqüência a nulidade ou um "melancólico esvaziamento do processo penal".[172] Acentue-se que, na conceituação desses deveres, inclui-se a garantia da atividade dos diversos destinatários dos atos processuais, preservando-se a cada qual a possibilidade do exercício pleno de suas atividades específicas.

### 3.2.6 Tipicidade dos atos processuais penais:
### garantia de legalidade

Há posicionamentos diversos na doutrina, quanto aos atos processuais. Celso Neves esclarece que alguns processualistas pensam como processuais todos os atos do processo. Outros, como Pontes de Miranda, apesar de conceberem os atos processuais, em sentido amplo, como aqueles que ocorrem dentro do processo, reconhecem a existência de atos que vêm de fora do processo, do direito material, que entrando no processo se revestem de processualidade, sem contudo perder o caráter originário de direito material (ex.: a transação extrajudicial). Celso Neves diferencia atos do processo de atos processuais. Aqueles seriam atos destituídos de processualidade; estes seriam atos dotados de processualidade – significa dizer, encadeados e interdependentes.[173] A sentença, conforme Celso Neves, é excepcionalmente ato processual destituído de processualidade porque põe fim ao processo.[174]

---

170. *Direito à Prova no Processo Penal*, pp. 172-173.

171. V. J. Canuto Mendes de Almeida, "Ligeiras reflexões sobre o direito de defesa", *Arquivos da Polícia Civil de São Paulo*, vol. XIII.

172. "Juiz penal e a pesquisa da verdade material", cit., p. 73.

173. *Estrutura Fundamental...*, cit., p. 225.

174. *Estrutura Fundamental...*, cit., p. 235.

PROCESSO PENAL 165

Manuel Cavaleiro de Ferreira, de seu lado, afirma que é suficiente, para a qualificação do ato processual, que determinado ato produza efeitos no processo. Confirme-se: "Os atos processuais podem não ser praticados no processo; basta que produzam efeitos processuais, embora sejam, em si mesmos, exteriores a ele. O que os caracteriza é a natureza do seu fim, que os seus efeitos no processo denunciam".[175]

Para o processo penal interessam tanto os atos que se revestem de processualidade, que vêm de fora do processo (ex.: atos de investigação), como aqueles que integram o processo, dotados de processualidade ou não.[176] Basta que a jurisdição se manifeste, seja em razão de propositura de ação penal condenatória, seja em razão da proteção do direito de liberdade, para que se considere a existência de um ato processual, podendo ser este jurisdicional (praticado exclusivamente pelo juiz) ou não (por seus auxiliares ou pelos sujeitos parciais do processo).

Além da questão sobre a caracterização do ato processual como ato do processo ou ato finalisticamente realizado para informar o processo, interessa caracterizar o ato processual por seu conteúdo.

Toda norma processual deve incorporar o sentido do princípio publicístico,[177] ou seja, deve obedecer a dupla inspiração: proteger a liberdade e acautelar a eficácia do processo, direcionado à satisfação, no futuro, do direito de punir.[178] A lei processual, assim dimensionada, contém intrinsecamente direito material, quando protege ou limita a liberdade de alguém. Nestes termos, existe ambivalência na lei: ora ela se comunica como garantia de liberdade, ora como privação de liberdade.

---

175. *Curso de Processo Penal*, vol. I, p. 181.

176. As medidas cautelares seriam atos não dotados de processualidade porque não inseridas entre os atos encadeados em seqüência, mas processuais porque realizadas para acautelar a eficácia do processo e seu resultado.

177. Toda norma processual penal, mesmo a constitucional, deve ser interpretada por meio do princípio publicístico. Serve como orientação a lição de Eros Roberto Grau de que "não se interpreta a Constituição em tiras, aos pedaços. A interpretação de qualquer norma da Constituição impõe ao intérprete, sempre, em qualquer circunstância, o caminhar pelo percurso que se projeta a partir dela – da norma – até a Constituição". Uma norma jurídica isolada, destacada, desprendida do sistema jurídico, não expressa significado normativo nenhum, pois "assim como jamais se interpreta *um texto normativo*, mas sim *o direito*, não se interpretam textos normativos constitucionais, isoladamente, mas sim a Constituição no seu todo" (*A Ordem Econômica na Constituição de 1988*, p. 145).

178. Apesar de todo o vínculo existente entre o processo penal e a liberdade, não se pode negar que a persecução penal se direciona à apenação, embora nem sempre seja este o resultado desejado (p. ex.: quando o acusado for inocente).

166 A TUTELA DA LIBERDADE NO PROCESSO PENAL

A norma processual penal é dimensionada, então, pelo princípio publicístico, pelas regras constitucionais, pela lei penal e pelo ordenamento jurídico em sua totalidade. Tais conteúdos, de direito material, devem ser observados junto com a formalidade prescrita em lei na execução do próprio ato processual. Em matéria penal e processual penal, o direito material garantido na regra de procedimento fornece a exata dimensão da restrição da liberdade, constitucionalmente autorizada.

Levando-se em consideração essa particularidade da norma processual penal,[179] desenvolveu-se em doutrina teoria da tipificação processual penal, segundo a qual os atos processuais penais devem corresponder ao modelo estabelecido em lei.[180] Considere-se que a terminologia "tipicidade" é utilizada como condição-limite à atuação estatal, à validez e à eficácia dos atos processuais.

Essa doutrina, por muito tempo esquecida, volta a suscitar interesse em razão dos inúmeros postulados constitucionais atinentes ao processo penal, instituídos e compreendidos como regras primeiras, hierarquicamente superiores a todas as outras, que condicionam toda a atuação estatal, legislativa, executiva e jurisdicional.[181]

179. Cândido Rangel Dinamarco entende existir no direito processual e também no âmbito do direito material, em geral, normas e institutos bifrontes que comportam natureza de direito material e de direito processual. Tais normas se encontram, conforme o autor, numa faixa de estrangulamento entre a ordem processual e a jurídico-material (*Fundamentos do Processo Civil Moderno*, cit., vol. I, p. 96, nota 45).

180. Lembre-se de ensinamento de João Mendes de Almeida Júnior, inspirado em Faustin Hélie, que, embora antigo, é de extrema atualidade: "As formas do processo, diz Faustin Hélie, são destinadas como faróis, a iluminar a marcha da ação judiciária: elas devem ser assás poderosas para fazerem surgir dos próprios fatos incriminados a verdade da acusação; assás simples para servirem de apoio e nunca de obstáculo ao legítimo exercício da acusação e à plenitude do direito de defesa; assás flexíveis para se prestarem às necessidades de todas as causas e ao mesmo tempo, assás firmes para evitar astúcias e violências. Reunindo estes caracteres, as formas do processo asseguram a liberdade dos indivíduos porque garantem a defesa; dão força aos julgamentos e aos juízes, porque são o penhor da sua imparcialidade; revestem a justiça de toda a majestade, porque dão testemunho da prudência de seus agentes. As leis do processo são regras práticas, pelas quais cada legislador buscou aplicar aos fatos e às circunstâncias os princípios constitucionais e as regras da ciência" (*Processo Criminal Brasileiro*, vol. I, p. 10 – grafia original). Também nesse sentido, Hélio Tornaghi: "A garantia individual está mais na forma que no conteúdo do Direito, mais na Legalidade que na Justiça. Por isso o cabimento, a configuração, o lugar, o tempo dos atos processuais, a competência para praticá-los, tudo é regulado em lei. A inobservância da norma legal respectiva constitui ilegalidade; a prática de qualquer ato fora dos casos ordenados ou admitidos em lei, redunda em excesso de poder" (*Compêndio de Processo Penal*, t. I, p. 15).

181. Robert Alexy afirma que existe tendência doutrinária direcionada a associar os direitos fundamentais, materiais ou formais, à garantia procedimental. Refere-se Alexy

PROCESSO PENAL 167

É conhecida a lição antiga de Hélio Tornaghi, inspirada em Carnelutti:

"Existe uma tipicidade processual não diferente da tipicidade material (*Tatbestandmässigkeit*): para que um ato processual produza efeitos, é necessário que se conforme ao modelo da lei."[182]

Romeu Pires de Campos Barros, em artigo intitulado "Do fato típico no direito processual penal", escreveu que a própria lei traz à jurisdição questões sobre a liberdade. Leia-se: "A lei, regulando e tutelando de forma indireta o direito de liberdade, enseja aos órgãos da jurisdição penal o conhecimento de questões propostas por aquele que visa fazer valer a sua pretensão de liberdade".[183]

Calmon de Passos, em estudo dedicado às nulidades, afirma que a tipicidade é da essência do mundo jurídico e que, quando um ato ou conjunto de atos corresponde a um suposto jurídico-normativo, diz-se que esses atos são constitutivos de determinado tipo. Complementa, ainda, o autor que, no âmbito do direito público, com exceção do processo penal, prevalece o postulado da fungibilidade das formas e dos tipos. Estando em questão interesses públicos, gerais ou indisponíveis, o indivíduo é posto em situação de subordinação. No processo penal, o entendimento é diverso porque a tipicidade é garantia individual de liberdade. Sob essa perspectiva, Calmon de Passos anota que "o indivíduo liberta-se da sua posição de subordinação e quem é posto sob limitações é o Poder, operando a rigidez formal como o mais seguro e excelente instrumento de sua limitação".[184]

A tipicidade do processo penal é, no entanto, diferente da tipicidade do direito material. No direito penal, todas as condutas não descritas como crime são, do ponto de vista penal, lícitas. Existe uma permissividade residual. No processo penal, entende-se a tipicidade de forma contrária, ou seja, existem regras de comportamento já estabelecidas, fixadas na lei, que não autorizam comportamento diver-

---

ao procedimento como sistema de regras e/ou princípios para a obtenção de um resultado. Do respeito às regras atribui-se uma característica positiva. Do desrespeito, verifica-se um defeito, uma característica negativa (*Teoría de los Derechos...*, cit., p. 457). Canotilho também proclama um retorno ao Estado de Direito a partir do procedimento como forma de redução da complexidade entre justiça social e justiça individual (*Direito Constitucional*, cit., p. 399).

182. *Instituições de Processo Penal*, cit., vol. I, p. 250.

183. *Revista Forense* 176/30.

184. "Esboço de uma teoria das nulidades", *Revista da Procuradoria-Geral do Estado de São Paulo* 33/144.

168 A TUTELA DA LIBERDADE NO PROCESSO PENAL

so. O lícito é o que está na lei. O resto até pode ser lícito, mas não encontra força legitimadora ou permissiva na legalidade.

Enquanto o direito penal qualifica condutas, o processo penal indica formas de comportamento.[185] Embora a tipicidade penal e a tipicidade processual se dirijam aos encarregados da persecução, como comando para a persecução, ambas as tipicidades se comportam, em outra vertente, como garantia de liberdade. Garantia de não ser alguém acusado fora das hipóteses previstas em lei como crime e de não sofrer perseguição penal, senão na forma do regramento processual.

Leiam-se considerações de Ana Maria Babette Bajer Fernandes sobre o assunto:

"Se no Direito Penal, o princípio da reserva legal é garantia dos cidadãos (*nullum crimen, nulla poena sine lege*), cuja característica é a tipicidade, a fim de que não se permita o arbítrio estatal acusando-se cidadãos autores de ações não tipificadas e norteando permissividades legais em relação às tipificadas, a defesa da liberdade jurídica dos réus não deixa de revelar situação prenhe de similitude no processo penal com a técnica empregada com extrema fidelidade no campo do direito material. Os fins são os mesmos: garantia dos cidadãos (no processo penal, especificamente quanto aos réus), respeito às liberdades individuais, direitos dos homens, exigência de um processo regular nos moldes estabelecidos em lei, etc.

"Seria a liberdade jurídica um princípio processual penal? Ou fundamento imediato do processo penal, conforme afirmação anterior?

"Alargando o raciocínio, estaríamos vislumbrando a possível idealização do ato processual penal típico, como técnica imutável e irrenunciável no Direito Processual Penal."[186]

### 3.2.7 Tipicidade formal e material no processo penal

A tipicidade do ato processual penal tem duplo dimensionamento: formal e material.

---

185. Essa diferenciação foi feita com fundamento em estudo intitulado *Ato Processual Penal Típico*, de autoria coletiva dos alunos do Curso de Pós-Graduação da Faculdade de Direito da Universidade de São Paulo, do 2º semestre de 1977, na disciplina Direito Processual Penal, sob a orientação do professor Cândido Rangel Dinamarco.

186. *Prevalência da Jurisdição sobre a Ação no Processo Penal: Princípio da Verdade Material*. Trabalho do Curso de Pós-Graduação da Faculdade de Direito da Universidade de São Paulo, na disciplina Direito Processual Penal. São Paulo, 1978.

PROCESSO PENAL 169

O conteúdo do ato processual foi identificado, muitas vezes, com a exteriorização da vontade do agente. Por forma, compreendia-se formulação descrita na lei, já desvinculada de critérios valorativos. Em sentido estrito, a forma jurídica exclui avaliação sobre a causa do ato e a vontade de seu autor.[187]

Mas o ato processual penal tem íntima vinculação com a norma processual que o prevê e com a realização de direitos materiais. Assim, o ato processual não é apenas a realização anódina do modelo abstrato posto na lei, mas a garantia de que tais direitos materiais serão reconhecidos e assegurados na atuação jurisdicional. Daí o entendimento de que existe uma "vontade" tipificada no ato processual penal, vinculada ao fundamento e à finalidade da lei que o descreve abstratamente e que depende da jurisdição para que seja realizada.[188] A liberdade está garantida no entremeio. Corresponde ao conteúdo dos atos processuais penais, à substância das normas que os prescrevem, com conteúdo valorativo, necessariamente, originário da Constituição e, por isso, aferido e constatado, no plano concreto, a partir da Constituição.

Lourival Vilanova afirma ser característica da norma jurídica essa dupla dimensão:

"A construção de normas se faz por normas do sistema que estatuem como fazer e qual conteúdo devem ter as normas a criar: o início, a duração, o término das normas é um fato normativamente regulado. As normas são criadas, entram em incidência, começam a vigência (o estar-em-vigor), são ab-rogadas por outras normas. Isso é, de resto, expressão da continuidade normativa: nenhuma norma é posta sem norma prévia em que repouse seu fundamento de validade. Assim são feitas e refeitas as regras constitucionais, as leis ordinárias, os regulamentos, as resoluções e decretos, as sentenças e os múltiplos tipos e subtipos de negócios jurídicos, em direito público e em direito privado. Dentro do sistema, o grau normativo mais alto, como sabemos, é a Constituição positiva."[189]

Norberto Bobbio, por sua vez, afirma que tanto o ato de criar a lei como o de aplicar a lei pressupõem ritual formalizador, limitador

---

187. Cf. Carnelutti, *Teoria Geral do Direito*, cit., p. 437.
188. *Ato Processual Penal Típico*, cit., p. 63.
189. "Teoria jurídica da revolução", *As Tendências Atuais do Direito Público. Estudos em Homenagem ao Professor Afonso Arinos de Melo Franco*, p. 464.

170 A TUTELA DA LIBERDADE NO PROCESSO PENAL

do poder normativo, que pode ser visto tanto pelo aspecto substancial (conteúdo) como procedimental (formal).[190]

Além da existência de tipicidade formal, existe, então, tipicidade substancial[191] que pode ser convocada, também, a título de moldura de direito material ou de devido processo substancial.[192]

### 3.2.8 Pressupostos e supostos dos atos processuais

Entendem Alfredo Araújo Lopes da Costa e Celso Neves que a expressão "pressupostos processuais" não pode ser utilizada para identificar algo intrínseco ao processo, pois pressuposto de uma coisa, fato, ou fenômeno, é circunstância prévia que lhe condiciona a existência. Melhor seria utilizar as palavras "suposto" ou "requisito".[193]

Calmon de Passos utiliza a expressão "suposto jurídico-normativo" para se referir à tipicidade processual.[194]

Hélio Tornaghi defende a utilização da terminologia "pressupostos processuais" em sentido amplo também para incorporar as hipóteses impeditivas do processo e os impedimentos derivados da falta de pressupostos (tais como as exceções).[195] Tanto os pressupostos positivos como os negativos dos atos processuais seriam apreciados de ofício pelo juiz, sob o enfoque da existência ou validez. Transcreva-

---

190. *Teoria do Ordenamento Jurídico*, p. 47.

191. Hélio Tornaghi parece entender que a tipicidade formal contém a tipicidade substancial. Transcreva-se: "As normas de processo penal são normas perfeitas, contêm preceito e sanção. A inobservância do primeiro acarreta a outra. Mas a forma, o lugar e o tempo dos atos processuais são determinados com critério teleológico, isto é, para o fim de assegurar certos bens jurídicos que a lei reputa como politicamente necessários ou tecnicamente convenientes, p. ex.: a defesa do réu, a celeridade do processo. Por isso, a simples preterição da forma acarreta uma irregularidade e pode mudar o rito processual. Mas o ato irregular ou írrito não será nulo se não causar prejuízo para a acusação ou para a defesa ou não tiver influência na apuração da verdade ou na decisão da causa" (*Instituições de Processo Penal*, cit., vol. I, p. 251).

192. Cf. San Tiago Dantas, "não basta a expedição de um ato legislativo formalmente perfeito para que se preencha o requisito do *due process of law*". A lei deverá ter conteúdo normativo deduzido da Constituição (*Problemas de Direito Positivo. Estudos e Pareceres*, cit., p. 63).

193. Cf. dissertação de Celso Florence Jr., *Pressupostos Processuais*, apresentada na Faculdade de Direito da Universidade de São Paulo em 1997, com orientação do professor Celso Neves.

194. "Esboço de uma teoria das nulidades", cit., p. 138.

195. *Instituições de Processo Penal*, cit., vol. I, pp. 323-357.

PROCESSO PENAL

se: "Os interesses do réu, tutelados quer pelo direito constitucional, quer pelo direito judiciário, quer ainda pelo direito penal, e que constituem o chamado direito público de liberdade, são também interesses do Estado, que os faz valer independentemente da vontade do acusado. A própria lei processual é, antes de mais nada, um compêndio de normas tutelares da liberdade individual e promulgadas em vista do empenho do Estado em não se expor a ferir a inocência, em evitar o erro judiciário, em poupar ao acusado de vexames desnecessários, etc. Quando a lei protege o interesse do réu em ser julgado por juiz competente e insuspeito, em não sofrer dois processos pelo mesmo fato, em não ser acionado por parte ilegítima, não o faz na medida em que ele quer ser protegido, mas sem qualquer atenção à vontade dele. Escudando-o, o Estado se resguarda e é para se amparar a si próprio, para assegurar-se de estar fazendo justiça que ele estabelece os impedimentos processuais".[196]

Manuel Cavaleiro de Ferreira, também como Hélio Tornaghi, entende que os pressupostos processuais podem ser analisados de forma positiva e negativa, não se distinguindo por isso, pois se trata, unicamente, de questão de perspectiva.[197]

O caminho para se compreender a tipicidade do ato processual encontra-se, também, nas normas processuais que prevêem a nulidade como conseqüência processual, derivada da atuação processual eivada de vício. Quando a lei descreve as nulidades, conforma a tipicidade por mecanismo inverso.

Julio Maier afirma que a nulidade funciona no nível do tipo, ou seja, indica que alguém agiu de forma diversa à prevista em lei, para que se alcance uma determinada conseqüência jurídica.[198] A nulidade para Julio Maier é parte indissociável da regra jurídica.

Melhor é entender, então, que existem pressupostos e supostos a serem observados para a conformação do ato processual penal típico. Supostos, aqueles elementos intrínsecos, implícitos na própria formulação do ato processual. Pressupostos, elementos externos que apontam a adequação ou inadequação do ato processual e que condicionam sua validade e eficácia perante todo o ordenamento jurídico.[199]

---

196. Idem, p. 359.

197. *Curso de Processo Penal*, cit., vol. I, p. 13.

198. *Función Normativa de la Nulidad*, p. 132.

199. É exemplo a prova obtida por meio ilícito, tal como a tortura. A palavra "ilícito" é elemento normativo de amplitude geral. Também defesas colidentes patrocinadas por defensor único. Hélio Tornaghi faz esclarecimento elucidativo a respeito da discipli-

## 3.2.9 Tipicidade e complexo de atos processuais: encadeados e não-encadeados

Complica-se a tipicidade processual nos atos jurídicos complexos.[200] A compreensão da tipicidade faz-se, nesses casos, por meio da análise de pressupostos e condições dos atos em seqüência. O ato cronologicamente anterior comprometerá, se irregular, a eficácia do posterior. O ato posterior é pressuposto de eficácia do anterior, na medida em que dele depende para a produção do efeito pretendido. Inexistindo organização em seqüência dos atos, em cadeia, fala-se, apenas, em pressupostos intrínsecos do ato, ou suposto, na terminologia adotada por Celso Neves. Havendo encadeamento, analisa-se a relação de eficácia do ato anterior com o posterior.[201-202]

Calmon de Passos, com fundamento em Giovanni Conso, assim explicou a tipicidade no procedimento:

na das provas, no processo, que serve para visualizar o amplo dimensionamento dos atos processuais penais. Ao diferenciar as normas substantivas das processuais, esse autor explica que as normas relativas às provas podem ser distinguidas em dois grupos. Um diz respeito ao procedimento probatório e compreende normas sempre de direito processual, outro se refere à admissibilidade ou à eficácia da prova. Nesse último grupo, encartam-se normas processuais e/ou substantivas. Diz Tornaghi: "Se a norma é ditada tendo em vista a adequação da prova à finalidade do processo, à mais fácil e exata convicção do juiz, à maior rapidez e economia, à melhor apreciação dos fatos, enfim ao aperfeiçoamento do processo, então é claro que se trata de norma processual; se, ao contrário, a norma é inspirada, não por considerações de ordem processual, mas tendo em vista a proteção de determinada relação jurídica substantiva, ela é de natureza material". Mas, explica Tornaghi, existem normas que embora sendo de direito substantivo, impõem requisitos a determinados atos e condicionam existência e validez de atos no processo (*Instituições de Processo Penal*, cit., vol. IV, p. 233).

200. Cf. Joachin Wolfgang Stein, o ato complexo caracteriza-se por uma cooperação de vários órgãos públicos ou vários sujeitos, numa série de atuações simples legalmente necessária para a produção de um só ato de vontade resultante da convergência de vontades. Pode-se falar também em ato-procedimento, pois se trata de um procedimento para a produção de um único ato, sem colidência de vontades. Nenhum dos atos intermediários tem existência própria o que difere do procedimento, em que cada ato que o integra tem finalidade própria ("Ato administrativo complexo", *Justitia* 89/19-20).

201. Cf. Giovanni Conso, *I Fatti Giuridici Processuali Penali. Perfezione ed Efficacia*, pp. 165-195.

202. Afirma Antonio Scarance Fernandes que existe ainda outra posição, que não considera no procedimento a eficácia de atos unitários, pois confere eficácia apenas ao último da série de atos. O autor posiciona-se com Giovanni Conso ao afirmar que o ato final é condicionado à perfeita realização dos atos em série. Assim, todos os atos compreendidos no procedimento contribuem para o seu efeito substancial (*Processo Penal Constitucional*, p. 102).

PROCESSO PENAL 173

"Quando o tipo (*fattispecie*) é da categoria do procedimento, uma distinção nova se impõe. Traduzindo-se o procedimento numa série de atos, direcionados para a obtenção de certo resultado típico, há que considerar, na hipótese, tanto os pressupostos de cada ato do procedimento como a relação que entre eles possa existir. Isso feito, observou-se que determinados pressupostos se revelaram presentes no tocante a todos os atos do procedimento, pelo que sua falta ou irregularidade afeta não um ou alguns atos da série de atos que integram o procedimento, mas o próprio procedimento como um todo. Essa invalidade, assim abrangente, foi categorizada como inadmissibilidade, que se poderia conceituar como a falta de aptidão do procedimento para ensejar alcançar-se seu resultado típico, ou em outras palavras, mais específicas do processo jurisdicional, para ensejar o exame do mérito."[203]

No processo penal, a maior parte dos atos desenvolve-se em ordem sucessiva rigorosa. Mas existem outros que podem ocorrer antes mesmo do processo (prisão em flagrante, p. ex.) ou em qualquer fase processual (como as medidas cautelares em geral), sem vínculo algum com o ato que porventura os anteceda, mas intimamente atrelados ao processo e seus pressupostos e dele dependentes para que continuem a produzir seus efeitos. Todos esses atos, em conjunto, conformam o devido processo legal, uma tipicidade pluridimensional, mas, isoladamente, possuem requisitos e conteúdos próprios que devem ser considerados, para que produzam seus efeitos no processo.

Manuel Cavaleiro de Ferreira concebe a sentença como ato processual sintetizador de todos os atos processuais em conjunto. Assim como os atos processuais se integram no processo formando uma unidade, o processo, expressão unívoca dos atos processuais, incorpora-se à sentença. Via inversa, todos os vícios do processo nela se repercutem, projetando-se como vícios da sentença.[204]

Giovanni Conso, considerando a *fattispecie complesse*, afirma que a sentença se reveste inegavelmente de valor sintomático, pois nela se exprime o resultado do processo e por meio dela se traduz, implicitamente, que uma série procedimental foi completamente cumprida e que os atos processuais que a antecederam são isentos de vício. A sentença, ato final do procedimento, por si só, já demonstra a validez dos atos que a antecedem, mas isto não quer dizer que ela

---

203. "Esboço de uma teoria das nulidades", cit., p. 150.
204. *Curso de Processo Penal*, cit., vol. I, p. 190.

174 A TUTELA DA LIBERDADE NO PROCESSO PENAL

tenha a propriedade de transformar pluralidade de atos processuais em unidade, pois a perfeição dos anteriores à sentença é elemento relevante, considerado como pressuposto da própria sentença.[205]

Interessa fixar que existe tipicidade processual, procedimental e de cada ato considerado isoladamente no procedimento, cuja inobservância pode vir a refletir na eficácia do próprio resultado do processo.

### 3.2.10 Tipicidade e coação processual

Vicente Ráo, em lição do passado, mas nem por isso perdida no tempo, asseverava que o binômio "proteção-coerção" é elemento essencial do direito objetivo. Quando se ultrapassa a conformação filosófica ou científica do direito, concretizando-o em normas ou regras positivas destinadas a realizá-lo, surge a coerção, ou seja, "a possibilidade do Poder Público intervir, com a força, em defesa do direito ameaçado, ou violado". Sem "proteção-coação", a vida do direito pereceria, prevalecendo, em seu lugar, a violência e o arbítrio do mais forte sobre o mais fraco.[206]

Carnelutti,[207] de seu lado, entende que a sanção implica a coação. Explicando o sentido da afirmativa, o autor conclui que a "coação é a força empregada contra o homem para vencer a resistência". Carnelutti vai além do raciocínio e se posiciona no sentido de que existe identidade entre o meio da atuação do direito e o meio utilizado para a violação do direito. Assim, contra a resistência, serve-se o direito da força. O que diferencia a força utilizada pelo direito da força utilizada contra o direito é a finalidade à qual se destina.

No processo penal, essa assertiva é considerada sob dois pontos de vista. De um lado, o processo penal surge como coação, restrição à liberdade individual, legalmente devida em razão do direito de punir. De outro lado, o processo penal exterioriza-se como proteção da liberdade, prevenindo hipótese de não incidência da lei penal e de coação ilegal, desmedida ou desnecessária no curso da persecução penal. Segue do raciocínio que a coação, no processo penal, não pode

---

205. *I Fatti Giuridici Processuali Penali...*, cit., pp. 209-210. Tal pensamento difere da posição de Kelsen, segundo o qual a sentença tem a propriedade de validar todos os atos que a antecederam.

206. *O Direito e a Vida dos Direitos*, vol. I, p. 40.

207. *Teoria Geral do Direito*, cit., pp. 116-117.

PROCESSO PENAL                                                    175

objetivar a máxima eficiência, sob pena de violação do direito e de abortamento dos meios de defesa.

Georges Levasseur verificou, há muito, a necessidade de se estender o princípio da legalidade penal à repressão penal, como forma de proteção da liberdade individual desde os primeiros sinais de que se encontra ameaçada.[208]

Sérgio Marcos de Moraes Pitombo assim considerou a delimitação legal da coação processual penal: "Considera-se coação processual legal a restrição de direito, ordenada ou permitida por lei, com observância das garantias constitucionais, e estatuída ou decretada por autoridade competente, para acautelar satisfação ao escopo específico do processo. Visa, assim, a impedir que se impossibilite ou mesmo, apenas, se dificulte a perfeição da prova criminal e do julgamento da pretensão punitiva do Estado, bem como da eventual execução do julgado condenatório. Arreda, portanto, o dano jurídico, que adviria, ao se frustrar o fim colimado".[209]

Calamandrei afirma que, no processo civil, toda providência jurisdicional é instrumento do direito substancial. Também as medidas cautelares no processo civil servem ao direito substancial, como instrumento do instrumento.[210] Atualmente, pode-se falar, ainda, em um processo cautelar autônomo.[211]

---

208. "Réflexions sur la compétence. Un aspect negligé du principe de la légalité", *Problèmes Contemporains de Procédure Pénale*, p. 15.

209. "Breves notas em torno da coação processual penal", *Ciência Penal* 1. Com a ressalva de o autor, depois, recusar a idéia de pretensão punitiva.

210. *Opere Giuridiche*, vol. IX, p. 176.

211. Quanto à existência de um processo cautelar autônomo no processo civil, transcreve-se José Eduardo Carreira Alvim: "Tal 'autonomia' merece ser 'dogmatizada', na medida em que pode ser o único, suficiente o bastante para permitir, ele próprio, a solução da controvérsia, sem ligar-se, necessariamente, à propositura de outra ação futura qualquer. Esta é outra característica das medidas cautelares satisfativas: não serem serviçais de outro processo, podendo conter, em si mesmas, a sua própria utilidade. Se o processo cautelar contém uma lide plena e autônoma, e, na contestação, o réu esgotou toda a sua defesa, inclusive aquela que seria normalmente deduzida na ação principal, o juiz estará em condições de formular juízo definitivo sobre a controvérsia, sem necessidade de reservá-lo para outro processo. Estará em face de um processo de cognição exauriente (Kazuo Watanabe) a autorizar a composição do conflito, definitivamente, com eficácia de coisa julgada material. Assim, a pretensão do autor esgota-se com o pedido; a pretensão do réu com a defesa; a matéria é unicamente de direito, ou sendo, fática, está documentalmente comprovada; enfim, a lide está madura para ser decidida. Ora, exigir-se, em casos tais, um processo principal, simplesmente para que se cumpra, na sua literalidade, o art. 806 do CPC, é, sem dúvida, um *non sense*. Em tais circunstâncias, o

# 176 A TUTELA DA LIBERDADE NO PROCESSO PENAL

Inserem-se no mecanismo de coação processual penal as medidas cautelares. Em processo penal, tais medidas não são instrumento a serviço do instrumento, pois elas servem à verdade material, à eficácia do processo e não ao direito subjetivo de alguém,[212] mesmo porque a existência ou não do direito de punir só é possível mediante ato decisório condenatório final.

Toda medida restritiva de direito, no processo penal, tem como pressuposto a hipótese de infração penal e só se justifica perante o processo, sempre inevitável.[213] Vale dizer que não há direito preexistente que autorize ou permita a restrição de direitos a todo e qualquer caso indistintamente.

Mas o mesmo raciocínio não serve à tutela da liberdade. O ser humano individualmente considerado tem direitos reconhecidos pela ordem jurídica. Os direitos fundamentais, sem os quais a liberdade não tem existência, são direitos subjetivos indisponíveis que merecem proteção jurídica imediata. O processo penal é projeção assecuratória do direito de liberdade. Não só garantia de liberdade, mas também proteção de direitos subjetivos a ela relacionados, cuja obediência se interpõe à punição.[214]

Decorre daí que não é suficiente a previsão legal genérica de permissão de restrição de direitos individuais para que se conforme a coação processual penal dentro de parâmetros legais. A pessoa não pode ser tratada como objeto, sobre o qual a coação penal simplesmente recai. Existem direitos da pessoa que a agasalham, projetando-se como verdadeiros anteparos a qualquer intervenção estatal. Impossível conceber, juridicamente, a pessoa como objeto de prova, meio de

---

processo dito principal constitui verdadeiro 'peso morto' (Fritz Baur, *Tutela Jurídica Mediante Medidas Cautelares*)" ("Medidas cautelares satisfativas", *Ciclo de Conferências para Juízes Federais* 8/93).

212. Consulte-se tópico sobre liberdades públicas e processo penal.

213. Leia-se entendimento de Rogério Lauria Tucci: "Só mesmo em âmbito penal – permitimo-nos acrescentar que, certamente, extravasa dos lindes deste singelo e específico estudo –, é possível afirmar, sem receio de equívoco, a correlação exclusiva entre a cautela e a cognição, em cujo processo aquela, sob as mais variegadas formas, sempre se encarta e faz subserviente, independentemente de iniciativa da parte, e no mesmo iter procedimental" ("Medidas cautelares constritivas patrimoniais", *Revista de Processo* 67/42).

214. Vicente Greco alerta para o fato de que grande parte dos processualistas se esquece da função processual de garantia dos acusados, não no que diz respeito à defesa, mas à obrigatoriedade do processo que se interpõe entre a pretensão punitiva e o direito de liberdade (*Manual de Processo Penal*, cit., p. 55).

## PROCESSO PENAL

prova ou meio de obtenção de prova. Ninguém pode dispor da pessoa humana como bem entender. A sistemática processual permite, tãosó, que se restrinjam direitos na exata medida prevista em conexão com a finalidade também assentada em lei. A avaliação conjunta dos fundamentos de direito e de fato para que a coação processual penal se determine dentro dos padrões de admissibilidade do ordenamento jurídico é pressuposto de qualquer medida interventiva estatal.[215]

Algumas medidas restritivas de direitos, embora previstas em lei e com assento constitucional, não têm procedimento específico ou forma prescrita em lei. Não se pode presumir a sua legalidade e a sua necessidade. Nortear-se-á a medida restritiva por verdadeira moldura de direito material, tipicidade substancial (em que serão analisados pressupostos, requisitos, excepcionalidade, necessidade e proporcionalidade), restringindo-se seu cabimento ao máximo possível em favor do estado de liberdade.[216]

Entre a previsão legal da restrição de direito e a restrição concretizada existe um espaço jurídico que deve ser preenchido pelo juiz ou pelo aplicador da lei. Muitas vezes não há critérios legais ou procedimento específico. Nesses casos, surge a proporcionalidade como cláusula delimitadora da atuação estatal, um critério de proporção sempre voltado à excepcionalidade da restrição de direitos fundamentais individuais.[217]

---

215. Maria Thereza Rocha de Assis Moura, em estudo destinado à justa causa para a ação penal, conclui: "A justa causa constitui, assim, o conjunto de elementos de Direito e de fato que tornam legítima a coação" (*Justa Causa para a Ação Penal*, p. 248). Em outro momento, a autora afirma que a análise da justa causa não se faz apenas de forma abstrata, em consideração apenas de lastro legal, mas com compreensão conjunta de fundamento de direito e de fato, observado concretamente (ob. cit., p. 242). Sérgio Marcos de Moraes Pitombo refere-se a uma "justa causa remota", por exemplo, para a prisão preventiva, como exigência de existência material de fato ilícito e típico, mais indícios de autoria, co-autoria ou participação, suficientes só para acusar ("Prisão preventiva em sentido estrito", *Justiça Penal 7: Críticas e Sugestões: Justiça Criminal Moderna, Proteção à Vítima e à Testemunha, Comissões Parlamentares de Inquéritos, Crimes de Informática, Trabalho Infantil, TV e Crime*, p. 124).

216. A título de exemplo, o art. 5º, XII, da CF assegura a inviolabilidade do sigilo da correspondência e das comunicações telegráficas de dados e das comunicações telefônicas, salvo, no último caso, por ordem judicial, nas hipóteses e na forma que a lei estabelecer para fins de investigação criminal ou instrução processual penal. A Lei n. 9.296, e 24 de julho de 1996, especifica as condições em que a escuta pode ser feia, fazendo-a, entretanto, com nebulosidade que tem admitido reiteradas investidas contra a intimidade, a vida privada, a honra e a imagem das pessoas.

217. Raquel Denise Stumm afirma que, no direito constitucional brasileiro, a proporcionalidade se encontra garantida na cláusula do devido processo legal (*Princípio*

178 A TUTELA DA LIBERDADE NO PROCESSO PENAL

A nebulosidade da lei não permite construção normativa direcionada a autorizar a medida constritiva da liberdade.[218-219]

A lei permissiva ou autorizadora da restrição da liberdade jurídica das pessoas, justificada em razão da persecução penal, deve ser aplicada de forma a que não se excedam os limites da restrição prevista na lei

Há mais. Devem ser também observadas as hipóteses em que a própria Constituição, apesar de não regular especificamente a situação, indica direitos que não cedem à relativização e à proporção (ex.: direito a não ser torturado) e direitos que só cedem nas hipóteses, estritamente, indicadas (ex.: inviolabilidade do domicílio com permissividade apenas nas hipóteses excepcionadas[220]).

O que importa neste estudo é visualizar que a coação processual tem limites que correspondem aos direitos fundamentais, à legalidade, à lei penal e ao devido processo penal,[221] conjunto de direitos

da Proporcionalidade no Direito Constitucional Brasileiro, p. 173). Suzana de Toledo Barros assegura, de seu lado, que a proporcionalidade tem assento na Constituição no contexto normativo dos direitos fundamentais e nos mecanismos de proteção desses direito, conformando-se como garantia especial (Princípio da Proporcionalidade e o Controle de Constitucionalidade das Leis Restritivas de Direitos Fundamentais, p. 93). Maria Thereza Rocha de Assis Moura, cuidando especificamente das provas no processo penal, afirma que a teoria da proporcionalidade tem sido utilizada para abrandar a proibição de provas ilícitas constitucionalmente posta, tendo em vista a relevância do interesse público a ser preservado e protegido. A autora aceita a proporcionalidade, nesses casos, apenas para que se admita provas ilícitas, produzidas pelo próprio acusado (A Ilicitude na Obtenção da Prova e sua Aferição. Disponível em: www.ambito-juridico.com.br/aj/dpp0013.html. Acesso em 29.7.2001).

218. Leia-se Rogério Lauria Tucci: Somente quando se trate de disposição ambígua ou obscura, propiciante de entendimento duvidoso, torna-se admissível a interpretação extensiva, em favor da liberdade (favor libertatis) (Direitos e Garantias..., cit., p. 410). Nesse sentido também afirmou Giovanni Leone: "La posición del sujeto que soporta una limitación en la propia esfera de libertad jurídica, está favorecida por el derecho, en el sentido de que dicha limitación sea siempre lo menos gravosa posible en la reglamentación de los intereses opuestos" (Tratado de Derecho Procesal Penal, vol. I, p. 188).

219. Cite-se Fritz Bauer, referindo-se ao direito alemão: "As medidas possíveis de tutela jurídica temporária secundária acham-se precisa e terminativamente enumeradas na lei. Providências outras, que não as previstas na lei, o Juiz não pode determinar. Para apreciação discricionária só há lugar em pontos acessórios/prestação de garantia" (Estudos sobre Tutela Jurídica Mediante Medidas Cautelares, p. 174).

220. Cf. art. 5º, XI, da CF: "a casa é asilo inviolável do indivíduo, ninguém nela podendo penetrar sem consentimento do morador, salvo em caso de flagrante delito ou desastre, ou para prestar socorro, ou, durante o dia, por determinação judicial".

221. Paulo Sérgio Leite Fernandes apresenta síntese sobre a conexão entre o direito material de liberdade e o processo penal: "As garantias de liberdade individual se acham disciplinadas na lei processual penal, encontrando seu tronco na Constituição; a trilha por onde a prova deve passar é traçada no Processo; o Habeas-Corpus é regulado no

PROCESSO PENAL                                     179

materiais que integram o patrimônio jurídico da pessoa individualizada.[222]

### 3.2.11 Nulidades processuais: garantia de efetividade dos mecanismos de tutela da liberdade

Fixou-se, no tópico referente à tipicidade dos atos processuais, que as nulidades servem a indicar as atipicidades e a prevenir que não ocorram violações à liberdade e a direitos fundamentais a ela relacionados. Além da função preventiva, as nulidades são verdadeiras garantias de liberdade contra ilegalidades, abuso de poder e erro na persecução penal. Após o trânsito em julgado, a nulidade serve à restituição da liberdade coarctada por condenação transitada em julgado. O processo poderá ser declarado nulo em dois sentidos: em razão da nulidade dos atos processuais que o compuseram e em razão da nulidade da sentença. Esta diferenciação importa sobretudo para a consideração sobre a extensão do efeito *ex tunc* da declaração de nulidade do processo, que, por sua vez, serve tanto para exteriorizar a inadmissibilidade de provimento condenatório obtido mediante atos processuais eivados de nulidade, como para fixar a intolerância do ordenamento jurídico, quanto às decisões condenatórias proferidas fora dos parâmetros estabelecidos pela lei ou com fundamentação contrária às disposições constitucionais.

No processo civil, diz Celso Neves, "aquele princípio de que, escolhendo uma forma, o legislador exclui as outras, cai por terra". Embora exista exigência quanto à forma dos atos processuais, elas são recebidas com temperamento, ditado pela própria teleologia da relação processual. A tendência é atender à função finalística da forma e adotar-se critério de legitimidade para a separação do que se pretende ser adequado ou não à ordem processual. Considerar-se-á válido o ato que alcançou sua finalidade no processo e não apenas o realizado com obediência estrita à forma. Assim, a teoria das nulida-

---

CPP; a prisão, em suas diversas modalidades, é condicionada à obediência a fórmulas, concretizadas no Processo Penal; a defesa, ampla, tem sua atividade valorizada em leis de processo; a tipicidade, conquista do Direito Penal Liberal, vem abrigar-se dentro dos dispositivos da Lei Processual Penal. Esta adesão se inicia logo à oportunidade da 'notitia criminis', solidifica-se no auto de prisão em flagrante, prossegue íntegra quando do oferecimento da denúncia, permanece ao receber o juiz a peça acusatória, vive no desenrolar da prova e encontra seu ponto alto na prestação jurisdicional" ("Tipicidade – Seu valor processual", *A Tribuna*).

222. Cf. tópico relacionado às liberdades públicas e o processo penal.

180 A TUTELA DA LIBERDADE NO PROCESSO PENAL

des no processo civil é mitigada e informada por critério de aproveitamento, ao máximo, dos atos já realizados, mesmo que em desobediência à forma prescrita.[223]

O mesmo não acontece com o processo penal. A formalidade, aqui, é proteção e garantia de liberdade. O próprio processo tem como fundamento e razão de existência a tutela da liberdade. Assim, os atos processuais não podem ser concebidos, apenas, como meio para a busca de um resultado. Há direitos subjetivos do acusado, direitos de liberdade, diretamente tutelados pela regra processual, materialmente dimensionada, que atuam como força de resistência à plena eficácia do processo como instrumento de realização do direito de punir.[224] No processo penal, a teoria das nulidades tende a movimento inverso ao indicado por Celso Neves no processo civil. A invalidação dos atos processuais é possível mesmo quando as formalidades, todas, são obedecidas para a realização do ato em razão da existência, também, de tipicidade substancial. Assim, a teoria das nulidades tende à ampliação, como garantia de eficácia dos direitos individuais fundamentais, projetados desde a Constituição.[225] A declaração de nulidade pode ter como conseqüência processual um retorno no procedimento ao *statu quo ante*, podendo até resultar em movimento degenerativo do processo.[226]

### 3.2.12 *Ampla defesa*

#### 3.2.12.1 Origem

A origem da defesa, conforme Clariá Olmedo,[227] está no poder de resistência, reconhecido em ordenamento jurídico que tem por

---

223. *Estrutura Fundamental do Processo Civil. Tutela Jurídica Processual, Ação, Processo e Procedimento*, pp. 233-234. Essas assertivas de Celso Neves têm por base os arts. 154 e 244 do CPC.

224. Cf. Frederico Marques, *Elementos de Direito Processual Penal*, vol. I, p. 24.

225. Afirma Francisco Fernández Segado, com fundamento em Kelsen, que a nulidade dos atos inconstitucionais do Estado é uma garantia constitucional, prevista no controle difuso de constitucionalidade ("El control de la constitucionalidad en Iberoamérica: sus rasgos generales y su genesis en el pasado siglo", *Perspectivas constitucionais nos 20 anos da Constituição de 1976*, vol. II, p. 980).

226. Note-se que a sentença que reconhece a nulidade, declarativa de nulidade preexistente, tem efeitos *ex nunc*, retroativos (consulte-se Francisco Fernández Segado, ob. cit., p. 979).

227. *Tratado de Derecho Procesal Penal*, vol. I, pp. 277-279.

PROCESSO PENAL                                         181

existente liberdade individual e conjunto de regras que informam o âmbito penal do direito.

Afirma o autor que a partir do momento em que o Estado assumiu o poder-dever de aplicar leis aos particulares fez surgir, imediatamente, o poder de perseguir o possível infrator e o poder deste de resistir ao conteúdo incriminador da persecução penal como garantia de liberdade.

Ambos os poderes, de perseguir e de resistir, são de direito substancial, mas conformam o conteúdo da função jurisdicional penal, cujo exercício é regulado pelas normas processuais.

O poder de defesa, conforme Clariá Olmedo, é reconhecido a toda pessoa, mas pode ser exercitado por qualquer órgão do Estado, contra a vontade do indivíduo, porque, integralmente, regulado pelas normas processuais.

Ainda segundo o autor referido, ação e defesa nasceram como forças contrárias que nem sempre se encontram em oposição, pois, na busca da justiça, o acusador pode reconhecer a inocência ou menor responsabilidade e o acusado pode confessar-se culpado. Existente, ou não, posições opostas a respeito da inocência ou culpa, o Estado não pode deixar violar a defesa, devendo exercê-la por seus órgãos, mesmo que o titular desse direito se negue a exercê-la ou esteja impossibilitado de a exercer.[228]

Por esse ponto de vista, a defesa seria entendida, conforme Clariá Olmedo, como poder de resistência do Poder Judiciário, direcionado a limitar os outros dois Poderes do Estado. Esse poder, denominado de "poder impeditivo", porque direcionado a obstaculizar a persecução, é de natureza substancial, mas, projetado no processo, confunde-se com o direito de defesa.[229]

É importante alguma retrospectiva histórica para a compreensão do que hoje se entende por indisponibilidade da defesa no siste-

---

228. Muitos autores com esse fundamento caracterizam o processo penal como um processo em que a lide é completamente irrelevante. Entre eles, Rogério Lauria Tucci (entre outras obras, consulte-se "Considerações acerca da inadmissibilidade de uma teoria geral do processo", cit., p. 90), Sérgio Marcos de Moraes Pitombo ("Constituição da República e processo penal", cit.), Jacinto Miranda Coutinho (*A Lide e o Conteúdo do Processo Penal*, p. 152), Cândido Rangel Dinamarco (*Fundamentos do Processo Civil Moderno*, cit., v. I, p. 194) e Fernando Luso Soares (*O Processo Penal como Jurisdição Voluntária...*, cit., p. 48).

229. Clariá Olmedo, *Tratado de Derecho Procesal Penal*, cit., pp. 280-281.

182    A TUTELA DA LIBERDADE NO PROCESSO PENAL

ma processual penal brasileiro, embora o desenvolvimento histórico dos institutos jurídicos atuais não seja objeto desse estudo

Por muito tempo a defesa esteve ligada à inocência. Está nas *Primeiras Linhas sobre Processo Penal*, de Pereira e Sousa, que a defesa "é a alegação das causas da inocência".[230] Nesse texto, pode-se inclusive verificar a utilização da palavra "defesa" indicando "inocência". Leia-se: "necessita a defesa de ser provada".[231]

Afirmava, ainda, Pereira e Sousa, que a defesa é "causa pública" e que defesa e acusação deveriam ser provadas simultaneamente sob único ponto de vista. Consulte-se: "Para bem julgar a verdade é preciso olhar com os mesmos olhos, e no mesmo ponto de vista a acusação e a defesa, unir todas as circunstâncias, ajustar os diferentes fatos, não dividir o que é invisível; porque querendo julgar em um tempo o crime, e noutro a inocência, pode ser que não se julgue bem nenhum deles".[232]

Assinala José Rogério Cruz e Tucci que o positivismo jurídico contemporâneo tem como ponto de partida a concepção de que a materialização na jurisdição do poder de determinados órgãos para compor litígios e solucionar conflito de interesses veio com a assunção pelo Estado moderno do monopólio da distribuição da justiça, substituindo a composição de acordos voluntários e a atuação auto-satisfativa, ou seja, a vingança privada.[233] Esse raciocínio, no entanto, diz o autor, não leva em consideração a trajetória histórica, lenta e muitas vezes não linear, traçada até a conformação do que se entende hoje por jurisdição. Apesar de não haver um Poder Judiciário estruturado de forma autônoma, havia justiça como expressão de um poder, da vontade do soberano. E, mesmo que não se concebesse organização da prática jurídica, havia simbolismos e rituais que, independentemente do que se pretendia afirmar, vieram, com o passar do tempo, dar forma a rígidos procedimentos, meios idôneos para a obtenção da satisfação de um interesse por ato de autoridade. Assim, o vínculo entre normas de conduta e poder político do soberano pode ser identificado nas experiências jurídicas, que tiveram lugar na história. Mesmo que a função de dizer o direito não fosse bem delimitada e que concorresse esporadicamente com a justiça de mão própria, essa fun-

---

230. Joaquim José Caetano Pereira e Sousa, *Primeiras Linhas sobre o Processo Criminal*, p. 155.

231. Ob. cit., p. 157.

232. Idem, p. 158.

233. *Jurisdição e Poder: Contribuição para a História dos Recursos Cíveis*, p. 3.

PROCESSO PENAL 183

ção ocupava lugar entre as atividades hoje compreendidas como administrativa e jurisdicional.[234]

Historicamente, ainda conforme estudo de José Rogério Cruz e Tucci, a visão privativística do processo, como luta de partes, duelística mesmo, teve precedência sobre a visão publicista do processo como instrumento da busca da verdade e de distribuição da justiça. Em alguns momentos da história, a justiça privada convivia com a pública, sendo exercida ora como defesa privada preventiva (conservação do *statu quo*), integrada à atividade estatal, ora como defesa reativa (restabelecimento do *statu quo*), esta sim concorrente com a atividade do Estado e de seus órgãos.[235]

## 3.2.12.2 Defesa: algumas concepções

Fernando Luso Soares, considerando o direito português, compreende a defesa, no processo penal, como parte integrante da fase acusatória. A defesa, nessa visão, é exteriorizada nos seguintes atos: diligências probatórias e oferecimento de documentos contra prova, colhida em fase preparatória à ação penal; argüição de nulidades de atos praticados na instrução; oferecimento de rol de testemunhas; contestação e instrução contraditória. Também os recursos, ordinários e extraordinários, servem como instrumento de defesa.[236]

Hélio Ivo Angrisani Dória, utilizando-se do pensamento de Giuseppe Sabatini sobre a polivalência da ação penal, afirma que a ação penal é simples poder de exigir do judiciário prestação sobre o conteúdo jurídico-penal que não se confunde com a pretensão punitiva, pois o juiz poderá tutelar, no final, tanto o *status libertatis* como o direito concreto de punir.[237] Giovanni Leone, desenvolvendo raciocínio também de Giuseppe Sabatini, explica que o princípio da polivalência da ação penal significa que a ação se refrata e se reflete sobre todas as partes e para todos os interesses que forem relevantes ao exercício da jurisdição.[238] Nesses termos, a defesa pode ser compreendida como implícita no conteúdo da prestação jurisdicional invocada.

234. Idem, pp. 5-15.
235. *Jurisdição e Poder...*, cit., p. 7, nota 21.
236. *O Processo Penal como Jurisdição Voluntária...*, cit., pp. 144-146.
237. "Ação e jurisdição no CPP (Notas sobre duas inconstitucionalidades)". *Estudos de Direito Processual "in Memoriam" do Ministro Costa Manso*, p. 40.
238. Giovanni Leone, *Tratado de Derecho Procesal Penal*, vol. I, p. 150, nota 72.

184 A TUTELA DA LIBERDADE NO PROCESSO PENAL

Outra explicação pode advir da cumulação alternativa de ações. João Mendes de Almeida Júnior afirma que havendo mediação entre proposições opostas, a oposição entre elas não se resolve por contradição, mas por contrariedade. Sendo assim, transportando-se o raciocínio desenvolvido por João Mendes para o processo penal, passam a ser compatíveis proposições opostas (de punir e de liberdade) porque têm ambas a mesma causa remota (conhecer sobre a existência de crime) e o mesmo objeto (fato tido como criminoso e a lei a ser aplicada), embora sejam diferentes as causas próximas (direito de punir e direito de liberdade).[239] Nesses termos, ao lado da ação penal condenatória existiria, em reverso, a ação defensiva. A defesa estaria integrada ao conteúdo da tutela jurisdicional, mas constituiria uma causa conexa, em oposição à acusação, mas não em conflito, pois a contrariedade possibilita tutela jurisdicional alternativa sem que estejam as causas em conflito.

Canuto Mendes de Almeida considerou a contrariedade como elemento essencial à defesa e chegou a afirmar que "a conceituação técnica de defesa e de direito de defesa depende do conceito de contrariedade".

Viu o processo penal sob dois pontos de vista, ou sob duas tarefas que deve realizar. Sob um aspecto, do interesse punitivo, a conduta do juiz ou tribunal é espontânea e inquisitiva, tendo por finalidade a busca da verdade. De outro lado, ou seja, sob o ponto de vista dos direitos e garantias individuais, a atividade do juiz depende de estímulo e do contraditório e da outorga de meios e recursos essenciais à efetividade da defesa por seu titular, dado o caráter pessoal e natural desse direito.[240]

Para Canuto, a defesa pode ser decomposta em seis elementos, ou em seis regras, inscritas no conceito de contraditório. Essas regras, diz Canuto, são todas garantidas no inc. III do art. 564 do CPP, que trata das nulidades no processo penal. Transcrevam-se:

1) procedimento em forma de contraditório – afirma Canuto que, embora pareça paradoxal, a acusação é regra da defesa porque fixa

---

239. O exemplo dado por João Mendes de Almeida Júnior diz respeito à herança, transcreva-se-o para melhor entendimento: "Assim, a querela de testamento inoficioso e a querela de testamento nulo são contrárias, mas por uma privação que afeta apenas as causas próximas das duas ações, mas não a causa remota (que é a herança), nem o objeto do litígio ou do pedido (que são os bens da herança)" (*Direito Judiciário Brasileiro*, p. 136).

240. "Ligeiras reflexões sobre o direito de defesa", *Arquivos da Polícia Civil de São Paulo*, vol. XIII.

PROCESSO PENAL

dados da imputação e se fixam as cargas acusatórias, tanto no que concerne à imputação como no que diz respeito à matéria de prova;

2) ciência ao acusado das cargas acusatórias;

3) ciência das cargas acusatórias tempestiva, ou seja, de forma a que a contrariedade se possa realizar antes que o ato cientificado tenha eficácia;

4) efetiva participação do acusado nos atos essenciais do processo, seja mediante a presença real do acusado, seja mediante contrariedade;

5) nomeação de defensor ao acusado que o não tiver nomeado;

6) defesa efetiva.

Victor Moreno Catena, em monografia sobre a defesa no processo penal, afirma que a inviolabilidade do direito de defesa significa inalienabilidade desse direito fundamental. Esse autor posiciona-se no sentido de que só as atividades do acusado e de seu defensor implicam o exercício da defesa. As outras, direcionadas à atuação da lei, teriam como finalidade a tutela do direito objetivo e não do direito de defesa.[241] O autor entende ainda que, por ser inalienável, a autodefesa é disponível e renunciável, não sendo adequado falar-se em obrigação de se defender. A defensoria técnica, nomeada pelo juiz para suprir a ausência da defesa seria, na verdade, mecanismo de autoproteção do sistema processual penal para assegurar as regras do processo, o contraditório e a igualdade de partes, ou seja, o *due process of law*.[242] Assim, seria, perfeitamente, regular o exercício do processo sem a defesa pessoal.

Discorda-se do entendimento de Victor Moreno Catena. Na verdade, compreende-se inserido na ampla defesa todo o complexo do ordenamento jurídico, garantidor e protetor da liberdade. A defesa é compreendida por todo o complexo de atos, pouco importando quem os exerça, direcionados a preservar o direito de liberdade do acusado. A autodefesa, exercida pelo próprio acusado ou por defensor de sua confiança, integra o conteúdo da ampla defesa e é elemento essencial para sua caracterização, mas não a exaure.

Para uns, a defesa compreende o contraditório, para outros ela tem significado muito mais amplo, compreende também o conteúdo

---

241. *La Defensa en el Proceso Penal*, pp. 28-30.
242. Idem, p. 114.

# 186 A TUTELA DA LIBERDADE NO PROCESSO PENAL

do devido processo legal.[243] Igualmente varia o que se entende por devido processo legal, pois alguns vêem nele a concretização das garantias constitucionais do processo, outros o enxergam como o dever de observância e de respeito de todos os direitos fundamentais do acusado. Tudo depende da concepção que se tenha de processo penal.

No presente estudo, adota-se a defesa como verdadeira ação liberatória conexa à ação penal condenatória, encartada no processo de conhecimento, ou mesmo dele desprendida quando manifestada de forma autônoma (*habeas corpus*, revisão criminal, mandado de segurança e *habeas data*).

### 3.2.12.3 Indisponibilidade da defesa

É preciso diferenciar o exercício da defesa do direito à ampla defesa. O direito é irrenunciável, porque a liberdade é indisponível no processo penal. Mas o exercício do direito de defesa por seu titular, o acusado, é momentaneamente renunciável. Até porque o não exercício de um direito é forma de exercício do próprio direito.[244]

No entanto, a renúncia do exercício do direito de defesa só pode ser entendida como tal a partir de um ato exteriorizado nesse sentido, seja mediante ação ou omissão. Então, para que se entenda a omissão do acusado como renúncia, é necessária a ciência ao acusado da acusação e a notificação para que constitua defensor de sua confiança. Essas são as condições para que se interprete o não exercício da defesa pelo acusado e por seu defensor como renúncia momentânea ao exercício do direito de defesa. Não presentes essas condições, considerar-se-á a renúncia inexistente e inválida a defesa dativa supletiva da suposta omissão.

---

243. Maria Thereza Rocha de Assis Moura e Cleunice Bastos de Moraes Pitombo compreendem a defesa como autodefesa e defesa técnica para a tutela do direito de liberdade e do devido processo legal ("Defesa Penal: direito ou garantia", *Revista Brasileira de Ciências Criminais* 4 /120).

244. Leia-se Jorge Reis Novais: "a renúncia é também uma forma de exercício do direito fundamental, dado que, por um lado, a realização de um direito fundamental inclui, em alguma medida, a possibilidade de se dispor dele, inclusive no sentido da sua limitação, desde que esta seja uma expressão genuína do direito de autodeterminação e livre desenvolvimento da liberdade individual, e porque, por outro lado, através da renúncia o indivíduo prossegue a realização de fins e interesses próprios que ele considera, no caso concreto, mais relevantes que os fins realizáveis através de um exercício 'positivo' do direito" ("Renúncia a direitos fundamentais", *Perspectivas Constitucionais nos 20 anos da Constituição de 1976*, p. 287).

PROCESSO PENAL

Assim, compreendem-se inseridas no conceito de defesa pessoal a autodefesa, por meios próprios, e a defesa técnica exercida por defensor constituído pelo acusado. Ambas são necessárias à conformação da ampla defesa e ambas são indisponíveis pelo Estado, mas disponíveis pelo acusado.[245] Anote-se que o direito ao silêncio, inserindo-se na autodefesa, assume aspectos mais complexos, pois pode compreender, também, decisão do acusado de preservar sua intimidade, vida privada, honra ou imagem próprias ou de terceiros. Entretanto, ao calar-se, pode o acusado estar, predominantemente, praticando a autodefesa, não em sentido negativo, diga-se de passagem, mas extraindo disso conseqüências benéficas aos seus interesses.

Tanto é assim que impossibilitado o acusado de comparecer em juízo e exercer a autodefesa, o Estado deve assegurar meios para que esta seja exercida (daí a requisição do acusado preso e não a simples notificação para comparecimento, conforme art. 360 do CPP). A nomeação de advogado pelo juiz sofre restrição também em razão da indisponibilidade da defesa pessoal, pois a admissão da defesa dativa é condicionada à constatação da impossibilidade do acusado de constituir defensor de sua confiança ou de sua recusa em fazê-lo (daí a necessidade de ser o acusado notificado para constituir novo defensor sempre que houver omissão de seu defensor constituído).[246]

Mesmo após a assunção da defesa dativa, nada impede que o acusado manifeste o desejo de assumir o comando de sua defesa a qualquer momento, respeitando-se a exigência de indicação de defensor com capacidade postulatória. Daí a irrenunciabilidade da defesa pessoal. Renuncia-se apenas ao seu exercício momentâneo.

Conclui-se que a defesa pessoal, seja pelo próprio acusado nos atos em que for permitida, seja por meio de defensor constituído, não é direito renunciável porque a qualquer momento pode ser, novamente, exercida. Renuncia-se, isto sim, ao exercício momentâneo do direito de defesa. Querendo o acusado, novamente, defender-se, seja por meio de atos que lhe são próprios (interrogatório, por exemplo), ou por meio de defensor de sua confiança, por ele mesmo constituído, o

---

245. Para Jorge Novais, os direitos fundamentais valem como direitos subjetivos e como normas constitucionais objetivas. A dimensão objetiva do direito não pode suprimir seu caráter primário, ou seja, sua dimensão subjetiva (idem, p. 296).

246. Note-se que o art. 366 do CPP prevê, também, a hipótese excepcional de atuação da defesa dativa, sem a ciência anterior do acusado, em razão da produção de provas consideradas urgentes. Fora isso, o procedimento persecutório não seguirá sem a ciência do acusado e sem exercício de efetivo contraditório.

# 188 A TUTELA DA LIBERDADE NO PROCESSO PENAL

Estado não pode impedi-lo. O impedimento configura cerceamento de defesa e dá causa a nulidade. Daí ser indisponível para a configuração da ampla defesa constitucionalmente posta (art. 5º, LV) também a defesa pessoal (seja ela exercida mediante autodefesa ou por defensor constituído).[247]

Surge, então, inapropriada a assertiva de que no processo penal a autodefesa é disponível, enquanto a defesa técnica não o é. Na verdade, no âmbito do direito objetivo, as duas defesas são indisponíveis pelo Estado, inclusive por não ser ele seu titular originário. O que acontece é que existe plena liberdade de o acusado defender-se como quiser, recusando-se, inclusive, a fazê-lo. Nesse caso, caberá à jurisdição suprir a ausência da defesa com a nomeação de defensor dativo. O direito à defesa pessoal, quer isso dizer, da responsabilidade do acusado, é direito de liberdade assegurado, direito esse de participar do processo como sujeito ativo de direitos, capaz de influir nas decisões e na obtenção e avaliação das provas.

### 3.2.12.4 A impugnação como garantia de tutela efetiva da liberdade

Impugnação, conforme Carnelutti, tem a ver com a rescindibilidade do ato processual, seja por questões de injustiça, seja por ilegalidade, mas sempre condicionada à oposição da parte, que se julgar prejudicada.[248]

A expressão "meios de impugnação" surgiu, conforme ensinamento de Giovanni Leone,[249] em substituição à expressão de origem italiana "remédios processuais", advinda da palavra *remedium*, utilizada no direito romano.

Leone considera a impugnação como fase ulterior do processo, incluindo nesse contexto também as impugnações extraordinárias.[250] O direito de impugnação, nos termos postos por ele, não é extensão do direito substancial, mas direito processual, porque nasce do processo.[251]

---

247. O art. 261 do CPP é complementado pelo art. 263 do mesmo estatuto. Leiam-se-os: "Art. 261. Nenhum acusado, ainda que ausente ou foragido, será processado ou julgado sem defensor. (...) Art. 263. Se o acusado não o tiver, ser-lhe-á nomeado defensor pelo juiz, ressalvado o seu direito de, a todo tempo, nomear outro de sua confiança, ou a si mesmo defender-se, caso tenha habilitação".

248. *Teoria Geral do Direito*, cit., p. 499.

249. *Tratado de Derecho Procesal Penal*, cit., Livro IV, Parte I, p. 26.

250. Entendidas no direito italiano como aquelas interpostas após o trânsito em julgado.

251. *Tratado de Derecho Procesal Penal*, cit., Livro IV, Parte I, p. 25.

PROCESSO PENAL 189

Conforme ainda Leone, a impugnação assemelha-se à ação no que diz respeito à formação do processo, mas, dada a indisponibilidade da ação penal, a impugnação nasce como inversão do postulado da indisponibilidade. A propositura da impugnação perante o juiz *a quo* confirma o instituto da impugnação como nova fase do mesmo processo.

Tanto a ação como a impugnação visam à aplicação da vontade da lei. A ação de impugnação, para Leone, tem caráter de ação constitutiva, pois, visa a alterar ou substituir sentença desfavorável. Assim, sintetiza ele o direito de impugnação é direito público subjetivo que se exerce frente ao juiz e potestativo ao outro sujeito processual.

Giovanni Leone compreende o direito de impugnação, em relação ao sujeito parcial que não é titular da ação penal, como direito voltado a balancear o desequilíbrio provocado pela oficialidade da persecução penal. Esse direito teria mais a ver com o direito que tem o acusado de reagir contra o efeito automático da ação penal do que com o exercício do contraditório.[252] Assim, o direito de impugnação teria função sistemática, como contrapeso à persecução, restabelecendo o duplo dimensionamento do processo penal, qual seja, repita-se, o de tutelar ao mesmo tempo o interesse de punir e o interesse de liberdade.

Alguns vêem na impugnação o exercício do direito ao contraditório. Nesses termos, ambos os sujeitos parciais do processo teriam direito aos mesmos recursos, aos mesmos prazos, às mesmas oportunidades.

Num processo acusatório, em que os interesses são, plenamente, disponíveis pelas partes, é possível pensar que o contraditório garante equilíbrio na tutela jurisdicional de interesses em conflito. Nem seria necessário o acesso a recursos para que se concretizasse a igualdade entre as partes. Já se viu, em tópico destinado aos sistemas acusatório e inquisitório, que o processo acusatório, no âmbito penal, surgiu sem as possibilidades de revisão das decisões, isto porque o equilíbrio e a igualdade de partes era tido como suficiente para garantir a justiça das decisões.[253]

No processo de natureza inquisitiva, no entanto, não é assim. Existe desequilíbrio entre persecução e defesa. Basta pensar nas me-

252. Idem, p. 30.
253. Teresa Armenta Deu confirma a assertiva ao dizer que é comum conceber como característica do processo acusatório o trâmite em única instância, com previsão de apenas um único recurso de cassação (*Princípio Acusatorio y Derecho Penal*, p. 104).

190 A TUTELA DA LIBERDADE NO PROCESSO PENAL

didas cautelares, entre elas a prisão provisória, para que o constatar.[254] Embora a busca da verdade e a oficialidade do procedimento sejam garantia contra acusações injustas, vive-se o constante paradoxo de restringir a liberdade, por meio de medidas coativas, sob o pretexto de garantir a liberdade ao final. Nesse sistema, o acusado vê-se obrigado a se defender não só da acusação, mas, também, da coação processual, o que vem a refletir na limitação da defesa, concretamente, exercida.[255]

É por isso que a impugnação tem significado especial para a defesa no processo penal. Embora haja o dever de submissão ao processo, existe a alternativa de irresignação, garantida, a qualquer tempo, na jurisdição penal, quando a tutela jurídica da liberdade (movimentada para a realização do direito objetivo) não foi suficiente, em um primeiro momento, a garantir de forma efetiva o direito material de liberdade no plano concreto.

Já foi o tempo em que existia verdadeira resistência na doutrina em se admitir que se possa requerer proteção jurisdicional contra a própria jurisdição, entendendo-a possível somente quando relacionada à atuação administrativa. Assinalava James Goldschmidt que, enquan-

254. Cândido Rangel Dinamarco entende que a igualdade entre as partes não coincide plenamente com o contraditório. A igualdade é compreendida em acepção mais ampla que compreende tudo o que diz respeito aos poderes, aos deveres e aos direitos das partes no processo ("O princípio do contraditório". *Revista da Procuradoria-Geral do Estado de São Paulo* 19/29). Antonio Magalhães Gomes Filho afirma, de seu lado, que a tutela diferenciada da defesa não desnatura a paridade de armas, decorrente do contraditório, porque serve a objetivo maior que é o de compensar as desigualdades reais. A igualdade assim posta ultrapassa o sentido do contraditório (*A Motivação das Decisões Penais*, p. 43). Antonio Scarance Fernandes entende da mesma forma. Afirma que não existe desigualdade ou inconstitucionalidade em se permitir a revisão criminal, os embargos infringentes e de nulidade e a impugnação por *habeas corpus* às decisões irrecorríveis, apenas ao acusado, pois a Constituição garante ampla defesa sem restrições. Se, de alguma forma, a defesa é privilegiada em alguns momentos, em outros, no início da persecução, privilegiam-se os interesses da acusação (*Processo Penal Constitucional*, p. 50). Paula Bajer Fernandes Martins da Costa, em monografia específica sobre a igualdade no processo penal, constatou: "Ainda que sob a regra do contraditório, atos de coação, previstos em lei, são obstáculos ao reconhecimento da igualdade processual entre imputado e agentes da persecução penal, em sua primeira ou segunda fase" (*Igualdade do Direito Processual Penal Brasileiro*, p. 98).

255. Notem-se, ainda, os crimes contra a Administração Pública e a administração da justiça, entre eles o de resistência (art. 329 do CP), de desobediência (art. 330 do CP) e o crime de desobediência a decisão judicial sobre perda ou suspensão de direito (art. 359 do CP), mais o art. 307 do CPP, que autoriza o magistrado a iniciar atividade persecutória no exercício da ação judiciária mediante auto de prisão em flagrante (cf. Hélio Tornaghi, *Instituições de Processo Penal*, cit., vol. II, p. 95). Bem se vê que o acusado

PROCESSO PENAL                              191

to não existisse justiça acima da justiça, seria inconcebível requerer proteção jurisdicional contra prestação jurisdicional concretizada.[256]

A garantia do devido processo penal, em sua formulação também substancial, preenche essa função de "justiça sobre a justiça" de que falou Goldschmidt e assume significado especial no âmbito da proteção da liberdade, mostrando-se, inclusive, necessária à garantia do segundo grau de jurisdição como seu corolário indissociável.[257-258]

Quando a Constituição Federal estabelece que não se excluirá lesão ou ameaça a direito da apreciação do Poder Judiciário, não se excepciona este, nem qualquer um de seus órgãos, como agente causador das lesões ou ameaças (art. 5º, XXXV, da CF).

---

que resistir ao constrangimento ilegal estará correndo o risco de se ver preso em flagrante por outra infração penal. De sujeito passivo de coação penal, transformar-se-á em sujeito ativo de infração praticada contra a autoridade. Assim, pouco importa que o objeto de hipotética medida cautelar seja bem patrimonial (ex.: apreensão), pois os meios previstos no ordenamento jurídico para executá-la compreendem a constrição da liberdade pessoal (ex.: busca com a finalidade de apreender). Bem observou Cleunice Valentim Pitombo que "a busca domiciliar e a revista pessoal, para atingir sua finalidade, devem respeitar a pessoa humana, encontre-se em liberdade ou presa. Lembre-se de que no direito penal há resposta para eventuais garantias". Ainda: "Violar direitos fundamentais, no processo penal, em especial no tocante à busca, torna ineficaz eventual apreensão, ou atos subseqüentes ao encontro do que se procurou. Assim, o ato processual não pode produzir efeito. Da ilicitude constitucional não pode advir a licitude processual" (*Da Busca e da Apreensão no Processo Penal*, pp. 78 e 83).

256. *Derecho Justicial Material*, cit., pp. 126 e 127.

257. Leia-se, sobre o assunto, Calmon de Passos: "É da essência do Estado de direito existirem controles para os atos dos órgãos detentores do poder, a existência, no mínimo, de controles internos ao próprio judiciário mostrasse como indeclinável, sob pena de se desnaturar uma característica básica do Estado de Direito, privilegiando-se, no seu bojo, agentes públicos que pairam acima de qualquer espécie de fiscalização ou disciplina quanto a atos concretos de exercício de poder por eles praticados". Ainda: "eliminar qualquer tipo de controle da decisão é, inquestionavelmente, violar a garantia do devido processo legal e, mais que isso, atribuir ao juiz um papel que lhe foi negado, institucionalmente, pela Constituição, sem esquecer a particular circunstância de que a decisão proferida com violência ao direito objetivo é decisão da qual nasce uma lesão nova, ao direito subjetivo de alguém, lesão que não pode ser subtraída da apreciação do Poder Judiciário, nos precisos termos do mandamento constitucional" ("O devido processo e o duplo grau de jurisdição", *Revista Forense* 277/1). Djanira Maria Radamés de Sá entende que, apesar de não previsto expressamente na Constituição o duplo grau de jurisdição, o Pacto de São José a Costa Rica o prevê expressamente para o âmbito penal. Mesmo que assim não fosse, a autora compreende ser o duplo grau de jurisdição inseparável da garantia constitucional do devido processo legal (*Duplo Grau de Jurisdição. Conteúdo e Alcance Constitucional*, pp. 97-98).

258. Ada Pellegrini Grinover, Antonio Magalhães Gomes Filho e Antonio Scarance Fernandes entendem no mesmo sentido, ou seja, que um sistema de juízo único fere o devido processo legal. Afirmam, ainda, que com a ratificação da Convenção Americana

192 A TUTELA DA LIBERDADE NO PROCESSO PENAL

Da mesma forma, quando a Constituição prevê que nenhuma pessoa será privada de sua liberdade ou de seus bens sem o devido processo legal, estabelece a necessidade de se materializar a privação de bens ou de liberdade, ainda que provisória, de caráter administrativo ou jurisdicional, por meio de procedimento, concebido conforme os parâmetros legais (art. 5º, LIV, da CF).

O mesmo se diz quando a Constituição prevê a concessão do *habeas corpus* para alguém que estiver ameaçado de sofrer violência ou coação em sua liberdade de locomoção, por ilegalidade ou abuso de poder. Basta que o constrangimento provenha de autoridade pública, sem exceção quanto a juízes e tribunais (art. 5º, LXVIII e LXIX, da CF).[259]

É curioso notar que conforme se avança na persecução penal, o sistema jurídico processual encarrega-se de incrementar as garantias de liberdade, promovendo enriquecimento dos direitos que a garantem.[260] O direito de impugnar é fruto desse incremento das garantias de liberdade.

Em caminho inverso à progressividade do processo penal, pode-se constatar movimento degenerativo do procedimento, ligado ao de-

---

sobre Direitos Humanos, o duplo grau de jurisdição passou a integrar o direito positivo brasileiro (*Recursos no Processo Penal*, p. 24).

259. Também o *habeas data* e o mandado de segurança inserem-se como instrumentos processuais penais de tutela da liberdade no processo penal. Entende-se, contudo, com reservas a utilização do mandado de segurança no âmbito do processo penal (v. tópico sobre a universalização da jurisdição). Muitos autores têm defendido a utilização do instituto no processo penal, inclusive pelo Ministério Público, no interesse da persecução penal, ainda após o trânsito em julgado, como verdadeira *restitutio in integrum* (José Damião Pinheiro Machado Cogan, *Mandado de Segurança na Justiça Criminal e Ministério Público*, pp. 68-69). Não se vê direito subjetivo algum, líquido e certo, preexistente à sentença condenatória transitada em julgado, que possa justificar o pedido de proteção do Ministério Público. Melhor entendê-lo cabível, apenas, nos atos que não impliquem julgamento, de natureza administrativa, e que não objetivem à restrição da liberdade ou de direitos do acusado, este sim portador de verdadeiros direitos subjetivos. Quanto ao *habeas data*, entende-se cabível sua utilização contra atos investigatórios mantidos em sigilo pelo Ministério Público, sob a forma de inquérito civil, ou mesmo contra atos investigatórios empreendidos pela polícia judiciária, não publicizados, seja já sob o controle do judiciário ou não, para assegurar o acesso às informações relativas à determinada pessoa ainda não indiciada e sequer posta como foco de investigação penal (conforme art. 5º, LXXII, da CF).

260. Hélio Tornaghi já afirmava que a missão do Estado não é só negativa, de evitar lesão a direitos, cabendo-lhe também incrementá-los com maior conteúdo e oportunidades de exercitá-los (*Manual de Processo Penal*, "Prisão e liberdade", vol. VI, pp. 154-155).

PROCESSO PENAL

ver de observância dos direitos fundamentais, entre eles o devido processo legal.[261] O fenômeno não é extraprocessual, porque o respeito aos direitos fundamentais e ao devido processo legal é intrínseco ao próprio processo, embora se encontrem fora do processo de conhecimento de caráter condenatório os instrumentos necessários à mudança do direcionamento do processo penal,[262] de forma a restaurar o direito individual violado ou ameaçado, quando inobservadas as garantias postas em lei.

A progressividade do processo penal é característica que não se pode negar quando se estuda a atividade dos agentes públicos na persecução penal.[263] Vê-se o desenvolver da persecução de forma progressiva em vários sentidos. Quanto à verdade material, o fato, apresentado inicialmente como possível (no inquérito), apresenta-se como muito provável (acusação do Ministério Público) e, posteriormente, como certo (sentença condenatória transitada em julgado).[264-265] A persecução penal inicia-se abrangente e invasiva, sem procedimento rigorosamente previsto. A investigação dá espaço para a instrução. O

261. É clássica a afirmação de João Mendes Júnior de que processo é movimento para diante. Essa afirmação já foi inclusive objeto de nota no presente trabalho. Contudo, João Mendes Júnior não se ateve a essa característica do processo. Foi além. Afirmou que o movimento tem sete direções, para adiante, para traz, para a direita e para a esquerda, para cima e para baixo, e em giro ou circuito. Disse ainda que a atividade forense deve seguir em processo, mas na jurisdição, outra direção pode, em incidente, interromper o processo principal ou movimentá-lo em diversas direções, o que pode resultar em degeneração ou retrocesso (*Direito Judiciário Brasileiro*, pp. 199-201).

262. Note-se que o momento processual oportuno para que se exponham todos os argumentos da defesa, inclusive os relativos às nulidades, é o do art. 500 do CPP, conforme determinação do art. 571, II, do mesmo estatuto. Assim, entendendo pertinentes alguma irresignação da defesa quanto à prova ou quanto à regularidade dos atos processuais, poderá o juiz sanar nulidades e providenciar esclarecimentos sobre a verdade dos fatos antes de proferida a sentença (art. 502 do CPP). Não se convencendo dos argumentos levantados em alegações finais sobre a irregularidade do procedimento ou sobre a necessidade de nova prova, o juiz sentenciará, e somente com a ciência da sentença verificar-se-ão os argumentos utilizados pelo magistrado para afastar as razões apresentadas pelos sujeitos parciais, não havendo outra oportunidade de irresignação senão perante o segundo grau de jurisdição, mediante interposição de apelação, já após a definição da relação jurídica de direito material.

263. Cf. Giuseppe Sabatini, *Principii Constituzionali del Processo Penale*, p. 46.

264. Cf. Fernando Luso Soares, *O Processo Penal como Jurisdição Voluntária...*, cit., p. 18.

265. Consulte-se Maria Thereza Rocha de Assis Moura, *Justa Causa para a Ação Penal*, p. 291. A autora afirma: "1. A justa causa para a ação penal condenatória, no direito brasileiro, corresponde ao fundamento da acusação. 1.1 Vista sob o ângulo positivo, é a presença de fundamento de fato e de Direito para acusar, divisando mínima

194 A TUTELA DA LIBERDADE NO PROCESSO PENAL

suspeito transforma-se em indiciado, em acusado e em autor do crime de forma gradual. Também a atividade estatal é impulsionada administrativamente, transformando-se aos poucos em atividade jurisdicional em função da necessidade de tutela dos direitos individuais. O procedimento persecutório dá lugar ao processo, de forma que a persecução suporte o direito de defesa, o contraditório e a busca da verdade material, tanto para a comprovação da culpa como para a constatação da inocência

A fruição dos direitos fundamentais, de seu lado, também é alterada durante a persecução penal. O indivíduo tem plena liberdade antes da *persecutio criminis*. Aparecendo a hipótese de crime, surgem inúmeras possibilidades de restrição da liberdade, desdobrando-se a ação judiciária no sentido de buscar tudo o que for relevante ao exercício da jurisdição e à formação da convicção do juiz. Nesse momento, conseqüentemente, ocorrem inúmeras hipóteses de violação da liberdade sem que se tenha controle jurisdicional imediato sobre abusos ou desvios de poder. Daí aparecem as impugnações, possibilitando reforma de decisões e anulação de atos processuais indevidos.

Assim, se de um lado a persecução penal se inicia com vigor no sentido de acautelar o resultado do processo e o direito de punir de ofício, buscando tudo o que interessa à comprovação do crime, de outro, ela termina enfraquecida quando não encontrados elementos suficientes para a condenação, tornando-se, nesses casos, disponível mesmo pelo Ministério Público, autorizado por lei a dispor da persecução em fase recursal e até mesmo a se posicionar pela tutela do interesse público de liberdade.[266]

Fator ilustrativo dessa característica ulterior do processo penal é o tratamento diferenciado dado à sentença absolutória em relação à sentença condenatória. A absolutória tem eficácia imediata para confirmar o estado de liberdade do acusado preexistente. Essa declaração tem como conseqüência a insubsistência de qualquer medida restritiva de direito anteriormente providenciada para acautelar o processo ou

---

probabilidade de acusação, na qual se baseia o juízo de acusação. 1.2 Não se exige, de pronto, certeza moral quanto à ocorrência do fato, da autoria e da culpabilidade. Esta será imprescindível na final para autorizar a sentença condenatória".

266. Cândido Rangel Dinamarco, ao questionar a existência de lide no processo penal, afirma: "Em processo penal, não é exato que o Ministério Público, ou seja, a sociedade, tenha algum interesse à punição de inocentes, em conflito com o interesse do acusado à manutenção de seu *status libertatis*" (*Fundamentos do Processo Civil Moderno*, cit., vol. I, p. 194).

PROCESSO PENAL 195

a execução de sentença penal condenatória. Isto porque ela faz desaparecer a justa causa para a coação processual.[267] De outro lado, dada a impossibilidade de execução provisória no processo penal,[268] a sentença condenatória só tem eficácia após o trânsito em julgado, com a formação do título executório. Daí o entendimento de que o recurso de sentença condenatória tem os dois efeitos, suspensivo e devolutivo.[269] Na verdade, não se trata propriamente dos efeitos do recurso, mas da proteção indispositiva do direito de liberdade, tutelado com maior vigor, ao final do processo.

Contudo, se a impugnação é ato dispositivo e, portanto, renunciável pelo Ministério Público, não o é para a defesa. Mais uma vez o direito de liberdade tem na impugnação momento de fortalecimento.

### 3.2.12.5 Indisponibilidade da impugnação "pro libertate"

Há que se distinguir renúncia ao direito de impugnar de renúncia ao exercício desse direito para que se verifiquem as conseqüências diferentes do não exercício da impugnação pela defesa e pela acusação.

Por ser o recurso ato voluntário, dispositivo,[270] a não interposição é tida como renúncia ao direito de recorrer. No entanto, a omissão do

267. José Frederico Marques afirmava a impossibilidade de subsistir a coação processual sem o *corpus delicti*. Afirmou, também, que no curso da persecução penal a exigência desse pressuposto da coação sofria graduação, variando de intensidade conforme o avanço no procedimento e a intensidade da medida de coação. Assim, para o início da investigação criminal, basta a notícia do crime. Para a formação da *opinio delicti*, é necessário que se verifique a probabilidade da existência de crime. Para a prisão preventiva e para a pronúncia é necessário a prova do fato punível (*corpus delicti*) ("Do corpo de delito", *RT* 221/11). Há, após a lei que instituiu a denominada prisão temporária, cauteloso enfrentamento da particularidade correspondente ao *corpus delicti*. A leitura dos diversos dispositivos contidos na citada lei (n. 7.960, de 21 de dezembro de 1989) não permite opção pela dispensabilidade da comprovação material da existência da infração.

268. Em razão da regra constitucional contida no art. 5º, LVII: "ninguém será considerado culpado até o trânsito em julgado de sentença penal condenatória".

269. Verifique-se, ainda, que o efeito devolutivo do recurso do Ministério Público, em caso de condenação, é limitado pela impossibilidade de *mutatio libelli* no segundo grau e pela regra do *tantum devolutum quantum appellatun*. Ambos os institutos subservientes à garantia da correlação sentença – acusação (consulte-se Gustavo Henrique Righi Ivahy Badaró, *Correlação entre Acusação e Sentença*, p. 191).

270. Giovanni Leone explica que a impugnação tem a natureza de negócio jurídico processual, porque o exercício do direito de impugnar depende da manifestação de vontade nesse sentido (*Tratado de Derecho Procesal Penal*, cit., Livro IV, Parte I, p. 77).

# 196 A TUTELA DA LIBERDADE NO PROCESSO PENAL

recurso do Ministério Público tem um significado, a do recurso da defesa tem outro. Embora o devido processo legal possa ser evocado em segundo grau, como garantia de aplicação da lei, pouco importando o direito material que resultou tutelado, a impugnação é matizada, no processo penal, pelo interesse material que se pretende tutelar. A via de impugnação encontra-se aberta a qualquer momento para a tutela da liberdade. O mesmo não se dá com a impugnação direcionada a acautelar o direito de punir.[271]

Para a acusação, a não interposição do recurso tem como significado a paralisação da persecução penal e o assentimento à sentença prolatada. Para a defesa, a não interposição do recurso tem significado limitado; é renúncia ao exercício do recurso, mas nunca ao direito de defesa. Há três argumentos nesse sentido:

1) Para o Ministério Público, com a renúncia ao recurso, mais especificamente à apelação, preclui a própria persecução penal.[272] Qualquer outra ação visando à tutela do interesse punitivo, fundada no mesmo fato infracional, é juridicamente obstada dado o postulado do *non bis in idem*

2) A renúncia ao recurso representa, para o Ministério Público, a renúncia ao direito de impugnar em sentido amplo, pois, inexistem outras vias impugnatórias à sua disposição. A renúncia ao recurso ordinário impede a utilização da via extraordinária. Significa dizer que o não exercício de recurso é, para o Ministério Público, expressão do assentimento ou da aquiescência não só com o conteúdo mate-

---

271. Entende-se inaplicável ao processo penal o postulado da personalidade dos recursos. Ada Pellegrini Grinover, Antonio Magalhães Gomes Filho e Antonio Scarance Fernandes entendem existir no processo penal o princípio da personalidade dos recursos em oposição ao princípio do benefício comum. Significa o primeiro que o recurso só pode beneficiar a parte que o interpôs. De acordo com o segundo princípio, a parte que não recorreu pode ser beneficiada pelo recurso da outra (*Recursos no Processo Penal*, cit., p. 44). Na verdade, no processo penal, toda impugnação pode resultar em proteção do interesse de liberdade, independentemente do sujeito processual que a interponha. Assim, o acusado pode se beneficiar do recurso do Ministério Público, que, por sua vez, pode recorrer em função dos interesses de liberdade do acusado. Na verdade, impera sim um postulado da indisponibilidade da liberdade e de ampliação da *legitimatio ad causam* para postular jurisdicionalmente a tutela da liberdade.

272. Entendem Ada Pellegrini Grinover, Antonio Magalhães Gomes Filho e Antonio Scarance Fernandes, a preclusão, do ponto de vista objetivo, "como um fato impeditivo destinado a garantir o avanço progressivo da relação processual e a obstar ao seu recuo para fases anteriores do procedimento. Subjetivamente, a preclusão representa a perda de uma faculdade ou direito processual" (*Recursos no Processo Penal*, cit., p. 105; vide, também nota 305 do item 3.3.2).

PROCESSO PENAL 197

rial da sentença não impugnada, mas com os meios utilizados para alcançá-la.

3) A renúncia ao recurso pelo Ministério Público, caso a sentença seja condenatória, faz coisa julgada formal e impede a *reformatio in pejus*.[273] Há que se considerar, também, que o postulado da proibição da reforma da sentença para pior tem lugar, inclusive, nos casos em que o Ministério Público recorre em defesa do interesse de liberdade. Está implícita, nessa hipótese, a disposição do órgão acusador de paralisar a persecução penal.[274]

Para a acusação a impugnação é fase da persecução penal. Para a defesa, ela é indisponível no tempo e no espaço, embora o exercício dos recursos seja renunciável. Várias são as razões que levam a esse entendimento.

Estão previstos, no ordenamento jurídico brasileiro, instrumentos processuais de impugnação específicos à tutela da pessoa coarctada na sua liberdade, em razão não só da persecução penal irregular, bem como em razão de condenação indevida. A tutela da liberdade cobre sem lacuna todos os momentos da persecução penal, iniciada, em curso, ou definitivamente solucionada com a declaração da existência do direito de punir. Tais instrumentos são opostos aos atos coatores, provindos de autoridade pública e interpostos a qualquer tempo, sem prazo específico e sem momento processual predeterminado. Além da ausência de limites temporais à impugnação, é o objeto de impugnação *pro libertate* também ilimitado: basta que exista coação ilegal ou ameaça iminente à liberdade de ir e vir para que tenha lugar a proteção.[275]

---

273. Cf. arts. 617 e 626, parágrafo único, do CPP.

274. A hipótese é plenamente possível. O Ministério Público como órgão fiscalizador da aplicação da lei tem interesse de paralisar a persecução penal, quando entender inaplicável a lei penal incriminadora. Rogério Lauria Tucci tem a convicção de que o Ministério Público pode desenvolver atividade defensiva em favor do indiciado, acusado e condenado. Perfeitamente possível seria que o Ministério Público pudesse, desde que em favor do acusado, impetrar mandado de segurança, *habeas corpus* e requerer revisão criminal ("Devido processo penal e atuação dos sujeitos parciais", cit., p. 99).

275. Existe preconceito na doutrina e na jurisprudência em se permitir a abordagem de questões referentes à prova em *habeas corpus*. Consulte-se, nesse sentido Maria Thereza Rocha de Assis Moura (*Justa Causa para a Ação Penal*, cit., p. 292). Também em matéria de impugnações extraordinárias, consideradas no direito brasileiro como aquelas que admitem oposição apenas a questões de direito, ou aquelas excepcionais, ou ainda, aquelas direcionadas à proteção do direito objetivo e não ao subjetivo (cf. Ada

198 A TUTELA DA LIBERDADE NO PROCESSO PENAL

O *habeas corpus* é instrumento genérico de proteção da liberdade.[276] Ampara a liberdade em todos os momentos em que se encontrar ameaçada ou lesada, em razão da persecução penal, seja por motivo da coação processual, seja na delimitação do cumprimento da pena em processo executório. Mesmo que não resulte pena privativa de liberdade, toda punição, com exceção da pena de multa, é passível de conversão em pena de prisão. Mesmo que incabível a pena de prisão em projeção existe a possibilidade de constrangimento à liberdade direcionado a garantir a eficácia do próprio processo.[277] Quer isso dizer que a perda ou a restrição da liberdade é possibilidade que paira, a todo momento, no processo penal.[278]

Pellegrini Grinover, Antônio Magalhães Gomes Filho e Antônio Scarance Fernandes, *Recursos no Processo Penal*, cit., pp. 34 e 267), admite-se cabível a análise apenas de questões de direito. Acontece que, em sistema jurídico de estrita legalidade, como é o sistema processual penal brasileiro, quase toda questão de fato é conexa a uma tipicidade jurídica, seja formal, seja substancial, seja relativa aos tipos penais, seja relacionado ao procedimento penal. Essa característica do modelo de sistema penal brasileiro tem como conseqüência que muitas vezes uma questão de direito envolve a análise de questões de fato. É esclarecedor nesse sentido o entendimento de Giovanni Leone de que tanto o *error in procedendo*, como o *error in iudicando* em razão da subsunção do fato à norma, constituem erros de direito (*Tratado de Derecho Procesal Penal*, cit., Livro IV, Parte I, p. 41).

276. Niceto Alcalá-Zamora y Castillo, ao analisar o mandado de segurança brasileiro, se referiu ao *habeas corpus* no direito brasileiro como um recurso que associa três recursos distintos: o de inconstitucionalidade, o de proteção às garantias e o de cassação de atos e/ou rescisão de julgados ("El mandato de seguridad brasileño...", cit., t. II, p. 653).

277. Note-se que o Anteprojeto de Lei de Reforma do CPP, idealizado por comissão composta por Ada Pellegrini Grinover, Antônio Magalhães Gomes Filho, Antônio Scarance Fernandes, Luiz Flávio Gomes, Miguel Reale Júnior, Nilzardo Carneiro Leão, Petrônio Calmon Filho, Rogério Lauria Tucci, Rui Stocco e Sidnei Augustinho Beneti e entregue ao Ministro José Gregori em 6 de dezembro de 2000, estabelece no art. 283, § 3º, que as medidas cautelares previstas no Título IX do CPP, inclusive a prisão preventiva, não poderão ser aplicadas à infração não apenada com pena privativa de prisão, isolada, alternativa ou cumulativamente. Nos demais casos, a prisão preventiva é instituída como garantia de cumprimento das obrigações impostas pelo juiz decorrente de outras medidas cautelares (art. 282, § 4º).

278. Há controvérsias sobre o âmbito de cabimento do *habeas corpus*. A discordância doutrinária com relação à aplicação do instituto vem de longe. Andrei Koener afirma que, com a Constituição Republicana, o *habeas corpus* passou a ser compreendido como instrumento de garantia dos direitos individuais postos na Constituição. Era utilizado para sanar nulidades, examinar casos de réus condenados e controlar a legalidade das prisões e observância das formas processuais. O *habeas corpus* era instrumento político. No âmbito do processo, seria aplicável apenas às prisões ilegais, não podendo ser utilizado quando cabíveis outros recursos ordinários ou para garantir direitos de pessoas consideradas nocivas à sociedade (*"Habeas corpus", prática judicial e controle social no Brasil (1841-1920)*, pp. 165-179). Luis Eulálio de Bueno Vidigal afirma que Rui Barbosa, ao interpretar o texto da Constituição de 1891, defendeu a idéia de que o *habeas corpus* cabia contra qualquer ato de coação ou violência. Tanto a coação como a violência se

## PROCESSO PENAL

A revisão criminal também se apresenta como instrumento processual de impugnação sem limites temporais. Aliás, esse é um dos elementos que a caracteriza.[279]

Para o processo penal serve, ainda, a assertiva de que os denominados "remédios processuais" ou "instrumentos extraordinários de impugnação" são, na verdade, mecanismos processuais que integram a sistemática processual penal de tutela da liberdade e conformam a disciplina do devido processo legal no espaço preenchido pelo processo penal.[280] Tais instrumentos têm como causa de pedir ou fundamento do pedido a tutela da liberdade, o que não impossibilita que a invalidação ou reforma do ato constituam causa remota do pedido de tutela da liberdade.[281-282]

---

opunham ao pleno exercício de um direito, à liberdade. O autor se referiu, ainda, à farta jurisprudência, produzida no período anterior à Reforma Constitucional de 1926, que entendia cabível o *habeas corpus* à proteção de qualquer direito lesado ou ameaçado pela Administração, especialmente aqueles que pudessem se fazer valer pelo direito de ir e vir. O *habeas corpus*, nessa formulação, foi antecedente do mandado de segurança. Mas dele difere, segundo entendimento de Luis Eulálio Bueno Vidigal, porque, em resumo, o *habeas corpus* serve a restituir a liberdade de alguém que só poderia perdê-la em razão de sentença e que só excepcionalmente, em caráter provisório, dela pode ser privado. O mandado de segurança tem cabimento diverso, pois se aplica a situações que podem ser alteradas por força do poder de auto-executoriedade dos atos administrativos (*Do Mandado de Segurança*, cit., p. 160). Considerando o texto de Bueno Vidigal, Alfredo Buzaid caracteriza o mandado de segurança como remédio para anular medidas de execução possessórias ou acautelatórias, uma "contramedida de execução". Diz, ainda, Alfredo Buzaid que o âmbito do *habeas corpus* foi restringido na Constituição de 1926 e reservado apenas às hipóteses de prisão e restrição à liberdade de locomoção. Para a proteção de outros direitos foi introduzido o mandado de segurança na Constituição de 1934. A Carta Política de 1937 não previu o instituto que só passou a vigorar em plena dimensão a partir da Constituição de 1946 ("'Juicio de amparo' e mandado de segurança", *Estudos de Direito Processual "in Memoriam" do Ministro Costa Manso*, pp. 152-155).

279. Leia-se nesse sentido José Rogério Cruz e Tucci: "A inexistência de qualquer limitação temporal para o exercício da revisão criminal constitui marcante característica de seu regime. Pode inclusive, ser ajuizada, mesmo após o óbito do condenado, pelo seu cônjuge, ascendente, descendente ou irmão (art. 623 CPP)" (*Tempo e Processo*, p. 54).

280. Em relação à revisão criminal, Sérgio de Oliveira Médice pensa que o instituto não pode ser considerado remédio extraordinário, pois é instrumento processual disciplinado no ordenamento jurídico. Na verdade, o autor entende que a revisão criminal é meio impugnativo de julgado e garantia constitucional (*Revisão Criminal*, cit., pp. 244-251).

281. Parece ser este o entendimento de Sérgio Marcos de Moraes Pitombo defendendo que a "revisão criminal se coloca entre os instrumentos de tutela, e não como ação penal constitutiva negativa, ou desconstitutiva" ("Constituição da República e processo penal", *Revista Especial do Tribunal Regional Federal da 3ª Região*, p. 139).

282. Conforme Araken de Assis: "Designa-se *causa petendi* remota aos fatos jurídicos, e de *causa petendi* próxima à sua repercussão jurídica, ou seja, aos fundamentos jurídicos" (*Cumulação de Ações*, p. 146).

200 A TUTELA DA LIBERDADE NO PROCESSO PENAL

Por fim, resta reconhecer que o interesse de liberdade é imprescritível, enquanto o interesse punitivo é passível de extinguir-se pela prescrição; da mesma forma, o poder-dever de executar a sentença condenatória transitada em julgado.[283] Esse fator mais a existência de instrumentos de impugnação sem limites temporais são, por si só, indicadores de que, ao final, o interesse de liberdade tem sobrevida, infinitamente, maior que o interesse punitivo. Tanto é assim que se permite até um paralelo com o comportamento da lei penal no tempo em questões ligadas à impugnação penal

Sérgio de Oliveira Médice considera que estão harmonizados com o sistema restrito de revisão criminal, que só a admite *pro reo*, os fundamentos da lei penal no tempo. Da mesma forma que a *lex mitior* tem aplicação retroativa, conforme disposto na Constituição (art. 5º, XL), a revisão *pro reo* também o tem. De outro lado, a proibição de retroatividade da lei nova incriminadora ajusta-se à inadmissibilidade da revisão criminal *pro societate*.[284]

O paralelo pode ser visto em termos mais amplos. A prescrição retroativa também se comporta nesse sentido. Tem fundamento na retroação da norma individual penal concretizada, sempre mais favorável que a norma penal prevista em abstrato. É possível verificar, ainda, que fenômeno inverso também se explica. As normas individuais concretizadas, mais benéficas, inclusive as instituídas por meio de sentença absolutória, têm eficácia ultrativa, o que impossibilita tanto a *reformatio in pejus* como a revisão da sentença absolutória.[285]

---

283. Consulte-se José Rogério Cruz e Tucci. *Tempo e Processo...*, cit., p. 58.

284. *Revisão Criminal*, p. 224.

285. Esse pensamento cabe ao ordenamento jurídico brasileiro que não admite revisão *pro societate*. Mas o pensamento é incomum nos demais países que, apesar de propugnarem pela intocabilidade da coisa julgada como garantia de liberdade, acabam por prever na legislação processual a revisão *pro societate*, o que acaba por tornar arriscada a busca do condenado por uma sentença justa. Nesse sentido afirma José Damião da Cunha que "quando analisamos a legislação comparada processual penal no que toca ao instituto da Revisão, vemos uma disparidade tal de soluções, que bem se pode questionar da efectiva consolidação da teoria do caso julgado. Temos, assim, sistemas que admitem a Revisão exclusivamente e a favor do condenado (ex.: Itália, Espanha e França) e, outras (como a portuguesa, alemã e austríaca) que admitem a revisão tanto a favor como contra o arguido, umas admitindo a revisão da medida da pena, outras apenas a revisão da condenação/absolvição". Finaliza o autor dizendo que melhor seria adotar a revisão apenas a favor do condenado para que se possam combater decisões injustas muito difíceis de serem reformadas em recursos ordinários ("A estrutura dos recursos na proposta de revisão do CPP – Algumas considerações", *Revista Portuguesa de Ciência Criminal*, Fascículo 2º, p. 251 – mantida a grafia original).

PROCESSO PENAL                                    201

Também funciona assim a questão incidental, no processo penal, sobre a constitucionalidade das leis penais e processuais penais aplicadas.[286] Não se pode considerar, pelo controle difuso de constitucionalidade, a inconstitucionalidade de lei benéfica ao acusado. Enquanto vigente, a lei será considerada válida, inclusive para o caso concretizado, pois existente a garantia de estrita legalidade e a presunção de constitucionalidade.[287] O mesmo não se dará com a lei mais gravosa, considerada inconstitucional, porque haverá, indiscutivelmente, a hipótese de lesão ou ameaça a direito individual e a possibilidade de reversão da presunção de constitucionalidade no caso concreto.

Mostra-se inquestionável a existência, na sistemática processual penal brasileira, de vínculo indissociável com o direito material de liberdade, que vem a resultar na delimitação da atividade persecutória ou até mesmo na impossibilidade jurídica de a exercer.

## 3.3 Presunção de legalidade
### e lesão ou ameaça a direitos:
### um problema de liberdade

### 3.3.1 Controle de constitucionalidade da lei
### e presunção de constitucionalidade

Integra a presunção de legalidade do ato praticado por servidores públicos a presunção de constitucionalidade da lei aplicada, dela se deduzindo a de constitucionalidade do ato praticado.

A presunção de constitucionalidade da lei, na maior parte dos países que adotam sistema jurídico positivado, é tida como presunção indestrutível. Nesses termos, ela é tratada como presunção *iuris et iuris*, servindo como obstáculo ao controle jurisdicional dos atos estatais em matéria constitucional. Acontece que, na verdade, esta presunção encobre possíveis violações da Constituição pelo legislador. Sob esse ponto de vista, a presunção de constitucionalidade se-

---

286. Leia-se a esse respeito Ferrajoli: "es preciso que la sustracción de los derechos fundamentales al poder de revisión *in peius* quede explícitamente establecida por medio de una extensión de la prohibición contenida en el artículo 139. Se obtendría de tal forma una rigidez absoluta de la garantía constitucional sobre los límites sustantivos de los poderes públicos" (*Derecho y Garantías...*, cit. p. 114).

287. Leia-se, mais uma vez, a Constituição, art. 5º, II: "ninguém será obrigado a fazer ou deixar de fazer alguma coisa senão em virtude de lei".

## 202　A TUTELA DA LIBERDADE NO PROCESSO PENAL

ria verdadeira ficção, introduzida no ordenamento jurídico para impor coerência e uniformidade na interpretação da lei.[288-289]

Anota Mauro Cappelletti que, o controle de constitucionalidade concentrado, adotado nos sistemas jurídicos da *civil law* ou de derivação do direito romano (ex.: países da Europa continental), os juízes comuns, civis, penais e administrativos, são incompetentes para conhecer da validade das leis, perante a Constituição, mesmo no caso concreto. As leis devem ser sempre reconhecidas como em conformidade à Constituição e à ordem jurídica, salvo na Alemanha e na Itália (mas não na Áustria), países que admitem a suspensão do processo para argüição de inconstitucionalidade perante Tribunal Constitucional especial, configurando um sistema difuso mitigado de controle de constitucionalidade ao lado de outro concentrado.[290] Alguns doutrinadores falam, inclusive, em presunção de validade das leis, aplicável a todos os juízes, com exceção da Corte Constitucional. Tal presunção, ainda conforme o autor, não pode ser aplicada aos sistemas jurídicos que adotam o método de controle de constitucionalidade difuso, como o norte-americano.[291]

Acontece que o sistema jurídico brasileiro é organizado a partir do sistema "romano-germânico", fundado em estrita legalidade, com previsão de procedimentos rígidos para a atuação estatal e adota, surpreendentemente, um sistema de controle difuso de constitucionalidade, seguindo o modelo norte-americano, sem procedimento específico e sem juiz com competência exclusiva para controlar a constitucionalidade das leis no caso concreto.

Admite-se a dificuldade de compreensão da composição entre as duas sistemáticas adotadas no ordenamento jurídico brasileiro e tidas por Mauro Cappelletti como incompatíveis. Contudo, adota-se entendimento de José Afonso da Silva no sentido de que, no Brasil, existe técnica peculiar de controle de constitucionalidade que não comporta a teoria norte-americana, pelo menos em sua totalidade, pois existe presunção de validade constitucional em favor de leis e

---

288. A. Vanwelkenhuyzen, "La présomption de constitutionalité de la loi et du décret en droit belgue", *Les Présomptions et les Fictions en Droit*, pp. 69-279.

289. Ch. Perelman, "Présomptions et fictions en droit, essai de synthèse", *Les Présomptions et les Fictions en Droit*, p. 347.

290. O controle de constitucionalidade difuso foi adotado pela Alemanha na Constituição de Weimar e na Itália no período entre 1948 e 1956 (vide Mauro Cappelletti, *O Controle Judicial de Constitucionalidade das Leis no Direito Comparado*, pp. 77-78).

291. *O Controle Judicial...*, cit., p. 85.

PROCESSO PENAL 203

atos normativos do Poder Público que perdura no tempo até acionamento do mecanismo de controle jurisdicional constitucionalmente previsto.[292]

Na verdade, no que se refere ao processo penal, o controle de constitucionalidade da lei, e de qualquer ato estatal que tenha fundamento na Constituição, pelo juiz de primeiro grau, é amplo, dada a indisponibilidade dos interesses tutelados (liberdade e direito de punir). Apesar de as hipóteses de punição estarem disciplinadas na lei penal infraconstitucional, as de restrição da liberdade, em persecução penal e execução da pena, são exaustivamente previstas pela Constituição. Daí o controle de constitucionalidade e de legalidade pelo Judiciário, ainda em primeiro grau, ser mais uma garantia jurisdicional de liberdade. E não é "perigosa ou temerária" como pensa Mauro Cappelletti, pois, está sujeita a reexame, seja por meio de recursos, seja por ações apropriadas à tutela da liberdade pelo próprio Poder Judiciário.[293]

É preciso que se fixe, no entanto, que não se pode desprezar a garantia da lei, dos procedimentos e do processo, na tutela da liberdade jurídica nas causas penais. A lei infraconstitucional é verdadeira síntese capaz de transpor ao caso concreto formas de resolução de confli-

---

292. *Curso de Direito Constitucional Positivo*, p. 53.

293. Cf. Dalmo de Abreu Dallari, citando Karl Loewenstein sobre o controle intra-órgão do Poder Judiciário (*O Controle de Constitucionalidade pelo Supremo Tribunal Federal*, p. 160). Também Cândido Rangel Dinamarco afirma a existência de verdadeira "preclusão hierárquica" imposta aos juízes e tribunais, consistente em impedi-los a voltar a decidir sobre o que tenha sido superiormente decidido (pelo Supremo Tribunal Federal ou pelo Superior Tribunal de Justiça) sobre dada situação ocorrente no processo, mesmo que se trate de matéria ordinariamente insuscetível de se precluir (ex:. incompetência absoluta, condições da ação e outras). Adverte Dinamarco que, normalmente, as preclusões são negadas ao juiz, porque ele exerce poder estatal e não faculdades, segundo interesse pessoal, mas que, diante das disposições constitucionais que sujeitam à reclamação as decisões de juízes ou tribunais que contrariem o que os órgãos hierarquicamente superiores decidiram, com eficácia no caso concreto submetido a julgamento, é forçoso reconhecer que essas decisões constituem fator de impedimento a novo pronunciamento judicial por órgãos inferiores (arts. 102, III, *l*, e 105, III, *f*, da CF). Assim, configura-se, no entender do autor citado, verdadeira preclusão que extingue o poder-dever do juiz, uma situação jurídica ativa no processo, que não se amolda às classificações apresentadas pela doutrina, pois estas são voltadas às partes e não ao juiz ("A reclamação no processo civil brasileiro", *Revista do Advogado* 61/106-107). Note-se que a Constituição do Estado de São Paulo prevê a reclamação também para a garantia da autoridade das decisões do Tribunal de Justiça (art. 74, X). Consulte-se, ainda, Marcelo Navarro Ribeiro Dantas que, em substanciosa monografia sobre a reclamação, compreende o instituto como verdadeira ação, instrumento de garantia das liberdades públicas no processo constitucional, contrariamente à maior parte dos processualistas que concebe a reclamação como manifestação da jurisdição voluntária (*Reclamação Constitucional no Direito Brasileiro*, pp. 441 e 520).

204    A TUTELA DA LIBERDADE NO PROCESSO PENAL

tos de interesses, na medida posta na Constituição, sem que um deles seja suprimido até decisão jurisdicional imutável. Esses institutos são construções jurídicas, historicamente concebidas para evitar abusos cometidos pelas autoridades administrativas e judiciárias contra o ser humano individual (conforme as idéias concebidas a partir da Revolução Francesa). Mas, da mesma forma, não se pode desconhecer os ensinamentos trazidos pela Revolução Americana que fixou direitos fundamentais dirigidos contra o poder absoluto do legislador ordinário.

Sob o manto de constitucionalidade, podem ocorrer violações gravíssimas à liberdade, aos direitos fundamentais indisponíveis. Daí, também, ser a presunção de constitucionalidade uma presunção *iuris tantum*.

A composição entre os dois sistemas de controle de constitucionalidade (romano-germânico e norte-americano) conforma, no direito brasileiro, o devido processo legal penal peculiar. De um lado, o devido processo é o previamente estabelecido na lei. De outro lado, não é qualquer procedimento legalmente estabelecido que satisfaz o conteúdo do devido processo.

Os princípios e regras constitucionais do processo penal dizem com a garantia de direitos fundamentais de natureza individual, verdadeiros limites negativos à atividade do Estado, seja ela legislativa, administrativa ou jurisdicional. A legalidade e o devido processo são, também, direitos fundamentais que garantem os direitos constitucionais de liberdade.

A Constituição não pode ser utilizada para alargar as hipóteses de restrição de direitos já nela previstas ou para suprimir direitos por ela assegurados, seja no ato de criação da lei ordinária, seja na atividade dos órgãos encarregados da persecução penal, seja na própria atividade jurisdicional.

Também não se concebe a hipótese de alargamento dos casos de restrição de direitos já regulamentados por lei, com fundamento em direitos fundamentais de natureza social, subvertendo o processo hierárquico de produção jurídica e desconsiderando-se ou negando eficácia à lei regulamentadora da concretização desses direitos.

Presume-se subtendida e resolvida na lei, seja material, seja procedimental, a conflituosidade entre os dois interesses indisponíveis no processo penal: a liberdade e o direito de punir. Não se pode ampliar a conflituosidade ao plano Constitucional. Polariza-se de forma irreconciliável, o interesse de punir com o direito de liberdade.

PROCESSO PENAL                                    205

Nada obstaculiza, no entanto, que o juiz, no caso concreto, prevendo lesão ou ameaça a direito, sem fundamento na norma constitucional, deixe de aplicar a lei inconstitucional ao caso em julgamento ou invalide o ato processual realizado ou a prova obtida mediante violação dos direitos fundamentais.

É, plenamente, compatível com a sistemática jurídica brasileira a assertiva de que existe presunção de constitucionalidade das leis e de legalidade dos atos praticados pelos servidores públicos em nome do Estado, pois existe no sistema jurídico brasileiro o dever funcional de cumprir a lei. Tal presunção, no entanto, é passível de questionamento perante o judiciário sempre que houver lesão ou ameaça a direito.

### 3.3.2 Presunção de legalidade
e dever de tutela jurisdicional da liberdade

Afirmou-se, já de forma intensa, que a jurisdição, no âmbito penal, é peculiar. Consideram-se causas penais não só as que levam à efetivação do direito de punir como as que servem à afirmação e asseguração do direito de liberdade.[294]

Direciona-se o dever de processo penal em duas vertentes, oscilando entre a tutela da liberdade e o dever de punir em todos os momentos da jurisdição: em potência (na lei), em ação (aplicação das normas formais no processo de conhecimento) e em ato (cumprimento ou execução de sentença ou decisão).[295]

Levando-se em consideração a especificidade da função jurisdicional, a passagem do dever funcional aos agentes judiciários não é simples. A idéia de jurisdição é teleológica, bem como a de processo

---

294. Cf. Rogério Lauria Tucci, "Considerações acerca da admissibilidade de uma teoria geral do processo", *Revista do Advogado* 61/101, e Frederico Marques, *Da Competência em Matéria Penal*, p. 18.

295. Cf. Sérgio Marcos de Moraes Pitombo, complementando entendimento de Joaquim Canuto Mendes de Almeida que não considerava a existência de um processo penal executório ("Execução penal", *RT* 623/257-263). Leia-se Joaquim Canuto Mendes de Almeida: "A jurisdição – função específica do Poder Judiciário – encara-se em potência, como poder-dever de fazer justiça estatal, e em ato, como a atividade mesma de a exercerem seus agentes, que são os juízes e os tribunais" (*Processo Penal, Ação e Jurisdição*, cit., p. 7).

206 A TUTELA DA LIBERDADE NO PROCESSO PENAL

também o é.[296] Assim, embora na aparência o processo se materialize no procedimento, este tem formulação intrínseca implícita.[297]

Considerando-se ainda que a norma processual penal tem dupla natureza, qual seja, serve ao mesmo tempo à afirmação da liberdade, delimitando a atuação estatal, e à persecução, autorizando ou impondo restrição da liberdade, não existe instrumentalidade direcionada a única finalidade.[298] Assim, a norma processual penal, como expressão de ato de vontade estatal,[299] comporta significação ambígua, ora direcionada a garantir o estado de liberdade, ora destinada a tutelar o direito de punir. Transparece muitas vezes, na ação judiciária, na jurisdição em ação, conflito entre a norma procedimental e a norma material, ou, ainda, alternativas quanto à aplicação de norma procedimental, ou mesmo ausência de formalidade prescrita para a realização de determinados atos processuais.

Essa margem de liberdade deixada pela norma processual é preenchida pelo magistrado, embora não se justifique, juridicamente, mediante simples opção do juiz entre as alternativas propostas. Os motivos e fundamentos da decisão do juiz devem transparecer na decisão de forma a que se possa controlar a constitucionalidade ou legalidade, formal ou substancial.

A aplicação da regra de procedimento, então, também faz surgir questão de direito substancial relacionada à tutela da liberdade e à tutela da eficácia do processo, antes mesmo da extinção do procedimento.[300] Tal fenômeno não só complica o exercício do dever de juris-

---

296. Cf. Eduardo J. Couture, *Fundamentos del Derecho Procesal Civil*, p. 43; Rogério Lauria Tucci, *Processo e Procedimentos Penais*; e Hélio Bastos Tornaghi, *Instituições de Processo Penal*, vol. III, p. 251.

297. Leia-se João Mendes de Almeida Júnior: "a forma, no procedimento, é a forma extrínseca, que considera o ato já com sua forma intrínseca" (*Direito Judiciário Brasileiro*, p. 228).

298. Cf. Frederico Marques, *Elementos de Direito Processual Penal*, vol. VI, p. 24, Hélio Tornaghi, *Instituições de Processo Penal*, cit., vol. IV, p. 233.

299. Cf. Kelsen, a norma "é o sentido de um querer, de um ato de vontade, e – se a norma constitui uma prescrição, um mandamento – é o sentido de um ato dirigido à conduta de outrem, de um ato, cujo sentido é que um outro (ou outros) deve (ou devem) conduzir-se de determinado modo" (*Teoria Geral das Normas*, p. 2).

300. Transcreve-se Frederico Marques: "há causas de direito penal, submetidas à jurisdição deste nome, que, longe de serem provocadas no exercício da *persecutio criminis*, visam ou impedi-la ou fazê-la cessar. É o que acontece com a revisão criminal e com certos casos de *habeas corpus*. Não só a pretensão punitiva mas também o direito de liberdade pode ser conteúdo do pedido com que se provoca o exercício da função jurisdicional penal". Ainda: "Além disso, os direitos de liberdade que a Constituição

PROCESSO PENAL 207

dição como dificulta a aferição concreta da correspondência do dever exercido ao modelo legalmente preestabelecido.[301]

A transformação, aos poucos, da persecução penal de atividade administrativa em atividade judiciária por necessidade de tutela da liberdade provoca uma mudança de enfoque na aplicação da lei que não será apenas executada, mas interpretada a partir do processo de produção hierárquica das normas jurídicas. Tanto a atividade administrativa, como a jurisdicional partem da presunção de legalidade da regra de procedimento. Em uma, no entanto, prepondera o cumprimento de uma ordem, na outra, a presunção de legalidade é questionada em face do direito de liberdade.

Impossível negar que, mesmo quando imperfeito o procedimento, haverá atividade judiciária desenvolvida como se processo fosse, presumindo-se a regularidade até que se suscite ou se constate em momento oportuno a inadequação ao modelo legal, seja ele formal ou substancial.[302] Somente ato decisório final põe fim às suspeitas de

---

assegura podem ser objeto do poder jurisdicional na esfera penal, não só em função do conflito que se resolva com a aplicação do direito penal material como também em virtude de interesses sobre a aplicação do direito penal formal, ou processo penal" (*Da Competência em Matéria Penal*, pp. 18-19).

301. Leia-se Eberhard Schmidt: "El derecho procesal penal sirve este doble objetivo, pues recepciona en sus normas la experiencia secular que la humanidad ha debido tener respecto de la relación entre poder y derecho, precisamente en la lucha contra el delito y acoge los métodos y vías determinadas, que son las únicas admisibles para la obtención de una sentencia judicial. Así se estructura la lucha contra el delito en forma judicial. Esta forma judicial debe posibilitar la rapidez y la energía, pero al mismo tiempo, lo que no es menos necesario, debe lograr previsión y prudencia. El medio de la forma judicial es desde tiempos inmemoriales la forma procesal. El hecho de que el derecho procesal prescriba formas para el desenvolvimiento de la actividad de la administración de justicia y exija absoluta observancia de estas formas, encuentra su sentido profundo y su justificación en la experiencia de los siglos acerca del arbitrio de la autoridad y de los peligros de juzgamientos desprovistos de formalidades. La época de la recepción y el siglo 19 han conocido el valor de las 'formas protectoras'; el proceso penal reformado reemplaza la falta de formas del proceso del estado policial por un procedimiento en el cual la necesidad de la vinculación a las formalidades debe ofrecer la policial (...). Nada sería más injusto que considerar estas formalidades como una técnica del proceso, susceptibles de ser de una o de otra manera, y adoptables en la praxis sólo porque la ley las prescribe. Estas formas son, más bien, la consecuencia de consideraciones político jurídicas fundamentales, que tienen también relación con los fundamentos teórico jurídicos del derecho procesal" (*Los Fundamentos Teóricos Constitucionales del Derecho Procesal Penal*, pp. 20-21).

302. Cf. Giovanni Leone a lei protege os atos do juiz com presunção de verdade. Essa presunção teve origem na Alemanha, tendo sido demonstrada em 1853, por von Walther. Com o fundamento nessa presunção teria surgido o dever de motivar toda impugnação (*Tratado de Derecho Procesal Penal*, cit., Livro IV, Parte I, p. 44).

208 A TUTELA DA LIBERDADE NO PROCESSO PENAL

imperfeição dos atos integrantes do procedimento, reconhecendo-os como válido.[303]

Não se pode esquecer de clássica definição de João Mendes de Almeida Júnior: "processo, ontologicamente, é o movimento dirigido para diante".[304] Quando se fala em processo fala-se, necessariamente, em etapas sucessivas, escalonadas rumo à sentença. Há preclusões que impedem atividades incompatíveis com etapas já concretizadas no desenvolvimento do procedimento e garantem a continuidade do procedimento.[305] No processo penal, a existência de certa elasticidade da jurisdição, no sentido de se buscar a verdade material, não desnaturaliza o dever do juiz e dos partícipes processuais de se subordinarem à legalidade e à forma do procedimento.[306] Há formulação do procedimento preconcebida por lei que garante, pelo menos em um primeiro momento, limitação do exercício do poder por órgãos estatais, encarregados da persecução penal, consistindo em regula-

303. Note-se que a sentença eivada de erro, tanto *in procedendo*, como *in judicando*, após preclusão máxima é executável. A sistemática processual a tem como válida até que se declare a invalidação. No que concerne à sentença absolutória, no entanto, verifica-se a impossibilidade de revisão ou reavaliação da regularidade do processo, dada a inexistência de lesão ou ameaça a direito individual a ser tutelado na competência penal.

304. *Direito Judiciário Brasileiro*, cit., p. 199.

305. Cf. E. D. Moniz de Aragão, a preclusão deve ser examinada sob dois aspectos. Um correspondente ao que Chiovenda denominava princípio da preclusão, segundo o qual cada atividade processual, com escopo determinado, tem momento próprio no processo, fora do qual a atividade não poderá mais ser exercida. Esse entendimento é conexo à tradicional divisão do antigo processo comum europeu, inclusive o canônico, em etapas rígidas encerradas por sentença imediatamente apelável, mas convertida em coisa julgada formal pela ausência de recurso. Sob o outro enfoque, o instituto da preclusão diz com seqüência de atos legalmente imposta no curso do procedimento, de forma a assegurar precisão e rapidez no desenvolvimento dos atos processuais, em direção ao objetivo final, à sentença. Esse sentido é contrário ao "princípio de liberdade", próprio a um processo de tipo dispositivo, no qual as partes têm liberdade para iniciá-lo, impulsioná-lo ou extingui-lo, bem como para delimitar a matéria probatória ("Preclusão (Processo civil)", *Saneamento do Processo. Estudos em Homenagem ao Prof. Galeno Lacerda*, pp. 150- 151; vide, também, nota 272 deste Capítulo).

306. Cf. Giuseppe Guarneri, *Novissimo Digesto Italiano*, t. XIII, p. 574, verbete "Preclusione (diritto processuali penale)". Cândido Rangel Dinamarco, de seu lado, afirma: "As preclusões constituem, pois, fontes de riscos quanto à fidelidade do produto final do processo de conhecimento ao escopo jurídico do exercício da jurisdição, na medida em que a não-efetividade do contraditório é prejudicial à perfeição do conhecimento; por isso é que, em processo penal, menor é o rigor das preclusões quanto ao acusado. Na medida em que aceitas e impostas por determinada ordem processual, as preclusões constituem expedientes técnico-jurídicos empregados em prol da abreviação dos processos e com o fito de impedir a sua duração indeterminada. Com isso, favorecem aos escopos sociais de pacificação e de educação" (*A Instrumentalidade do Processo*, cit., p. 300).

PROCESSO PENAL 209

mentação do poder de restringir direitos de natureza individual. A presunção de legalidade dos atos desenvolvidos por agentes estatais, no Estado de Direito, assegura concretamente a não interrupção do movimento em direção à sentença.[307]

Permite-se que se fale, como a maior parte da doutrina, com fundamento em João Mendes de Almeida Júnior, que o processo é o movimento em sua forma intrínseca e que o procedimento é este mesmo movimento em sua forma extrínseca "tal como se exerce pelos nossos órgãos corporais e se revela aos nossos sentidos".[308]

Cândido Rangel Dinamarco esclarece que os processualistas rejeitaram no século XIX e na primeira metade do século XX a noção de que o processo se restringia ao procedimento. Daí, surgiram a noção de processo como relação jurídica e outras doutrinas. Mas nenhum processualista conseguiu demonstrar que o processo diferia do procedimento.

No direito brasileiro, conforme Cândido Rangel Dinamarco, existe o entendimento de que o procedimento tem "valor de penhor da legalidade no exercício do poder". A garantia do devido processo legal é tida como simples expressão do princípio da legalidade voltado ao processo.[309]

No entanto, o valor do procedimento tem ressurgido no próprio conceito de processo. O entendimento de que a legalidade deve ser vista também em seu aspecto substancial implica reconhecer que o procedimento contém formulação intrínseca. Não só ele deve ser compreendido em sua totalidade, como, também, cada ato processual que o compõe.[310] Leia-se entendimento de Sérgio Marcos de Moraes

307. Mesmo porque o procedimento de impugnação não é desdobramento essencial ao processo. Leia-se Giuseppe Guarneri: "Il procedimento di impugnazione è, infatti, una fase ulteriore del processo per cui esso non può aversi se preventivamente non si è svolto il procedimento di prima istanza" (*Novissimo Digesto Italiano*, cit., p. 570, verbete "Preclusione (Diritto processuale penale)").

308. *A Instrumentalidade do Processo*, cit., p. 152.

309. Idem, p. 153-154.

310. Esse aspecto parece não ter sido negligenciado por João Mendes de Almeida Júnior, posto que considera o fato de que a forma no procedimento é a forma extrínseca, que considera o ato já com formulação intrínseca. A formulação extrínseca é forma probante do ato processual. Nada impedindo, no entanto que, acidentalmente, fora da formulação, preencha-se o conteúdo da formulação. O contrário também é possível, ou seja, pode, acidentalmente, não haver preenchimento da formulação substancial mesmo que atendida a formulação extrínseca (*Direito Judiciário*, cit., pp. 226-228). Transcreva-se: "no Brasil, ficou mantida a unidade da legislação que define os direitos individuais: qualquer mutação na forma intrínseca dos atos altera a espécie jurídica; qualquer mutação na forma extrínseca altera a força probante" (idem, p. 275).

210 A TUTELA DA LIBERDADE NO PROCESSO PENAL

Pitombo: "As idéias de processo e de procedimento ligam-se às de movimento, tempo e de espaço. A existência temporal do nexo entre as pessoas, que agem e reagem, em juízo, desempenhando papéis específicos. Os seus atos, protraindo-se conjugados, em sistema de movimento e mudança. Tal visão impele a compreender o fluxo, ou processo, como série numerável de atos programados, que se vão justapondo, em espaço ideal, ou procedimento. Não se afigura correto, então, asserir que procedimento consiste em, apenas, forma".[311]

Especificamente, no que diz respeito ao processo penal, o devido processo legal tem a ver com a tutela jurisdicional da liberdade – dever não só de assegurar a liberdade, como de evitar lesão ou ameaça à liberdade desnecessária, desmotivada e fora dos limites traçados em lei, no curso do processo ou em razão dele motivada.

Tendo-se em vista a tutela de interesses públicos indisponíveis, os de punir e de liberdade, não se pode, sob o arrepio da lei, tutelar um direito em detrimento do outro. Não se concede ao magistrado poder de suprimir direitos e garantias fixados em lei na prestação jurisdicional. Mas também não se concebe o poder de legislar suprimindo-se direitos e garantias constitucionalmente positivados. Seguindo esse raciocínio, pode-se falar de processo penal em termos mais amplos, idéia que comporta também os procedimentos de tutela da liberdade, instrumentos de controle da regularidade e justiça da prestação jurisdicional e dos meios utilizados para obtê-la. Dessa forma há, no processo penal, verdadeira tipicidade processual, garantida também pelo procedimento, mas não só, pois existem outros instrumentos que tutelam a liberdade, garantindo a aplicação da lei conforme o conteúdo dos direitos fundamentais postos na Constituição. Em favor do direito de liberdade, tanto a regularidade formal como substancial podem ser discutidas a qualquer tempo, sem procedimento rigidamente estruturado, dentro ou fora do processo de conhecimento, *ex officio*, mediante simples provocação ou por procedimento instaurado perante órgão judiciário hierarquicamente superior.[312]

Há quem sustente ser inconcebível, teoricamente, a admissão da possibilidade de ilegalidade de atos praticados pelo juiz, no exercí-

---

311. "Supressão parcial do inquérito policial – Breves notas ao art 69 e parágrafo único da Lei n. 9.099/95", *Juizados Especiais Criminais (Interpretação e Crítica)*, p. 72, nota 1.

312. Exemplifica-se com o *habeas corpus ex officio* (previsto no art. 654, § 2º, do CPP, e na Constituição, ao instituir como atividade jurisdicional o poder-dever de evitar lesão ou ameaça a direito individual, inclusive as causadas por órgãos do Estado, no exercício da função legislativa, executiva ou judiciária).

PROCESSO PENAL 211

cio da jurisdição, fora das hipóteses legais de nulidade. O processo é sistema de atos, que se relacionam de forma a elucidar os fatos e a proporcionar a exata aplicação da lei. No próprio sistema processual constam meios que asseguram reexame de questões decididas. Entendem Chiovenda, Carnelutti, Liebmann, Couture e Luís Eulálio de Bueno Vidigal, entre outros, que, cabendo exclusivamente ao juiz declarar, no caso concreto, qual o interesse protegido pela norma, a vontade da lei, juridicamente considerada, é aquela por ele afirmada.[313] O problema da sentença injusta é resolvido, juridicamente, com a prevalência do direito processual sobre o direito material.[314]

Para os que pensam dessa forma, o processo, independentemente da vontade ou da atividade intelectiva desenvolvida pelo juiz, é uma série de formas que resultam na sentença. A validez do pronunciamento judicial deriva do cumprimento de certa formalidade e por um critério de autoridade, segundo o qual o direito é o que o juiz diz ser o direito, independentemente da correspondência entre o direito normativamente estabelecido e o direito afirmado.

O procedimento é o cerne da sistemática jurídica, suficiente para fazer a ponte entre a lei e a declaração da vontade da lei no caso concreto. Nessa perspectiva, o regular desenvolvimento do procedimento é fator legitimador da sentença.

Compreende-se o direito como exteriorização da vontade da lei por meio de procedimentos concebidos de forma escalonada. A relação de continuidade entre eles é responsável pela unidade da sistemática jurídica no processo de formação da vontade. Desse modo, o procedimento constitucional daria efetividade às leis constitucionais, o procedimento legislativo às leis, o procedimento ao processo, e

313. Ada Pellegrini Grinover, Antonio Scarance Fernandes e Antonio Magalhães Gomes Filho entendem que a coisa julgada é motivo de convalidação de irregularidades não alegadas ou não apreciadas durante o procedimento, pois a imutabilidade da sentença também o seu antecedente, que são os atos processuais praticados no processo de conhecimento. Havendo erro judiciário, contudo, admitir-se-ia, em tese, revisão criminal *pro societate*, levando-se em consideração a igualdade das partes. Não se justificaria a proibição da *reformatio in pejus*, sendo admissível tanto a revisão da sentença em favor do direito de liberdade, como *pro societate*. Isso só não acontece, dizem os autores, porque a lei penal proíbe a revisão criminal *pro societate* (Ada Pellegrini Grinover, Antonio Magalhães Gomes Filho e Antonio Scarance Fernandes, *Recursos no Processo Penal*, cit., p. 47).

314. Giuseppe Chiovenda, *Instituições de Direito Processual Civil*, vol. 1, p. 80; Enrico Tullio Liebman, *Eficácia e Autoridade da Sentença e Outros Escritos sobre a Coisa Julgada*, pp. 181-182; Eduardo J. Couture, *Fundamentos del Derecho Procesal Civil*, p. 31; Luís Eulálio de Bueno Vidigal, *Do Mandado de Segurança*, pp. 111-117.

212 A TUTELA DA LIBERDADE NO PROCESSO PENAL

assim por diante até a execução,[315] presumindo-se, em cadeia, a regularidade e legalidade do procedimento anterior. Nessa perspectiva, o procedimento é garantia de legalidade formal.

Acredita-se, no entanto, que o processo penal também é garantia de justiça e de realização no plano concreto dos direitos fundamentais de liberdade do acusado, considerando-se não só a liberdade física, mas todo o quadro dos direitos fundamentais. Assim, a jurisdicionalização da aplicação do direito, nas causas penais, embora possa ser suficiente para assegurar cumprimento do dever funcional em correspondência à legalidade, sob o ponto de vista dos servidores públicos, não é suficiente para a garantia de tutela jurisdicional da liberdade e dos direitos fundamentais. Explica-se: o ato processual pode estar, na aparência, formalmente perfeito, quando analisado em confronto com a lei, e ter sido executado com violação da norma constitucional.[316]

Assim, sob o ponto de vista da liberdade, a sentença e os atos processuais que a antecederam são válidos não só porque realizados segundo a forma prevista, mas, também, porque realizados com respeito ao conteúdo dos direitos individuais constitucionalmente fixados. O dever de tutela jurisdicional da liberdade surge em decorrência da indisponibilidade do direito subjetivo material de liberdade.[317]

Tal entendimento dá origem ao *devido processo legal*, formalmente idealizado e substancialmente considerado.[318] O seu conceito não fica restrito à necessidade de observância das regras processuais e das regras processuais constitucionais. O ato processual deverá ser praticado com respeito aos direitos individuais, positivados na Constituição da República, sob pena de invalidade.[319]

---

315. Cf. descrição de Sebastian Soler, "Los valores jurídicos", *Fe en el Derecho*, cit., p. 225.

316. São exemplos a sentença condenatória fundamentada em prova obtida ilicitamente (ex: mediante tortura) ou procedimento desenvolvido sem defesa efetiva ou contraditório eficaz.

317. Talvez seja possível a afirmativa de que sob o ponto de vista do direito de punir, o processo é jurisdição. Sob o ponto de vista do direito de liberdade, o processo é tutela jurisdicional. Tenha-se em conta conclusão de Flávio Luiz Yarshell, já mencionada em tópico referente à jurisdição.

318. Sobre o devido processo legal substantivo, consultem-se: Rogério Lauria Tucci, *Direitos e Garantias Individuais no Processo Penal Brasil*eiro, pp. 64-66, e San Tiago Dantas, *Problemas de Direito Positivo. Estudos e Pareceres*, p. 63.

319. Assegura José Joaquim Gomes Canotilho que os princípios e *Novíssimo Digesto Italiano*, regras constitucionais representam limites negativos a atos que os contrariam,

PROCESSO PENAL                    213

A sentença não é exceção. Só desta forma a jurisdição poderá ser concebida como garantia de liberdade.[320] O processo penal como garantia de liberdade não pode ser utilizado como fundamento para a supressão da liberdade, sob pena de perversão desse interesse indisponível. Exige-se coerência no sistema jurídico.

Se existe a possibilidade de alteração da sentença condenatória, transitada em julgado no processo penal, sem limites temporais, é porque existem direitos fundamentais individuais indisponíveis que não cedem à necessidade de certeza jurídica e invulnerabilidade das decisões. No final, prevalece a tutela da liberdade sobre a sentença penal condenatória transitada em julgado.

Bem verdade é que. também no processo penal. encontram-se os instrumentos para a prevalência da liberdade. Pode-se dizer, por essa razão, que o processo prevalece, ainda, sob o direito material. Contudo, tais instrumentos processuais estão intimamente ligados à tutela do direito material de quem perdeu a liberdade ou a teve restringida. Trata-se da tutela processual de uma liberdade já subjetivada, de pessoa determinada.

### 3.3.3 Compatibilidade entre estado de inocência e presunção de legalidade dos atos praticados por servidores públicos no processo penal brasileiro

Não são incompatíveis a presunção de inocência e a de legalidade dos atos praticados no exercício da ação judiciária.

A presunção de legalidade diz com o poder-dever de persecução penal. Esse dever tem como causa, no sentido de princípio positivo de existência,[321] a *notitia criminis* e o dever de formação do corpo do

---

justificando censura sob a forma de inconstitucionalidade. Leia-se: "As normas constitucionais programáticas têm efeito 'derrogatório' ou 'invalidante' dos atos normativos incompatíveis com as mesmas" (*Direito Constitucional*, pp. 189 e 193).

320. Assim entendem entre outros, Manuel Cavaleiro Ferreira, *Curso de Processo Penal*, cit., vol. III, p. 36; Fernando Luso Soares, *O Processo Penal como Jurisdição Voluntária. Uma Introdução Crítica ao Estudo do Processo Penal*, pp. 112-113; Sérgio Marcos de Moraes Pitombo, "Constituição da República e processo", *Revista Especial do Tribunal Regional Federal da 3ª Região*, vol. 1, p. 139; Rogério Lauria Tucci, *Jurisdição, Ação e Processo Penal: Subsídios para a Teoria Geral do Direito Processual Penal*, p. 22; e *Direitos e Garantias Individuais...*, cit., p. 327.

321. Utiliza-se a expressão na forma utilizada por Joaquim Canuto Mendes de Almeida: "Uso aqui conceitos escolásticos. que vêem na causa um princípio positivo da

# 214 — A TUTELA DA LIBERDADE NO PROCESSO PENAL

delito.[322] Liga-se, portanto, ao dever de cognição,[323] bastando a acioná-lo a aparência de crime, em maior ou menor grau, conforme a fase procedimental da *persecutio criminis*.[324]

A preservação do estado de inocência é direito pessoal, que faz do acusado titular de todos os direitos fundamentais, abstratamente garantidos ao ser humano individual. Diz com o não reconhecimento prévio da culpabilidade e com o direito ao processo, devido e legal. Também tem sentido na prevalência do estado de liberdade quando frustrada a verificação da verdade material.

---

existência do *quid* causado (no tema, o exercício da jurisdição), ao passo que vêem na condição um seu princípio negativo, cuja intervenção no processo judiciário mostra relevância especificamente impeditiva, isto é, se e quando falta" (*Processo Penal, Ação e Jurisdição*, cit., p. 14).

322. Leiam-se Rogério Lauria Tucci e José Rogério Cruz e Tucci: "Pressuposto do procedimento, quer ordinário, quer sumário, é no sistema das nossas leis, o corpo do delito, anterior ao processo e situado fora dele, no âmbito da realidade, conjunto de elementos atualmente sensíveis da infração e que, como tais, a corporificam de modo irrecusável e podem constituir objeto de inspeção" (*Constituição de 1988 e Processo*, cit.). Leia-se, ainda, Rogério Lauria Tucci: "Tenha-se presente, de pronto, a respeito, que o ordenamento processual penal, longe de definir, como a legislação penal material, tipos, cuida, isto sim, da disciplina da comprovação prática delituosa, estabelecendo regras para a constatação do corpo de delito, e de sua fixação, a fim de que o órgão incumbido de examinar a pretensão punitiva do Estado, numa ação penal de conhecimento de caráter condenatório, possa certificar-se devidamente, e a par da autoria, da verificação existencial do fato, atuando o Direito positivo ao caso submetido à apreciação". Ainda: "Consagrada, com efeito, como princípio, a parêmia de que, para ser alguém condenado, imprescindível é a prova do corpo de delito, não se pode deixar de perquirir o respectivo conceito, e de tal modo particularizado, em Direito Processual Penal, também. E, nesse mister, só se identificará ele ao de fato típico, como esclarecido nos números anteriores, se entendido o *corpus delicti* como o cometimento delituoso em sua visualização extrínseca, objetivamente determinada, ou seja, como fato objetivo. Daí, a afirmação, generalizada, de que a idéia de corpo de delito, no processo penal, corresponde ao conjunto de elementos físicos, materiais, contidos, explicitamente, na definição do crime, isto é, no modelo legal" (*Do Corpo de Delito no Direito Processual Penal Brasileiro*, pp. 13-14). Também nesse sentido, entre outros, Jorge A. Clariá Olmedo, *Tratado de Derecho Procesal Penal*, vol. 5, pp. 26-28.

323. É oportuno ensinamento de Rogério Lauria Tucci, com fundamento em Joaquim Canuto Mendes de Almeida, Chiovenda e Marco Tullio Zanzucchi, no sentido de que integram a função jurisdicional, tanto para efetivação do direito de punir, como para afirmação do direito de liberdade, não só os poderes e deveres dos órgãos do Poder Judiciário *stricto sensu*, concebido como *notio* e *judicio* (cognição, instrução e julgamento), mas também a atividade relacionada com coerção (*coertitio*), coação estatal, expressão do *imperium* também no processo penal (*Do Corpo de Delito...*, cit., p. 138).

324. José Henrique Pierangelli já se expressou no sentido de que "não se fala em *fumus boni iuris* para se justificar qualquer medida restritiva. Pensa-se no processo penal em algo preciso e concreto: materialidade do delito e indícios de autoria" ("O crime culposo na dogmática atual", *RT* 714/477). Maria Thereza Rocha de Assis Moura escla-

PROCESSO PENAL                                    215

O estado de inocência e a presunção de legalidade dos atos persecutórios coexistem e são mediados no processo penal de forma a que haja coação processual e liberdade ao mesmo tempo, independentemente de qualquer projeção, quanto ao resultado final do processo. Não são, portanto, postulados antagônicos, mas complementares. O poder-dever de cognição do Estado impõe-se, garantindo o estado de liberdade e impedindo aplicação de pena sem conhecimento sobre a verdade dos fatos.[325] O poder-dever de julgar assegura o estado de liberdade, impedindo aplicação do direito material sem confronto do fato verificado com a hipótese normativa, na forma prescrita em lei. Vale dizer, mediante o processo, devido e legal.[326] A presunção de legalidade dos atos praticados em ação judiciária assegura julgamento, é mola propulsora em direção ao resultado do processo. Vícios de procedimento (tanto quanto à forma quanto ao conteúdo) são sempre questões prejudiciais levantadas pelas partes ou pelo juiz. Tais questões podem ser suscitadas nos diversos graus do processo, por simples petição, *ex officio*, mediante ação declaratória ou ainda pela sistemática dos recursos, mas são consideradas, normalmente, em fase ulterior e dispositiva do procedimento.

O estado de inocência é assegurado até provimento jurisdicional final, em todos os desdobramentos do procedimento,[327] inclusive na fase recursal.

rece que os processualistas modernos, como Aury Celso Lima Lopes, preferem utilizar a expressão *fumus delicti* para o processo penal, em vez da expressão *fumus boni iuris*, aplicável ao processo civil. Isto porque no processo penal discute-se a probabilidade da ocorrência de um delito e não a certeza de um direito (*Justa Causa para a Ação Penal*, p. 208). Sérgio Marcos de Moraes Pitombo, enfatizando, prefere a utilização de *flama delicti*.

325. Cândido Rangel Dinamarco sintetiza a cognição do juiz, observando que no processo de conhecimento incluem-se questões sobre a regularidade do processo, as condições da ação e as questões de mérito ("Processo de conhecimento e liberdade", *Estudos em Homenagem a Joaquim Canuto Mendes de Almeida*, p. 260).

326. Relembrando ensinamento de San Tiago Dantas, também aplicável aos atos jurisdicionais, de que não basta a expedição de um ato legislativo formalmente perfeito para preencher o requisito do devido processo legal. A forma de lei só será lei quando tiver conteúdo normativo deduzido da Constituição (*Problemas de Direito Positivo. Estudos e Pareceres*, cit., p. 63).

327. Leia-se Luiz Flávio Gomes sobre a presunção de inocência como regra de garantia: "a) A comprovação da culpabilidade, como exigência que emana da regra probatória, de outro lado, precisa revestir-se de legalidade. Não é qualquer comprovação que se coaduna com o Estado Constitucional de Direito. Colheita de provas deve seguir o *due process of law*. Cuida-se de atividade pública cercada de garantias. A Convenção Americana mesmo, no seu art. 8º, proclama alguma dessas garantias (juiz natural, direito a ser julgado em prazo razoável, juiz competente, direito de ser informado da acusação etc.) Viola-se a presunção de inocência como regra de garantia quando na atividade

216 A TUTELA DA LIBERDADE NO PROCESSO PENAL

Tem-se por incorreta a oposição incondicional entre *direito de punir e liberdade* no processo penal. A liberdade pode prevalecer frente à ineficácia do procedimento, para declarar a existência de crime. Da mesma forma, pode haver restrição da liberdade, quando não verificável hipótese de punição, sem que se aponte qualquer irregularidade no curso do procedimento. A sistemática processual penal possibilita liberdade e restrição à liberdade ao mesmo tempo. Esse paradoxo é mediado pelo procedimento e pela tutela jurisdicional dos direitos fundamentais e só é resolvido mediante decisão que extingue o processo e define a relação jurídica de direito material. Ainda assim, a presunção de validade, que pode ser a qualquer tempo derrubada em favor da liberdade (mediante *habeas corpus* ou revisão criminal).

O estado de inocência, válido até o término do processo, é plenamente conciliável com a presunção de legalidade dos atos processuais. A sistemática processual admite a reversão da presunção de legalidade, como complementação do dever de processo penal e oferece instrumentos processuais para tanto. A presunção de legalidade pode encobrir, eventualmente, irregularidade no exercício da função pública. Na prática, na ação judiciária, pode não haver diferença entre um ato gravemente imperfeito e seu correlativo perfeito, pois caso não verificada a imperfeição do primeiro, reconhecer-se-ão naquele os efeitos do segundo.[328] O devido processo legal além de ser garantia, sob o ponto de vista do acusado, é complementação do processo penal, dever de tutela da liberdade, posto em ação para impedir lesão ou ameaça a direito.

Reconhecendo-se a possibilidade de invalidação como garantia de liberdade na sistemática jurídica, identifica-se a viabilidade de confrontamento dos atos praticados pelo servidor público perante a legalidade, a partir da norma constitucional. A presunção de inocência, além de assegurar a liberdade do inocente garante o indivíduo contra irregularidades no desenvolvimento da função jurisdicional.

---

acusatória ou probatória não se observa estritamente o ordenamento jurídico. É o que ocorre hoje com as chamadas denúncias genéricas, interceptação telefônica etc.

"b) Por força da regra de tratamento, ademais, todas as medidas coercitivas antes ou durante o processo só se justificam quando há extrema necessidade fundada em fatos concretos. Viola-se esse aspecto da presunção de inocência quando se prevê prisão automática (art. 594 do CPP, por exemplo), prisão por força de lei (prisão não fundamentada enquanto pendente Recurso Especial ou Extraordinário) etc." ("Sobre o conteúdo processual tridimensional do princípio da presunção de inocência", *RT* 729/376).

328. Leia-se Giovanni Conso, *I Fatti Giuridici Processuali Penali, Perfezione ed Efficacia*, p. 20.

PROCESSO PENAL 217

A tutela do direito de punir desenvolve-se a partir de fatos que se enquadram na tipicidade penal, abstratamente considerada, num processo de indução e dedução necessário e suficiente, apenas, para o cumprimento do dever funcional dos agentes públicos encarregados da persecução. Desencadeada esta, a conformidade do dever funcional com as regras de procedimento, embora seja suficiente para que se tenha como legal a conduta praticada, não basta para o resguardo da liberdade. Existe a possibilidade de violação da liberdade por cumprimento de lei, criada fora dos parâmetros constitucionais, por abuso de poder e por conduta acidentalmente ilícita, sem que a vontade intencional do servidor público tenha concorrido para a ilicitude.[329] É preciso que a atividade persecutória se realize de acordo com a lei, no contexto das normas constitucionais e princípios gerais de direito. Em outras palavras, enquanto o vínculo com a Constituição é presumido na lei e no ato de aplicá-la, na tutela da liberdade, o aspecto substancial do ato não deve ser jamais negligenciado.[330]

329. São os chamados erros de interpretação da lei ou erro de percepção da realidade fática. Atesta Max Hirschberg que grande parte das sentenças acometidas de erro, no processo penal, tem como causa a deficiência da lei e dos procedimentos penais que impedem a participação do advogado na descoberta da verdade (*La Sentencia Errónea en el Proceso Penal*). O erro quanto ao direito aplicado, de seu lado, é causado pela deficiência dos órgãos públicos incapazes de interpretar ou identificar corretamente a lei a ser aplicada.

330. Leia-se Ferrajoli: "El constitucionalismo, tal como resulta de la positivización de los derechos fundamentales como límites y vínculos sustanciales a la legislación positiva, corresponde a una segunda revolución en la naturaleza del derecho que se traduce en una alteración interna del paradigma positivista clásico. Si la primera revolución se expresó mediante la afirmación de la omnipotencia del legislador, es decir, del principio de mera legalidad (o de legalidad formal) como norma de reconocimiento de la existencia de las normas, esta segunda revolución se ha realizado con la afirmación del que podemos llamar principio de estricta legalidad (o de legalidad sustancial). O sea, con el sometimiento también de la ley a vínculos ya no sólo formales sino sustanciales impuestos por los principios y los derechos fundamentales contenidos en las constituciones. Y si el principio de mera legalidad había producido la separación de la validez y de la justicia y el cese de la presunción de justicia del derecho vigente, el principio de estricta legalidad produce la separación de la validez y de la vigencia y la cesación de la presunción apriorística de validez del derecho existente" (*Derechos y Garantías*, p. 66).

## CONCLUSÕES

Não se pretende definir liberdade jurídica. Há dezenas de opções. Pode-se, entretanto, escolher a que mais se aproxima do tônus da dissertação: liberdade jurídica é liberdade pura e simples para se fazer o que se quer. Cabe ao Poder Judiciário protegê-la e assegurá-la por meio de prestações negativas ou positivas, e reprovar, na delimitação do confronto entre liberdades, aquela não admitida nem tolerada pela ordem jurídica.

A liberdade é indisponível no processo penal porque o sistema jurídico a protege em toda sua extensão, sem perda de seu caráter personalíssimo. Deixar de exercer a liberdade é, assim, também, um exercício da liberdade. Contudo, embora se possa renunciar, momentaneamente, ao seu exercício, não se pode dela dispor em definitivo.

O sistema processual penal brasileiro é estruturado para permitir que a liberdade disponibilizada por seu titular possa ressurgir em seqüência, seja por meio da defesa oficial, seja por instrumentos processuais subjetivados, aptos a recuperá-la quando restringida ou suprimida.

Fixem-se alguns entendimentos, que levam à conclusão de que a liberdade jurídica é indisponível no processo penal. Considerem-se as seguintes proposições, que têm como ponto de referência a sistemática jurídica brasileira:

a) A liberdade de consciência, antes considerada no plano do direito natural (como em Hobbes), está positivada e assegurada pela Constituição. É, portanto, liberdade jurídica.

220    A TUTELA DA LIBERDADE NO PROCESSO PENAL

b) A Constituição, ao determinar que "ninguém será obrigado a fazer ou deixar de fazer alguma coisa senão em virtude de lei" (art. 5º, II), que "ninguém será privado de sua liberdade ou de seus bens sem o devido processo legal" (art. 5º, LIV) e que "a lei não excluirá da apreciação do Poder Judiciário lesão ou ameaça a direito" (art. 5º, XXXV), eleva a liberdade à categoria de direito público indisponível.

c) A liberdade, posta na Constituição, deve ser respeitada como direito objetivo, protegida como direito público subjetivo e garantida como direito subjetivo de pessoa determinada.

d) A publicização do direito de liberdade e do interesse de punir, de alguma forma, faz reaparecer a vontade individual como integrante de preceito ou de decisão juridicamente válida.[1] Nestes termos, também o processo de formação da vontade estatal interessa para a avaliação da correspondência entre a vontade manifestada em concreto e a vontade da lei. O dever de motivar a decisão como requisito de validade das sentenças é garantia de controle da integração da sentença a todo o ordenamento jurídico.

e) O acesso ao segundo grau de jurisdição faz-se corolário da tutela efetiva da liberdade no processo penal, pois é a sentença ato processual sintetizador da atuação estatal. Por meio dela se exteriorizam a obediência ao devido processo legal e a observância às delimitações impostas pelos direitos fundamentais.

f) A processualização da sentença é fenômeno que integra o âmbito das garantias de liberdade no processo penal. Antes tida como único ato processual destituído de processualidade porque final,[2] a sentença motivada surge, na Constituição, como garantia de controle dos atos jurisdicionais, promovendo a eficácia dos direitos fundamentais e a observância pelo magistrado do conteúdo das normas constitucionais.

g) A liberdade jurídica, no processo penal e em toda a sistemática jurídica, não pode ser suprimida pela sujeição.[3] Existem sempre liberdade residual e projeções da liberdade que não deixam de ser possibilidades de exercício da liberdade, instrumentalizadas, juridica-

---

1. Cf. Soler, "Los valores jurídicos", *Fe en el Derecho y Otros Ensayos*, p. 28.

2. Cf. Celso Neves, *Estrutura Fundamental do Processo Civil. Tutela Jurídica Processual, Ação, Processo e Procedimento*, p. 235.

3. O termo "sujeição" é aqui utilizado no sentido dado por Carnelutti: "sujeição é estar integral e absolutamente impossibilitado de agir, sendo por isso não uma limitação, mas uma supressão completa da liberdade" (*Teoria Geral do Direito*, p. 290).

CONCLUSÕES                                              221

mente, para assegurar, garantir ou recuperar a liberdade posta em perigo ou violada. Embora exista dever de obediência às ordens de autoridade, dever esse inclusive tutelado pela lei penal (crimes contra a administração da justiça e contra a Administração Pública), não se pode constranger o acusado ao conformismo. Assim é que a própria lei oferece meios para o reexame, a modificação, a anulação ou a revogação dos atos de autoridade, meios esses que não deixam de representar a tutela jurídica do direito de resistir a ordens injustas.[4]

h) A liberdade é protegida e garantida pelo processo penal. O estado de inocência é assegurado até ato decisório final e, de forma irredutível, afirmado após sentença absolutória transitada em julgado. Após invalidação do julgado condenatório (por *habeas corpus* ou revisão criminal), também transitado em julgado, a presunção de inocência é reavivada.

i) A presunção de inocência é regra processual que garante o exercício do direito de liberdade e suas projeções no processo.

j) A legalidade estrita é outra regra essencial à proteção da liberdade no processo penal.

l) A presunção de legalidade e constitucionalidade dos atos praticados em nome do Estado cede diante da lesão ou ameaça ao direito individual de liberdade.

m) À margem da sujeição do acusado/condenado ao procedimento investigatório, ao processo de conhecimento e ao processo de execução, existe tutela processual da liberdade. Toda coação, ameaça ou perda da liberdade em razão da tutela do direito de punir é sempre reversível. A indisponibilidade da defesa e a irrenunciabilidade da impugnação são mecanismos que garantem a qualquer tempo a proteção da liberdade. O retorno ao estado natural de liberdade é sempre garantido (seja por revisão criminal, por *habeas corpus*, em razão do cumprimento de pena ou mesmo pela unificação desta).

n) O equilíbrio entre a persecução penal e o direito de liberdade, na ação penal condenatória, é instrumentalizado pela aplicação da regra de procedimento, direito objetivo de aplicação direta, cuja legalidade ou legitimidade se presumem, só averiguadas ou testadas, reflexivamente, mediante tutela processual encartada no próprio procedi-

---

4. Serve a elucidar afirmação de Chiovenda no sentido de que quando o juiz diz "resolvo", "rescindo", "revogo", "anulo", e outras frases mais, está simplesmente dando eficácia à formulação da vontade da lei (*Instituições de Direito Processual Civil*, vol. I, pp. 96-98).

222 A TUTELA DA LIBERDADE NO PROCESSO PENAL

mento (*ex officio* ou por provocação) ou mediante procedimento incidental (*habeas corpus*, mandado de segurança, revisão criminal, *habeas data*). Os postulados que informam o devido processo legal são suportes à necessidade do processo penal desenvolvido a partir da legalidade penal. Os direitos e as garantias individuais postos na Constituição, mesmo que não explícitos na regras de procedimentos e nas normas de processo penal, são incorporados, sistematicamente, ao processo penal, orientando e dando subsídios à atividade judiciária na persecução penal e prevenindo, assim, lesões ou ameaças ao direito de liberdade.

o) O mecanismo processual penal de tutela da liberdade não sofre limitação temporal nem é condicionado pelo poder-dever de punir. A irrenunciabilidade do direito material de liberdade, a indisponibilidade do direito público de liberdade e a imprescritibilidade do direito material projetam-se além da persecução penal, mesmo depois de sentença condenatória transitada em julgado, executada ou não.

p) Em proteção da liberdade, o sistema jurídico processual penal brasileiro, visto pela ótica constitucional, admite direito de resistência às leis injustas, aos atos estatais indevidos e às condenações emitidas fora dos parâmetros legais. A presença da jurisdição é sempre imanente.[5]

q) A garantia de acesso a órgão jurisdicional de hierarquia superior, seja como desdobramento do procedimento mediante ônus de recorrer (*ex officio* ou por provocação), seja por ação (*habeas corpus*, revisão criminal, *habeas data* e mandado de segurança), conforma o direito de liberdade em verdadeiro direito de resistência positivado.

---

5. Cf. Silvio Longhi, são três os significados em que se desdobra a resistência no âmbito jurídico: resistência revolucionária, resistência constitucional e resistência individual ou jurisdicional. Caracteriza a resistência revolucionária a oposição violenta à soberania do Estado. Apesar de sociologicamente justificada, ela não é amparada pelo direito, pois não se reconhece direito subjetivo, poder reconhecido e tutelado pelo ordenamento jurídico fora dos limites traçados pelo direito objetivo. A resistência direcionada a impedir modificações ou a modificar indiretamente um ordenamento jurídico com fundamento em desacordo parcial ou menos profundo é denominada resistência constitucional. Tal resistência é base jurídica para a resistência coletiva, constituindo, ainda conforme o referido autor, um corolário natural dos direitos subjetivos reconhecidos ao indivíduo. A terceira forma de resistência é a individual, também chamada por Silvio Longhi de jurisdicional. Analisando-se estas três espécies de resistência, do ponto de vista jurídico, pode-se falar, ainda segundo o mesmo autor, que a resistência revolucionária é *ultra legem*, a constitucional é *secundum et intra legem* e a individual é *propter legem* (*La Legitimità della Resistenza agli Atti dell'Autorità nel Diritto Penale*, pp. 3-7).

CONCLUSÕES                                                        223

r) O direito material de liberdade assume especificidade quando considerado perante a coação processual penal. Institutos postos pela doutrina, de forma abrangente, como instrumentos garantidores das liberdades públicas encontram lugar específico no processo penal, fazendo desenvolver-se, daí, jurisdição voltada à tutela da liberdade jurídica da pessoa que teve direitos lesados ou ameaçados por órgãos estatais ligados à persecução, inclusive pelo próprio Judiciário no exercício da atividade jurisdicional.

s) Por fim, existe jurisdição penal especializada para as causas relacionadas à liberdade. Ou seja, a proteção jurisdicional à liberdade é imanente ou onipresente – não residual. É intrínseca ao processo penal. Independe, para se manifestar, do surgimento de prévia provocação oficial resultante de ação penal condenatória ou providência cautelar que, com antecedência, vise a restringir ou ameaçar a liberdade (atua, diante de qualquer coação injusta, provinda de autoridade ou de pessoa que a ela se equipare, por meio do *habeas corpus* preventivo ou de *habeas corpus* impetrado contra particular, por exemplo, retenção de paciente em hospital).

# BIBLIOGRAFIA

## I. Dicionários, enciclopédias e obras de referência

ABBAGNO, Niccola. *Dicionário de Filosofia*. 1ª ed. trad. coordenada e revista por Alfredo Bosi. Revisão e tradução de novos textos por Ivone Castilho Benedetti. São Paulo, Martins Fontes, 2000.

*ENCICLOPEDIA GIURIDICA ITALIANA*. Direção Pasquale Stanislao Mancini. Milano, Società Editrice Libraria, 1906.

*ENCICLOPÉDIA SARAIVA DO DIREITO*. Coord. Prof. R. Limongi França. São Paulo, Saraiva, 1977.

*NOVISSIMO DIGESTO ITALIANO*. t. IX. Direção Antonio Azara e Ernesto Enla. Torino, Editrice Torinese, 1963; t. XIII , 1966; t. XV, 1968.

*POLIS – Enciclopédia Verbo da Sociedade e do Estado*. Lisboa/São Paulo, Editora Verbo, 1985.

## II. Livros, monografias e artigos de revistas

AKEL, Hamilton Elliot. *O Poder Judicial e a Criação da Norma Individual*. São Paulo, Saraiva, 1995.

ALCALÁ-ZAMORA Y CASTILLO, Niceto. "El mandato de seguridad brasileño". In *Estudios de Teoría General e Historia del Proceso (1945-1972)*. t. I e II. México [s.l., s.n.], 1992.

_____; LEVENE, Ricardo. *Derecho Procesal Penal*. t. I. Buenos Aires, Editorial Guillermo Kraft, 1945.

ALEXY, Robert. "Colisão de direitos fundamentais e realização de direitos fundamentais no Estado de Direito Democrático". *RDA* 217/67-79, Rio de Janeiro, jul./set. 1999.

BIBLIOGRAFIA 225

_____. "Direitos Fundamentais no Estado Constitucional Democrático". *RDA* 217/ 55-66, Rio de Janeiro, jul./set. 1999.

_____. *El Concepto y la Validez del Derecho y Outros Ensayos*. Barcelona, Gedisa, 1997.

_____. *Teoría de los Derechos Fundamentales*. Madrid, Centro de Estudios Constitucionales, 1997.

ALVIM, José Eduardo Carreira. "Medidas cautelares satisfativas". In *Ciclo de Conferências para Juízes Federais*, n. 8. Série de Cadernos do Centro de Estudos Judiciários da Justiça Federal, Brasília, CJF, 1995.

ANDRADE, Manuel A. de. *Teoria Geral da Relação Jurídica*. Coimbra, Almedina, 1987.

ANDREUCCI, Ricardo Antunes. *Direito Penal e Criação Judicial*. São Paulo, Ed. RT, 1989.

_____. "Dimensão humana e direito penal". *Ciência Penal* 2. São Paulo, Bushatsky, 1974.

ARAGÃO, E. D. Moniz de. "Preclusão (Processo civil)". In *Saneamento do Processo – Estudos em Homenagem ao Prof. Galeno Lacerda*. Porto Alegre, Sergio Antonio Fabris, 1989, pp. 141-183.

ASSIS, Araken de. *Cumulação de Ações*. 3ª ed. São Paulo, Ed. RT, 1998.

BACIGALUPO, Enrique. "Presunción de inocencia, *in dubio pro reo* y recurso de casación". In MARTÍNEZ, Edmundo Vásquez (org.), *Derechos Fundamentales y Justicia Penal*. Costa Rica, Juricentro, 1992.

BADARÓ, Gustavo Henrique Righi Ivahy. *Correlação entre Acusação e Sentença*. São Paulo, Ed. RT, 2000.

BARBOSA, Rui. *Os Atos Inconstitucionais do Congresso e do Executivo ante a Justiça Federal*. Capital Federal, Companhia Impressora, 1898.

BARBOSA MOREIRA, José Carlos. *Comentários ao Código de Processo Civil*. vol. 5. Rio de Janeiro, Forense, 1998.

_____. *Temas de Direito Processual*. São Paulo, Saraiva, 2001.

BARROS, Romeu Pires de Campos. "Do fato típico no direito processual penal". *Revista Forense* 176/26-31, 1958.

_____. "A nulidade no processo penal". *Revista de Processo* 21/199-215, jan./mar. 1981.

BARROS, Suzana de Toledo. *Princípio da Proporcionalidade e o Controle de Constitucionalidade das Leis Restritivas de Direitos Fundamentais*. 2ª ed. Brasília, Brasília Jurídica, 2000.

BAUER, Fritz. *Estudos sobre Tutela Jurídica Mediante Medidas Cautelares*. Porto Alegre, Sergio Antonio Fabris, 1995.

BEDAQUE, José Roberto dos Santos. *Direito e Processo. Influência do Direito Material sobre o Processo*. 3ª ed. São Paulo, Malheiros Editores, 2003.

BERLIN, Isaiah. "Due concetti di libertà". In PASSERIN D'ENTREVES, Alessandro (org.). *La Libertà Politica*. Itália [s.l.], Edizioni Comunità, 1974.

BETTIOL, Giuseppe. *Instituições de Direito e Processo Penal*. Coimbra, Coimbra Editora, 1974.

BOBBIO, Norberto. *A Era dos Direitos*. Rio de Janeiro, Campus, 1992.

226 A TUTELA DA LIBERDADE NO PROCESSO PENAL

_____. "Della libertà dei moderni comparata a quella dei posteriori". In PASSERIN D'ENTREVES, Alessandro (org.). *La Libertà Politica*. Itália [s.l.], Edizioni Comunità, 1974.

_____. *Igualdade e Liberdade*. Trad. Carlos Nelson Coutinho. Rio de Janeiro, Ediouro, 1996.

BONAVIDES, Paulo. *Curso de Direito Constitucional*. 14ª ed. São Paulo, Malheiros Editores, 2004.

BRUNIALTI, Attilio. Verbete "Resistenza individuale". In *Enciclopedia Giuridica Italiana*. Direção de Pasquale Stanislao Mancini. vol. XIV, Parte II. Milano, Società Editrice Libraria, 1906.

BURGER, Winfried. "My Government ever use torture? Two reponses from german law". In *The American Journal of Comparative Law*, vol. XLVIII, n. 4, p. 661, [s.l.], The American Society of Comparative Law, 2000.

BUZAID, Alfredo. "'Juicio de amparo' e mandado de segurança". In *Estudos de Direito Processual "in Memoriam" do Ministro Costa Manso*. São Paulo, Ed. RT, 1965.

CAAMAÑO MARTÍNEZ, José. *La Libertad Jurídica*. Barcelona, Bosch, 1957.

CALAMANDREI, Piero. "Diritto e processo constituzionale, appunti sul concetto de legalità". *Opere Giuridiche*. vol. III. Napoli, Morano, 1968.

_____. *Opere Giuridiche*. vol. IX. Napoli, Morano, 1983.

CALMON DE PASSOS, José Joaquim. *A Nulidade no Processo Civil*. [s.l., s.n.], 1959.

_____. "Advocacia – O direito de recorrer à Justiça". *Revista de Processo* 10, São Paulo, Ed. RT.

_____. *Direito, Poder, Justiça e Processo. Julgando os que nos Julgam*. Rio de Janeiro, Forense, 1999.

_____. "Esboço de uma teoria das nulidades". *Revista da Procuradoria-Geral do Estado de São Paulo* 33/135-155, São Paulo, jun. 1990.

_____. "Instrumentalidade do processo e devido processo legal". *Revista Forense* 351, Rio de Janeiro, jul./set. 2000.

_____. "O devido processo e o duplo grau de jurisdição". *Revista Forense* 277, Rio de Janeiro.

CALVI, James V.; COLEMAN, Susan. *American Law and Legal Systems*. 4ª ed. New Jersey, Prentice-Hall, 2000.

CANOTILHO, José Joaquim Gomes. *Direito Constitucional*. 5ª ed. Coimbra, Almedina, 1991.

CANTONE, Raffaele. *Il Giusto Processo*. Napoli, Edizione Giuridiche Simone, 2001.

CAPPELLETTI, Mauro. *O Controle Judicial de Constitucionalidade das Leis no Direito Comparado*. Trad. Aroldo Plínio Gonçalves e revisão José Carlos Barbosa Moreira. Porto Alegre, Sergio Antonio Fabris, 1992.

CARNELUTTI, Francesco. *Teoria Geral do Direito*. São Paulo, LEJUS, 1999.

_____. *Teoria Geral do Direito*. Trad. A. Rodrigues Queiró e Artur Anselmo de Castro. Coimbra, Arménio Amado, 1942.

CASSANDRO, Giovanni. Verbete "Resistenza (diritto di)". In *Novissimo Digesto Italiano*. t. XV. Direção Antonio Azara e Ernesto Enla. Torino, Editrice Torinese, 1968, pp. 590-613.

## BIBLIOGRAFIA

CASTRO, Carlos Roberto de Siqueira. *O Devido Processo Legal e a Razoabilidade das Leis na Nova Constituição do Brasil*. Rio de Janeiro, Forense, 1989.

CHIAPPIN, José R. Novaes. "Racionalidade, decisão, solução de problemas e o programa racionalista". *Revista Ciência e Filosofia* 5/186-187, São Paulo, 1996.

CHIAVARIO, Mario (org.). *Commento al Codice di Procedura Penale*. Torino, Unione Tipografico-Editrice Torinese, 1993.

_____. "Opções valorativas e técnicas legislativas na tutela da liberdade de consciência. Algumas experiências da codificação processual penal de Itália". *Revista Portuguesa de Ciência Criminal*, ano 7, Fascículo 1º, Coimbra, Coimbra Editora/Aequitas, jan./mar. 1997.

CHIOVENDA, Giuseppe. *Instituições de Direito Processual Civil*. 3ª ed., vol. 1. Trad. J. Guimarães Menegale acompanhada de notas do Prof. Eurico Tullio Liebman. São Paulo, Livraria Acadêmica/Saraiva e Cia. Editores, 1942.

CINTRA, Antonio Carlos de Araújo, GRINOVER, Ada Pellegrini e DINAMARCO, Cândido R. *Teoria Geral do Processo*. 20ª ed. São Paulo, Malheiros Editores, 2004.

CLARIÁ OLMEDO, Jorge A. *Tratado de Derecho Procesal Penal*. vols. I e VII. Buenos Aires, Ediar, 1960.

COLE, Charles D. "A proteção das liberdades individuais na cultura constitucional dos Estados Unidos, com ênfase na primeira emenda da Constituição dos Estados Unidos". *Revista Especial do Tribunal Regional Federal da 3ª Região*, pp. 113-152, São Paulo, 1999.

CONSO, Giovanni. *I Fatti Giuridici Processuali Penali: Perfezione ed Efficacia*. Milano, Giuffrè, 1982.

CORWIN, Edward S. *Libertad y Gobierno. El Origen, Florecimiento y Declinación de un Famoso Concepto Jurídico*. Trad. Wefley De Benedetti. Buenos Aires, Editorial Bibliografica Argentina, 1958.

COSSIO, Cassio. *La Teoría Egologica del Derecho y el Concepto Jurídico de Libertad*. 2ª ed. Buenos Aires, Abeledo-Perrot, 1964.

COSTA, António Manuel de Almeida. "Alguns princípios para um direito e processos penais europeus". *Revista Portuguesa de Ciência Criminal*, ano 4, Fascículo 2, Lisboa, Aequitas/Editorial Notícias, abr./jun. 1994.

COSTA, Moacyr Lobo da. "O direito público subjetivo e a doutrina de Duguit". In *Três Estudos sobre a Doutrina de Duguit*. São Paulo, Ícone, 1997.

COUDENHOVE-KALERGI, Richard N. *The Totalitarian State Against Man*. Suíça [s.l.], Paneurope Editions Ltd., 1939.

COUTINHO, Jacinto N. Miranda. *A Lide e o Conteúdo do Processo Penal*. Curitiba, Juruá, 1998.

COUTURE, Eduardo J. *Fundamentos del Derecho Procesal Civil*. 3ª ed. Buenos Aires, Depalma, 1976.

CRETELLA JR., José. *Manual de Direito Administrativo*. 3ª ed. Rio de Janeiro, Forense, 1984.

DALL'AGNOL JÚNIOR, Antonio Janyr. "Para um conceito de irregularidade processual". In *Saneamento do Processo – Estudos em Homenagem ao Prof. Galeno Lacerda*. Porto Alegre, Sergio Antonio Fabris, 1989.

DALLARI, Dalmo de Abreu. "O controle de constitucionalidade pelo Supremo Tribunal Federal". In *O Poder Judiciário e a Constituição*. Porto Alegre, Ajuris, 1977. Coleção Ajuris n. 4.

228     A TUTELA DA LIBERDADE NO PROCESSO PENAL

DAMIÃO DA CUNHA, José. "A estrutura dos recursos na proposta do Código de Processo Penal – Algumas considerações". *Revista Portuguesa de Ciências Criminais*, ano 8, Fascículo 2, p. 251, Coimbra, Coimbra Editora, abr./jun. 1998.

DANTAS, Marcelo Navarro Ribeiro. *Reclamação Constitucional no Direito Brasileiro*. Porto Alegre, Sergio Antonio Fabris, 2000.

DANTAS, San Tiago. *Problemas de Direito Positivo. Estudos e Pareceres*. Rio de Janeiro, Forense, 1953.

DELMAS-MARTY, Mireille (org.). *Procès Pénal et Droit de l'Homme vers une Conscience Européene*. Paris, Presses Universitaires de France, 1992.

_____ (org.). *Procesos Penales de Europa*. Trad. Pablo Morenilla Alard. Zaragoza, Edijus, 2000.

_____ ; TEITGEN-COLLY, Catherine. *Punir San Juger? De la Répression Administrative au Droit Administratif Pénal*. Paris, Economica, 1992.

DEU, Teresa Armenta. *Criminalidad de Bagatela y Principio de Oportunidad: Alemania y España*. Barcelona, PPU, 1991. Colección El Sistema Penal.

DIAS, Jorge de Figueiredo. *Direito Processual Penal*. vol. 1º, Coimbra, Coimbra Editora, 1974.

DINAMARCO, Cândido Rangel. *A Instrumentalidade do Processo*. 11ª ed. São Paulo, Malheiros Editores, 2003.

_____. "A reclamação no processo civil brasileiro". In *Revista do Advogado* 61. São Paulo, AASP, novembro/2000, pp. 106-107.

_____ (orientador). *Ato Processual Penal Típico*. Estudo de autoria coletiva dos alunos da disciplina Direito Processual Penal do Curso de Pós-Graduação da Faculdade de Direito da Universidade de São Paulo, no 2º semestre de 1977.

_____. *Fundamentos do Processo Civil Moderno*. 5ª ed. São Paulo, Malheiros Editores, 2002.

_____. "Instrumentalidade do processo". *Ciclo de Conferências para Juízes Federais*, n. 8, Centro de Estudos Judiciários, 1995. Série de Cadernos do Conselho da Justiça Federal.

_____. "Processo de conhecimento e liberdade". In *Estudos em Homenagem a Joaquim Canuto Mendes de Almeida*. São Paulo, Ed. RT, 1987.

DINAMARCO, Pedro da Silva. *Ação Civil Pública e suas Condições de Ação*. Dissertação apresentada à Faculdade de Direito da Universidade de São Paulo, 2000 [não publicada].

DRESSLER, Joshua. *Understanding Criminal Law*. 2ª ed. Estados Unidos [s. l.], Matthew Bender, 1995.

DROMI, José Roberto. *Derecho Subjetivo y Responsabilidad Pública*. Madrid, Editorial Grouz, 1986.

DWORKIN, Ronald. *Taking Rights Seriously*. Cambridge, Harvard University Press, 1999.

ELIA, Leopoldo; CHIAVARIO, Mario (orgs.). *La Libertà Personale*. Torino, Unione Tipografico-Editrice Torinese, 1977.

"'ESTA é a conferência do medo', diz analista". *Folha de S.Paulo*, Encarte Mundo, p. A-12, São Paulo, 4.9.2001.

FABRÍCIO, Adroaldo Furtado *et al. Saneamento do Processo. Estudos em Homenagem ao Prof. Galeno Lacerda*. Porto Alegre, Sergio Antonio Fabris, 1989.

# BIBLIOGRAFIA 229

FENECH, Miguel. *Derecho Procesal Penal.* vol. I-IV. Barcelona, Editorial Labor, 1952.

FERENCZY, Peter Andreas. *Defesa Dativa: o Elo Frágil na Relação Processual Penal.* Rio de Janeiro, Forense, 1998.

FERNANDES, Ana Maria Babette Bajer. *O Fundamento Último do Processo Penal e sua Conexão com o Fundamento Último do Poder-Dever de Punir do Estado.* Trabalho apresentado no Curso de Pós-Graduação da Faculdade de Direito da Universidade de São Paulo, na disciplina Direito Processual Penal. São Paulo, 1978 [não publicado].

_____. *et al. Prevalência da Jurisdição sobre a Ação no Processo Penal. Princípio da Verdade Material.* Trabalho apresentado na disciplina Direito Processual Penal do Curso de Pós-Graduação da Faculdade de Direito da Universidade de São Paulo, 1978.

_____ ; FERNANDES, Paulo Sérgio Leite. *Aspectos Jurídico-Penais da Tortura.* Belo Horizonte, Nova Alvorada, 1996.

FERNANDES, Antonio Scarance. *Processo Penal Constitucional.* São Paulo, Ed. RT, 1999.

_____. *Questão Prejudicial.* Dissertação de Mestrado apresentada na Faculdade de Direito da Universidade de São Paulo, 1984.

_____; GRINOVER, Ada Pellegrini; GOMES FILHO, Antonio Magalhães. *As Nulidades no Processo Penal.* 2ª ed. São Paulo, Malheiros Editores, 1992.

_____; _____; _____. *Recursos no Processo Penal.* 2ª ed. São Paulo, Ed. RT, 1999.

FERNANDES, Paulo Sérgio Leite. "Tipicidade – Seu valor processual". *A Tribuna.* Santos, 18.8.1968

_____. Verbete "Questões prejudiciais". In *Enciclopédia Saraiva do Direito.* vol. 63. São Paulo, Saraiva, 1977.

_____; PORFIRIO, Geórgia Bajer Fernandes de Freitas. "Valores em conflito na Constituição". *Revista do Advogado* 53, São Paulo, Associação dos Advogados de São Paulo, out. 1998.

FERRAJOLI, Luigi. *Derechos y Garantías. La Ley del más Débil.* Madrid, Editorial Trotta, 1999.

_____. *Derecho y Razón: Teoría del Garantismo Penal.* Madrid, Editorial Trotta, 2000.

FERRAZ JÚNIOR, Tércio Sampaio. *A Ciência do Direito.* São Paulo, Atlas, 1977.

_____. "Agências reguladoras: legalidade e constitucionalidade". *Revista Tributária e de Finanças Públicas* 35.

_____. "Constituição brasileira e modelo de Estado: hibridismo ideológico e condicionantes históricas". *Revista da Procuradoria-Geral do Estado de São Paulo,* Edição Especial em Comemoração dos 10 anos da Constituição Federal, pp. 127-147, São Paulo, 1998.

_____. *Direito, Retórica e Comunicação.* 2ª ed. São Paulo, Saraiva, 1997.

_____. *Função Social da Dogmática Jurídica.* São Paulo, Ed. RT, 1980.

_____. "Hobbes e a teoria normativa do direito". *Revista Brasileira de Filosofia* 137, jan./mar. 1985.

_____. *Introdução ao Estudo do Direito.* São Paulo, Atlas, 1988.

230 A TUTELA DA LIBERDADE NO PROCESSO PENAL

_____. "Justiça como retribuição. Da razão e da emoção na construção do conceito de justiça". *Revista Brasileira de Filosofia*, Fascículo 192, vol. XLIV, p. 383, São Paulo, out./dez. 1998.

_____. "Liberdade e responsabilidade penal". *Ciência Penal*, ano V, n. 2, Rio de Janeiro, 1979.

_____. "O judiciário frente à divisão dos Poderes: um princípio em decadência?". *Revista USP* 21/18, São Paulo, mar./maio 1994.

_____. "Perversão ideológica dos direitos humanos". *Ciência Penal* 3, São Paulo, Bushatsky, 1974.

FERREIRA, Manuel Cavaleiro de. *Curso de Processo Penal*. Lisboa, Danúbio, 1986.

FERREIRA FILHO, Manoel Gonçalves. *Estado de Direito e Constituição*. São Paulo, Saraiva, 1988.

FIGUEIREDO, Lúcia Valle. *Curso de Direito Administrativo*. 6ª ed. São Paulo, Malheiros Editores, 2003.

FIGUEIREDO JR., César Crissiúma de. *A Liberdade no Estado Contemporâneo*. São Paulo, Saraiva, 1979.

FLORENCE JR., Celso. *Pressupostos Processuais*. Dissertação de Mestrado apresentada na Faculdade de Direito da Universidade de São Paulo, 1997.

FREIRE, Homero. "Da pretensão ao direito subjetivo". In *Estudos de Direito Processual "in Memoriam" do Ministro Costa Manso*. São Paulo, Ed. RT, 1965.

GARCÍA DE ENTERRÍA, Eduardo. *La Constitución como Norma y el Tribunal Constitucional*. Madrid, Editorial Civitas, 1994.

GELLHORN, Ernest; LEVIN, Ronald M. *Administrative Law and Process*. St. Paul, West Publishing, 1990.

GOLDSCHMIDT, James. *Derecho Justicial Material*. Buenos Aires, Ediciones Jurídicas Europa-America, 1959.

GOMES, Luiz Flávio. "Sobre o conteúdo processual tridimensional do princípio da presunção de inocência". *RT* 729/377-387, São Paulo, jul. 1996.

GOMES FILHO, Antonio Magalhães. *A Motivação das Decisões Penais*. São Paulo, Ed. RT, 2001.

_____. *Direito à Prova no Processo Penal*. São Paulo, Ed. RT, 1997.

_____. *Presunção de Inocência e Prisão Cautelar*. São Paulo, Saraiva, 1991.

_____; GRINOVER, Ada Pellegrini; FERNANDES, Antonio Scarance. *As Nulidades no Processo Penal*. 2ª ed. São Paulo, Malheiros Editores, 1992.

_____; _____; _____. *Recursos no Processo Penal*. 2ª ed. São Paulo, Ed. RT, 1999.

GRAU, Eros Roberto. *A Ordem Econômica na Constituição de 1988*. 9ª ed. São Paulo, Malheiros Editores, 2004.

_____. *O Direito Posto e o Direito Pressuposto*. 5ª ed. São Paulo, Malheiros Editores, 2003.

GRECO FILHO, Vicente. *Manual de Processo Penal*. 5ª ed. São Paulo, Saraiva 1998.

_____. *Os Direitos Individuais e o Processo Judicial*. São Paulo, Atlas, 1977.

_____. *Tutela Constitucional das Liberdades*. São Paulo, Saraiva, 1989.

GREVI, Vittorio *et al. La Nuova Disciplina della Libertà Personale nel Processo Penale*. Padova, Cedam, 1985.

# BIBLIOGRAFIA

231

GRINOVER, Ada Pellegrini. "A polícia civil e as garantias constitucionais de liberdade". In MORAES, Bismael B. (coord.). *A Polícia à Luz do Direito*. São Paulo, Ed. RT, 1991.

_____. "Comentário, sentença nula e 'reformatio in peius'". *Revista Interamericana de Direito Processual Penal*, ano II, vol. 8, pp. 109-120, out.-dez. 1977.

_____. *Eficácia e Autoridade da Sentença Penal*. São Paulo, Ed. RT/Centro de Estudos da Procuradoria-Geral do Estado, 1978.

_____. *Liberdades Públicas no Processo Penal: as Interceptações Telefônicas*. São Paulo, Saraiva, 1976.

_____ ; GOMES FILHO, Antonio Magalhães; FERNANDES, Antonio Scarance. *As Nulidades no Processo Penal*. 2ª ed. São Paulo, Malheiros Editores, 1992.

_____; _____; _____. *Recursos no Processo Penal*. 2ª ed. São Paulo, Ed. RT, 1999.

GUARNERI, Giuseppe. *Las Partes en el Proceso Penal*. Puebla, Jose M. Cajica Jr., 1952.

_____. Verbete "Preclusione (diritto processuali penale)". In *Novissimo Digesto Italiano*, t. XIII. Org. Antonio Azara e Ernesto Enla. Torino, Editrice Torinese, 1966.

"GUERRA NA AMÉRICA". *Folha de S.Paulo*, Caderno Especial, p. A 17. São Paulo, 7.10.2001.

GUIMARÃES, Murillo de Barros. "Um critério para solução do problema da resistência às leis injustas". *RT* 117/15, São Paulo.

HABERMAS, Jürgen. *A Constelação Pós-Nacional. Ensaios Políticos*. São Paulo, Littera Mundi, 2001.

_____. *Droit et Démocratie. Entre Faits et Normes*. Paris, Gallimard, 1997.

_____. *La Paix Perpétuelle. Le Bicentenaire d'une Idée Kantienne*. Trad. Rainer Rochlitz. Paris, CERF, 1996.

_____. *Storia e Critica dell'Opinione Pubblica*. Roma, Laterza, 1994.

HÄRBELE, Peter. *Pluralismo y Constitución. Estudios de Teoría Constitucional de la Sociedad Abierta*. Madrid, Tecnos, 2002.

HASSEMER, Winfried. *Fundamentos del Derecho Penal*. Barcelona, Bosch, 1984.

_____. "Segurança pública no Estado de Direito". *Revista Brasileira de Ciências Criminais* 5, São Paulo, Ed. RT, jan./mar. 1994.

HAURIOU, André. *Droit Constitutionnel et Institutions Politiques*. Paris, Montchrestien, 1966.

HAYEK, Friedrich A. *Derecho, Legislación y Libertad*. vol. I. Madrid, Unión Editorial, [s.d.].

HESSE, Konrad. *A Força Normativa da Constituição*. Porto Alegre, Sergio Antonio Fabris, 1991.

HIRSCHBERG, Max. *La Sentencia Errónea en el Proceso Penal*. Buenos Aires, Ediciones Jurídicas Europa-America, 1969.

HOBBES, Thomas. *De Cive: Elementos Filosóficos a Respeito do Cidadão*. Trad. Ingeborg Soler. Petrópolis, Vozes, 1993. Coleção Clássicos do Pensamento.

_____. *Do Cidadão (De Cive)*. Trad. Renato Janine Ribeiro. São Paulo, Martins Fontes, 1998.

_____. *Leviatã*. São Paulo, Nova Cultural, 1988. Coleção "Os Pensadores".

232 A TUTELA DA LIBERDADE NO PROCESSO PENAL

JAHANBEGLOO, Ramin. *Isaiah Berlin: com Toda Liberdade.* São Paulo, Perspectiva, 1996. Coleção Debates.

JARDIM, Afrânio Silva. *Ação Penal Pública: Princípio da Obrigatoriedade.* Rio de Janeiro, Forense, 1988.

_____. "Crítica à ação penal privada e popular subsidiárias". *Revista Forense* 293, janeiro, fev./mar. 1986.

JHERING, Rudolf von. *A Luta pelo Direito.* Lisboa, Edições Cosmos/Livraria Arco-Íris, 1992.

JIMÉNEZ DE ASÚA. *Tratado de Derecho Penal.* t. I. Buenos Aires, Losada, 1950.

JUNG, Heike. "Le procès pénal en République Fédérale d'Allemagne". In DELMAS-MARTY, Mireille (org.). *Procès Pénal et Droit de l'Homme vers une Conscience Européene.* Paris, Presses Universitaires de France, 1992.

KELSEN, Hans. *Teoria Geral das Normas.* Trad. José Florentino Duarte. Porto Alegre, Sergio Antonio Fabris, 1986.

_____. *Teoria Pura do Direito.* Coimbra, Arménio Amado, 1976.

KOERNER, Andrei. *"Habeas corpus", prática judicial e controle social no Brasil (1841-1920).* São Paulo, IBCCRIM, 1999.

LAFER, Celso. *A Reconstrução dos Direitos Humanos: um Diálogo com o Pensamento de Hannah Arendt.* São Paulo, Companhia das Letras, 1988.

_____. *Ensaios sobre a Liberdade.* São Paulo, Perspectiva, 1980.

LAVESSEUR, Georges. "Réflexions sur la competence. Un aspect négligé du principe de la légalité". In *Problémes Contemporains de Procédure Pénal.* Paris, Sirey, 1964.

LEONE, Giovanni. *Tratado de Derecho Procesal Penal.* vols. 1 e 2. Trad. Santiago Sentís Melendo. Buenos Aires, Ediciones Jurídicas Europa-America, 1963.

LIEBMAN, Enrico Tullio. *Eficácia e Autoridade da Sentença e Outros Escritos sobre a Coisa Julgada.* 3ª ed. Trad. Alfredo Buzaid, Benvindo Aires e Ada Pellegrini Grinover. Rio de Janeiro, Forense, 1984.

LOCKE, John. *Second Treatise on Government.* Editado por C. B. Macpherson. Indianápolis, Hackett Publishing Company, 1980.

LOMBARDI, Giorgio. Verbete "Libertà (diritto costituzionali)". In *Novissimo Digesto Italiano.* vol. IX. Direção Antonio Azara e Ernesto Eula. Torino, Unione Tipografico-Editrice Torinese, 1963.

LONGHI, Silvio. *La Legitimità della Resistenza agli Atti dell'Autorità nel Diritto Penale.* Milano, Dott. Francesco Vallardi, [s.d.].

LOPES JUNIOR, Aury Celso Lima. "Medidas cautelares no processo penal espanhol". *Revista AJURIS* 69, Porto Alegre, mar. 1997.

_____. "O fundamento da existência do processo penal: instrumentalidade garantista". *Revista AJURIS* 76, Porto Alegre, dez. 1999.

_____. *Sistemas de Investigação Preliminar no Processo Penal.* Rio de Janeiro, Lumen Juris, 2001.

LORCA NAVARRETE, Antonio Maria. *Derecho Procesal Penal.* 2ª ed. Madrid, Tecnos, 1988.

LUHMANN, Niklas. *Legitimação pelo Procedimento.* Brasília, Ed. UnB, 1980.

BIBLIOGRAFIA  233

MAGALHÃES, Teresa Ancona Lopez de. Verbete "Presunção (direito civil)". In *Enciclopédia Saraiva do Direito*. vol. 60. São Paulo, Saraiva, 1977.

MAIER, Julio B. J. "Balance y propuesta del enjuiciamiento penal del siglo XX". In *El Poder Penal del Estado*. *Homenaje a Hilde Kaufmann*. Buenos Aires, Depalma, 1985.

_____. *Función Normativa de la Nulidad*. Buenos Aires, Depalma, 1980.

_____. "La acción, el objeto y los sujetos procesales en el derecho procesal argentino y alemán". *Nuevo Pensamiento Penal – Revista de Derecho y Ciencias Penales*, ano 3, Buenos Aires, Depalma, 1974.

MANNA, Adelmo. *Beni della Personalità e Limiti della Protezioni Penale: le Alternative di Tutela*. Padova, Cedam, 1989.

MANZINI, Vincenzo. *Tratado de Derecho Procesal Penal*. t. I. Buenos Aires, Ediciones Jurídicas Europa-America, 1951.

MARQUES, José Frederico. *Da Competência em Matéria Penal*. São Paulo, Saraiva, 1953.

_____. "Do direito processual penal". *Revista Investigações*, Separata, ano I, São Paulo, Departamento de Investigações, mar. 1949.

_____. *Elementos de Direito Processual Penal*. vols. 1 e 4. Rio de Janeiro/São Paulo, Forense, 1961.

_____. *Ensaio sobre a Jurisdição Voluntária*. Campinas, Millennium, 2000.

_____. "O processo penal na atualidade". In PORTO, Hermínio Alberto Marques; SILVA, Marco Antonio Marques da (orgs.). *Processo Penal e Constituição Federal*. São Paulo, Acadêmica, 1993.

_____. Prefácio. In BATISTA, Weber Martins. *Liberdade Provisória*. Rio de Janeiro, Forense, 1985.

_____. *Tratado de Direito Penal*. 2ª ed. vol. I. São Paulo, Saraiva, 1964.

MARTINS DA COSTA, Paula Bajer Fernandes. *Ação Penal Condenatória*. 2ª ed. São Paulo, Saraiva, 1998.

_____. *Igualdade do Direito Processual Penal Brasileiro*. São Paulo, Ed. RT, 2001.

MAURAH, Reinhart. *Tratado de Direito Penal*. Trad. Juan Cordoba Roda. Barcelona, Ariel, 1962.

MAXIMILIANO, Carlos. *Hermenêutica e Aplicação do Direito*. Porto Alegre, Livraria do Globo, 1933.

MEDICE, Sérgio de Oliveira. *Revisão Criminal*. São Paulo, Ed. RT, 1998.

MEIRELLES, Hely Lopes. *Direito Administrativo Brasileiro*. 13ª ed. São Paulo, Ed. RT, 1988; 29ª ed., Malheiros Editores, 2001.

MELLO, Celso Antônio Bandeira de. *Apontamentos sobre os Agentes e Órgãos Públicos*. São Paulo, Ed. RT, 1984.

_____. *Curso de Direito Administrativo*. 17ª ed. São Paulo, Malheiros Editores, 2004.

MENDES DE ALMEIDA, Joaquim Canuto. "A atividade criminal". *Noções de Processo Penal*. Apostilas de aulas ministradas no Curso de Graduação da Faculdade de Direito da Universidade de São Paulo, 1967.

_____. "A liberdade jurídica no direito e no processo". In PRADE, Péricles. *Estudos Jurídicos em Homenagem a Vicente Ráo*. São Paulo, Resenha Universitária, 1976.

_____. *Ação Penal*. São Paulo, Saraiva, 1938.

234      A TUTELA DA LIBERDADE NO PROCESSO PENAL

_____. *Ciência Penal*, ano III, n. 3, pp. 12-13, São Paulo, Bushatsky, 1976.

_____. "Ligeiras reflexões sobre o direito de defesa". *Arquivos da Polícia Civil de São Paulo*, vol. XIII, 1º semestre, 1947.

_____. *Noções de Processo Penal*. Apostila. São Paulo, 1967.

_____. "Os pactos dos direitos do homem". *Revista da Faculdade de Direito da Universidade de São Paulo*, Separata, ano L, 1955.

_____. *Princípios Fundamentais do Processo Penal*. São Paulo, Ed. RT, 1973.

_____. *Processo Penal, Ação e Jurisdição*. São Paulo, Ed. RT, 1975.

_____. "Suprimir-se o inquisitorialismo judicial". *Revista Interamericana de Direito Processual Penal*, ano II, vol. 8, pp. 100-101, out./dez. 1977.

MENDES DE ALMEIDA JÚNIOR, João. *Direito Judiciário Brasileiro*. 4ª ed. Rio de Janeiro, Freitas Bastos, 1954.

_____. *Direito Natural. A Sanção Penal é Essencial à Lei Jurídica? Em que se Distingue a Pena Jurídica da Pena Moral?* Tese de Doutorado. São Paulo, Typographia de Jorge Seckler, 1879.

_____. *O Processo Criminal Brasileiro*. vol. I. Rio de Janeiro/São Paulo, Freitas Bastos, 1959.

MESQUITA, José Ignácio Botelho de. "O princípio da liberdade na prestação jurisdicional". *Jornal do Advogado*, pp. 8-9, São Paulo, ago. 1980.

_____. "Da jurisdição e da ação civil no pensamento de Canuto Mendes de Almeida". *Ciência Penal*, ano III, n. 3, São Paulo, Bushatsky, 1976.

MIRANDA, Jorge. *Manual de Direito Constitucional*. 3ª ed. Coimbra, Coimbra Editora, 1991.

_____ (org.). *Perspectivas Constitucionais nos 20 anos da Constituição de 1976*. vol. 1. Coimbra, Coimbra Editora, 1996.

_____. Verbete "Constituição". In *Polis – Enciclopédia Verbo da Sociedade e do Estado*, vol. I, Lisboa/São Paulo, Verbo, 1985.

_____. Verbete "Restrição de direitos". In *Polis – Enciclopédia Verbo da Sociedade e do Estado*, vol. V, Lisboa/São Paulo, Verbo, 1985.

MONTAÑES PARDO, Miguel Angel. *La Presunción de Inocencia – Análisis Doctrinal y Jurisprudencial*. [s.l.], Aranzadi Editorial, 1999.

MORAES, Bismael B. (coord.). *A Polícia à Luz do Direito*. São Paulo, Ed. RT, 1991.

MORENO CATENA, Víctor. *La Defensa en el Proceso Penal*. Madrid, Civitas, 1982.

MORO, Sérgio Fernando. "Afastamento da presunção de constitucionalidade da lei". *Revista CEJ (Centro de Estudos Judiciários do Conselho da Justiça Federal)*, ano III, n. 7, Brasília, CJF, abr. 1999.

MOURA, Maria Thereza Rocha de Assis. *Justa Causa para a Ação Penal*. São Paulo, Ed. RT, 2001.

_____; PITOMBO, Cleunice Bastos de Moraes. "Defesa Penal: direito ou garantia". *Revista Brasileira de Ciências Criminais* 4/120, São Paulo, out./dez. 1993.

NEVES, Celso. *Contribuição ao Estudo da Coisa Julgada Civil*. Dissertação de concurso à Cátedra de Direito Judiciário Civil da Faculdade de Direito da Universidade de São Paulo, 1970.

BIBLIOGRAFIA    235

_____. *Estrutura Fundamental do Processo Civil. Tutela Jurídica Processual, Ação, Processo e Procedimento*. Rio de Janeiro, Forense, 1997.

NOVAIS, Jorge Reis. "Renúncia a direitos fundamentais". In MIRANDA, Jorge (org.). *Perspectivas Constitucionais nos 20 anos da Constituição de 1976*. vol. 1. Coimbra, Coimbra Editora, 1996.

OEHLER, Dietrich. "La función del Poder Judicial en el Estado Democrático". In *Problemas Actuales de las Ciencias Penales y la Filosofía del Derecho*. Buenos Aires, Pannedille, 1970.

PASSERIN D'ENTREVES, Alessandro (org.). *La Libertà Politica*. Itália [s.l.], Edizioni Comunità, 1974.

PAUPÉRIO, A. Machado. *O Direito Político de Resistência*. 2ª ed. Rio de Janeiro, Forense, 1978.

_____. *Teoria Geral do Estado*. 6ª ed. Rio de Janeiro, Forense, 1971.

PEDROSO, Antonio Carlos de Campos. *Normas Jurídicas Individualizadas: Teoria e Aplicação*. São Paulo, Saraiva, 1993.

PEDROSO, Fernando de Almeida. *Processo Penal. O Direito de Defesa: Repercussão, Amplitude e Limites*. Rio de Janeiro, Forense, 1986.

PEREIRA E SOUSA, Joaquim José Caetano. *Primeiras Linhas sobre o Processo Criminal*. 4ª ed. Lisboa, Impressão Régia, 1831.

PERELMAN, Chaïm. "Présomptions et fictions en droit, essai de synthèse". In *Les Présomptions et les Fictions en Droit*. Bruxelles, Établissement Émile Bruylant, 1974.

_____; OLBRECHTS-TYTECA, Lucie. *Tratado da Argumentação*. São Paulo, Martins Fontes, 1996.

PERTICONE, Giacomo. Verbete "Libertà (filosofia del diritto)". In *Novissimo Digesto Italiano*. vol. IX. 3ª ed. Direção Antonio Azara e Ernesto Enla. Torino, Unione Tipografico-Editrice Torinese, 1963.

PIERANGELLI, José Henrique. "O crime culposo na dogmática atual". *RT* 714, São Paulo, Ed. RT, abr. 1995.

PISAPIA, Gian Domenico. *Lineamenti del Nuovo Processo Penale*. Padova, Casa Editrice Dott. Antonio Milani, 1989.

PITOMBO, Cleunice Bastos de Moraes; MOURA, Maria Thereza Rocha de Assis. "Defesa penal: direito ou garantia". *Revista Brasileira de Ciências Criminais* 4/ 120, São Paulo, out./dez. 1993.

PITOMBO, Sérgio Marcos de Moraes. "A polícia judiciária e as regras orientadoras do processo penal". In MORAES, Bismael B. (coord.). *A Polícia à Luz do Direito*. São Paulo, Ed. RT, 1991.

_____. "Bibliografia de Joaquim Canuto Mendes de Almeida". In *Estudos em Homenagem a Joaquim Canuto Mendes de Almeida*. São Paulo, Ed. RT, 1987.

_____. "Breves notas em torno da coação processual penal". *Ciência Penal* 1. São Paulo, Bushatsky, 1974.

_____. "Constituição da República e processo penal". *Revista Especial do Tribunal Regional Federal da 3ª Região*. São Paulo, Imprensa Oficial do Estado S.A. IMESP, 1995.

_____. "Execução penal". *RT* 623/257-263, set. 1987.

236     A TUTELA DA LIBERDADE NO PROCESSO PENAL

_____. "O juiz penal e a pesquisa da verdade material". In PORTO, Hermínio Alberto Marques; SILVA, Marco Antonio Marques da (orgs.). *Processo Penal e Constituição Federal*. São Paulo, Acadêmica, 1993.

_____. "Processo penal como dever do Estado". *Jornal do Advogado* 65, São Paulo, dez. 1979.

_____. "Pronúncia e *in dubio pro societate*". *Boletim da Associação dos Procuradores da República* 45, jan. 2002.

_____. "Responsabilidade no direito penal". *A Responsabilidade no Direito*. São Paulo, IASP/Grêmio Luso-Brasileiro, [s.d].

_____. "Sigilo nas comunicações: aspecto processual penal". *Ciência Jurídica*, ano III, n. 24, set. 1996.

_____. "Supressão parcial do inquérito policial – Breves notas ao art. 69 e parágrafo único da Lei n. 9.099/95". In PITOMBO, Antônio Sérgio A. de Moraes (org.). *Juizados Especiais Criminais (Interpretação e Crítica)*. São Paulo, Malheiros Editores, 1997.

POLVANI, Michele. *Le Impugnazione de Libertate: Riesame, Appello, Ricorso*. Padova, Cedam, 1999.

PONTES DE MIRANDA, F. C. *Democracia, Liberdade, Igualdade (Os Três Caminhos)*. 2ª ed. São Paulo, Saraiva, 1979.

_____. *História e Prática do "Habeas Corpus"*. 8ª ed. vols. I e II. São Paulo, Saraiva, 1979.

PORFIRIO, Geórgia Bajer Fernandes de Freitas; FERNANDES, Paulo Sérgio Leite. "Valores em conflito na Constituição". *Revista do Advogado* 53, São Paulo, AASP, out. 1998.

PORTO, Hermínio Alberto Marques; SILVA, Marco Antonio Marques da (orgs.). *Processo Penal e Constituição Federal*. São Paulo, Acadêmica, 1993.

POZZER, Benedito Roberto Garcia. "Correlação entre Acusação e Sentença no Processo Penal Brasileiro". São Paulo, IBCCRIM, 2001.

RADBRUCH, Gustav. "Del derecho individualista al social, 1930". In *El Hombre en el Derecho. Conferencias y Artículos Seleccionados sobre Cuestiones Fundamentales del Derecho*. Trad. Aníbal del Campo. Buenos Aires, Depalma, 1980.

_____. "El hombre en el Derecho. Lección inaugural en la Universidad de Heidelberg", publicada em Tübingen, 1927. In *El Hombre en el Derecho. Conferencias y Artículos Seleccionados sobre Cuestiones Fundamentales del Derecho*. Trad. Aníbal del Campo. Buenos Aires, Depalma, 1980.

_____. *Filosofia do Direito*. 6ª ed. rev. e acres. Trad. Prof. L. Cabral de Moncada. Coimbra, Arménio Amado, 1979.

_____. *Lo Spirito del Diritto Inglese*. Milano, Giuffrè, 1962.

RÁO, Vicente. *O Direito e a Vida dos Direitos*. São Paulo, Max Limonad, 1952.

RASSAT, Michèle-Laure. *Procédure Pénale*. Paris, Presses Universitaires de France, 1990.

REALE, Miguel. "Liberdade antiga e liberdade moderna". In *Horizontes do Direito e da História*. 2ª ed. São Paulo, Saraiva, 1977.

_____. "Liberdade e valor". *Revista da Faculdade de Direito* 53/89-112, São Paulo, 1958.

_____. *Lições Preliminares de Direito*. São Paulo, Saraiva, 1978.

BIBLIOGRAFIA 237

_____. *O Estado Democrático de Direito e o Conflito das Ideologias*. São Paulo, Saraiva, 1998.

RIBEIRO, Renato Janine. "Teoria geral da política". *Folha de S.Paulo*, Caderno Mais, p. 21, São Paulo, 28.1.2001.

ROBERT, Jacques. *Les Violations de la Liberté Individuelle Commises par l'Administration*. Paris, Librairie Générale de Droit et de Jurisprudence, 1956.

_____. *Libertés Publiques*. Précis Domat. Paris, Éditions Montchrestien, 1971. Collection Université Nouvelle.

RODRIGUES, Anabela Miranda. "A posição jurídica do recluso na execução da pena privativa de liberdade: seu fundamento e âmbito". *Suplemento ao Boletim da Faculdade de Direito da Universidade de Coimbra* 23, Separata, Coimbra, 1982.

RODRIGUES, Silvio. *Direito Civil*. vol. I. São Paulo, Saraiva, 1981.

ROUSSEAU, Jean-Jacques. *Do Contrato Social*. São Paulo, Nova Cultural, 1987. Coleção "Os Pensadores".

ROXIN, Claus. *Strafverfahrenrecht*. 19ª ed. München, C. H. Beck, 1985.

SÁ, Djanira Maria Radamés de. *Duplo Grau de Jurisdição: Conteúdo e Alcance Constitucional*. São Paulo, Saraiva, 1999.

SABATINI, Giuseppe. *Principii Costituzionali del Processo Penale*. Napoli, Ed. Dott. Eugenio Jovene, 1976.

SCHMIDT, Eberhard. *Los Fundamentos Teóricos y Constitucionales del Derecho Procesal Penal*. Buenos Aires, Bibliográfica Argentina, 1957.

SEGADO, Francisco Fernández. "El control de la constitucionalidad en Iberoamérica: sus rasgos generales y su génesis en el pasado siglo". In MIRANDA, Jorge (org.). *Perspectivas Constitucionais nos 20 anos da Constituição de 1976*. vol. II. Coimbra, Coimbra Editora, 1997.

SENTIS MELENDO, Santiago. *Estudios de Derecho Procesal*. vol. I. Buenos Aires, Ediciones Jurídicas Europa-America, 1967.

_____. Prefácio. In COUTURE, Eduardo J. *Fundamentos del Derecho Procesal Civil*. Buenos Aires, Depalma, 1976.

SHELINO, Davide. *Apud* CHIAVARIO, Mario (org.). *Commento al Codice di Procedura Penale*. Torino, Unione Tipografico-Editrice Torinese, 1993.

SILVA, Adhemar Raymundo da. *Estudos de Direito Processual Penal*. Salvador, Livraria Progresso, 1957.

SILVA, Germano Marques da. "O processo penal português e a Convenção Européia dos Direitos do Homem". *Revista CEJ (Centro de Estudos Judiciários do Conselho da Justiça Federal)*, ano III, n. 7, Brasília, CJF, abr. 1999.

SILVA, José Afonso da. *Curso de Direito Constitucional Positivo*. 4ª ed. São Paulo, Ed. RT, 1987; 23ª ed. São Paulo, Malheiros Editores, 2004.

SILVA, Marco Antonio Marques da; PORTO, Hermínio Alberto Marques (orgs.). *Processo Penal e Constituição Federal*. São Paulo, Acadêmica, 1993.

SILVA SÁNCHEZ, Jesús-Maria. "Retos científicos y retos políticos de la ciencia del derecho penal". In *Revista del Instituto Brasileiro de Ciências Criminais* 36, São Paulo, Ed. RT, [s.d.].

SOARES, Fernando Luso. *O Processo Penal como Jurisdição Voluntária*. Coimbra, Almedina, 1981.

238  A TUTELA DA LIBERDADE NO PROCESSO PENAL

SOLER, Sebastian. "Los valores jurídicos". In *Fe en el Derecho y Otros Ensayos*. Buenos Aires, Tipografica Argentina, 1956.

SOUZA, José Barcelos de. *Do Arquivamento*. Tese de Livre-Docência de Direito Judiciário Penal apresentada à Universidade Federal de Minas Gerais. Belo Horizonte, 1969.

STUMM, Raquel Denise. *Princípio da Proporcionalidade no Direito Constitucional Brasileiro*. Porto Alegre, Livraria do Advogado, 1995.

SUANNES, Adauto. "A necessária presença do advogado no processo criminal". *RT* 767, São Paulo, set. 1999.

TEIXEIRA, Joaquim de Sousa. Verbete "Liberdade". In *Polis – Enciclopédia Verbo da Sociedade e do Estado*. vol. 3. Lisboa/São Paulo, Editora Verbo, 1985.

TELLES JÚNIOR, Goffredo da Silva. "Resistência violenta aos governos injustos". *Revista Forense,* jul./ago. 1955.

TESHEINER, José Maria. *Pressupostos Processuais e Nulidades no Processo Civil*. São Paulo, Saraiva, 2000.

TOLIVAR ALAS, Leopoldo. *Derecho Administrativo y Poder Judicial*. Madrid, Tecnos, 1996.

TOLOMEI, Alberto Domenico. *I Principi Fondamentali del Processo Penale*. Padova, Cedam, 1931.

TONINI, Paolo. *A Prova no Processo Penal Italiano*. São Paulo, Ed. RT, 2002.

TORNAGHI, Hélio. *Instituições de Processo Penal*. vol. I a IV. Rio de Janeiro, Forense, 1959.

_____. *Comentários ao Código de Processo Penal*. vol. I, tomos 1 e 2. Rio de Janeiro, Forense, 1956.

_____. *Compêndio de Processo Penal*. vol. III. Rio de Janeiro, José Konfino Editor, 1967.

_____. *Manual de Processo Penal*. vol. I. Rio de Janeiro/São Paulo, Freitas Bastos, 1963.

TUCCI, José Rogério Cruz e. *Jurisdição e Poder*. São Paulo, Saraiva, 1987.

_____. *Contribuição ao Estudo Histórico do Direito Processual Penal (Direito Romano I)*. Rio de Janeiro, Forense, 1983.

_____. *Tempo e Processo: uma Análise Empírica das Repercussões do Tempo na Fenomenologia Processual (Civil e Penal)*. São Paulo, Ed. RT, 1997.

_____. "Sobre a eficácia preclusiva da decisão declaratória de saneamento". In *Saneamento do Processo – Estudos em Homenagem ao Prof. Galeno Lacerda*. Porto Alegre, Sergio Antonio Fabris, 1989, pp. 275-290.

TUCCI, Rogério Lauria. *Direitos e Garantias Individuais no Processo Penal Brasileiro*. São Paulo, Saraiva, 1993.

_____. *Lineamentos do Processo Penal Romano*. São Paulo, Bushatsky, 1976.

_____. *Do Corpo de Delito no Direito Processual Penal Brasileiro*. São Paulo, Saraiva, 1978.

_____. *Do Mandado de Segurança contra Ato Jurisdicional Penal*. São Paulo, Saraiva, 1978.

_____. *Persecução Penal, Prisão e Liberdade*. São Paulo, Saraiva, 1980.

_____. *Teoria e Prática do "Habeas-Corpus" e do Mandado de Segurança*. Belém, CEJUP, 1986.

BIBLIOGRAFIA 239

_____. *Jurisdição, Ação e Processo Penal: Subsídios para a Teoria Geral do Direito Processual Penal*. Belém, CEJUP, 1984.

_____. Verbete "Accusatio". In *Enciclopédia Saraiva do Direito*. vol. 4. São Paulo, Saraiva, 1977, pp. 14- 21.

_____. "Considerações acerca da inadmissibilidade de uma teoria geral do processo". *Revista do Advogado* 61. São Paulo, AASP, nov. 2000, pp. 89-103.

_____. "Defesa do acusado e julgamento prévio em nosso novo processo penal". *Ciência Penal*, ano III, n. 1. São Paulo, Convívio, 1976, pp. 32-49.

_____. "Lei 9.271, de 1996, e produção antecipada de provas". *RT* 758. São Paulo, dez. 1998, pp. 405-408.

_____. "A polícia civil e o projeto de Código de Processo Penal". In MORAES, Bismael B. (coord.). *A Polícia à Luz do Direito*. São Paulo, Ed. RT, 1991, pp. 99-118.

_____. "Processo penal e direitos humanos no Brasil". *RT* 755. São Paulo, set. 1998, pp. 455-481.

_____. "Princípio e regras da execução de sentença penal". *Revista do Centro de Estudos Judiciários do Conselho da Justiça Federal* 7. Brasília, CJF, jan./abr. 1999.

_____. "Da isenção de pena no direito penal brasileiro e seu equívoco tratamento como 'perdão judicial'". In *Estudos em Homenagem a Joaquim Canuto Mendes de Almeida*. São Paulo, Ed. RT, 1987.

_____. "Devido processo penal e atuação dos sujeitos parciais". *Revista de Processo*, v. 18, n. 69, jan./mar. 1993.

_____. "Devido processo penal e alguns dos seus mais importantes corolários". *Revista da Faculdade de Direito da Universidade de São Paulo*. São Paulo 88/ 465, jan./dez. 1993.

_____.TUCCI, José Rogério Cruz e. *Constituição de 1988 e Processo – Regramentos e Garantias Constitucionais do Processo*. São Paulo, Saraiva, 1988.

_____. *Devido Processo Legal e Tutela Jurisdicional*. São Paulo, Ed. RT, 1993.

TUCCI, Rogério Lauria *et al*. *Princípio e Regras Orientadoras do Novo Processo Penal Brasileiro*. Rio de Janeiro, Forense, 1986.

UBERTIS, Giulio. *Principi di Procedura Penale Europea. Le Regole del Giusto Processo*. Milano, Raffaello Cortina Editore, 2001.

VANWELKENHUYZEN, A. "La présomption de constitutionalité de la loi et du décret en droit belgue". In *Les Présomptions et les Fictions en Droit*. Bruxelles, Établissement Émile Bruylant, 1974.

VERHAEGEN, Jacques. *La Protection Pénale contre les Excès de Pouvoir et la Résistance Légitime à l'Autorité*. Bruxelles, Émile Bruylant, 1969.

VIDIGAL, Luís Eulálio de Bueno. *Do Mandado de Segurança*. São Paulo, 1953.

VILANOVA, Lourival. "Teoria jurídica da revolução". In *As Tendências Atuais do Direito Público. Estudos em Homenagem ao Professor Afonso Arinos de Melo Franco*. Rio de Janeiro, 1976.

VILLELLA, Alexandra. *Considerações acerca da Presunção de Inocência em Direito Processual Penal*. Coimbra, Coimbra Editora, 2000.

240 A TUTELA DA LIBERDADE NO PROCESSO PENAL

WAMBIER, Teresa Arruda Alvim. *Nulidades do Processo e da Sentença*. 4ª ed. São Paulo, Ed. RT, 1997.

WARAT, Luis Alberto. *Abuso del Derecho y Lagunas de la Ley*. Buenos Aires, Abeledo-Perrot, 1969.

_____. *Introdução Geral ao Direito*. vol. II: *Epistemologia Jurídica da Modernidade*. Porto Alegre, Sergio Antonio Fabris, 1995.

_____. *Introdução Geral ao Direito*. vol. III: *O Direito não Estudado pela Teoria Jurídica Moderna*. Porto Alegre, Sergio Antonio Fabris, 1997.

WATANABE, Kazuo. *Da Cognição no Processo Civil*. 2ª ed. Campinas, Bookseller, 2000.

WRÓBLEWSKI, Jerzy. "Structure et fonctions des présomptions juridiques". In *Les Présomptions et les Fictions en Droit*. Bruxelles, Établissement Émile Bruylant, 1974.


XAVIER, Alberto. *Do Procedimento Administrativo*. São Paulo, José Bushatsky, 1976.


YARSHELL, Flávio Luiz. *Tutela Jurisdicional*. São Paulo, Atlas, 1999.


\*\*\*


**GRÁFICA PAYM**
Tel. (011) 4392-3344
paym@terra.com.br